U0588177

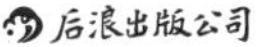

职场书面沟通完全指南

顶尖咨询师教你的商务文本制作技巧

图解版

[日] 吉泽准特
JUNTOKU YOSHIZAWA

PowerPoint
Excel
Word

巩露霞 = 译

前　言

本书以PowerPoint2010、Word2010、Excel2010为解说对象。

我在一家外企咨询公司工作时，曾参与策划客户公司的各类项目，也曾制作过大量的商务文本。

对于咨询公司，客户都希望咨询师能够快速切入正题、强力推进问题的解决。为了能够使客户公司中与该项目有关的人员理解和信服，即使说明同一个问题，也要根据不同需求来调整商务文本的结构和主要内容，必要的时候还要重新改写。

如此一来，制作超过数万份商务文本的后果就是感到“绝望”，但与此同时，却又获得了“希望”。

踏实地积累经验，提高制作商务文本的技能

所谓“绝望”是指，想要制作商务文本的技能能够得到提升，必须要累积大量经验。

我曾和许多商务人士共事，发现有丰富的制作商务文本经验的人才能做出清晰易懂的商务文本。

例如，制作PowerPoint经验少的人就无法预测读者通过这份资料会理解到什么样的内容，结果就是在毫无经验的空想下，做出自以为完美的商务文本。但就是在这样的过程中，我们会想方设法做出容易得到对方理解的商务文本，并且通过不断地积累经验，尽早做出清晰易懂的商务文本。

制作商务文本和学习英语有相似的地方，那就是“熟能生巧”。积累足够的经验，就能够做出优秀的商务文本。

咨询师的主要工作是制作商务文本，每天需要制作大量的工作表、会议资料等。即使是从事这一职业的人，也要积累多年经验才能够做出清晰易懂的商务文本。如果你从事的工作不需要每天制作数量庞大的商务文

本，那要达到这样的水平大约需要十年以上的时间。对于想立刻提高制作商务文本技能的人来说，这的确让人感到绝望。

缩短经验累积时间的方法

在面临绝望的同时，也存在解救的方法。那就是反复运用一些制作商务文本的技巧，即便这些技巧的数量有限，也能够在几个月内提高制作商务文本的能力。咨询师的收费之所以高，就是因为咨询师能在短时间内拿出比客户公司的员工更多的成果。就算是新手咨询师也无一例外，即使是进入公司第一年的新人，一旦加入项目，客户也会要求你做出和其他咨询师同样水平的商务文本。

我曾多次参与过这样的项目，也曾给予新人们工作上的指导和技术上的支持。如果无法在短时间内迅速提高新人制作商务文本的水平，我就会一直忙于指导他们而无法完成自己的工作。因此，我就将客户会特别关注的内容总结成一份检查表发给新人们，让他们有意识、有重点地制作商务文本。

结果证明这是个有效的方法，该项目中的新人们只用了半年，就能够熟练使用我工作三年才能掌握的制作商务文本的技能。

掌握商务文本制作速成法，培养思考能力

正如“学习无捷径”这句话，如果想深入了解商务文本制作的方法，积累经验自然是必不可少。但是，不用自己摸索积累经验，而是通过有针对性地学习一些商务文本制作的技巧，就能够提高商务文本制作的水平，这样的捷径也是有的，我把它称为“商务文本制作的速成法”。

这些技巧能够使内容更有深度，从而更容易说服对方，也能使内容更具吸引力，在短时间内获得对方的理解。这些技巧在大家对于解决方案持有不同意见时，发挥的作用不容小觑。

本书是一本教科书，教授的正是制作商务文本的速成法。如果你想要认真学习提高制作商务文本的技能，那么读过这本书就能够让你高效地掌握制作商务文本的技巧。

全书共有70个速成法，如果每天能够习得一个速成法，三个月的时间就能够掌握本书中所有的技巧。

拿到这本书的读者们，提高能力的成长之路就是从现在、从此时此刻开始。

吉泽准特

制作商务文本水平测试

你制作的商务文本类型是什么样的

本书将70个速成法编成能够单独学习的结构。

当然，如果你在制作商务文本方面已经有了一定水平，那么只要有针对性地阅读自己需要提高的部分就可以了。

为了高效地学习制作商务文本的方法，首先来测试一下你的商务文本制作水平。

在下面制作商务文本水平测试的对照表中，针对各选项的内容，请回答是否与你制作的商务文本类型相近。回答22个问题之后，请确认你的商务文本制作类型。

□【Q01】商务文本有明确的读者、目的、理由等信息

□【Q02】根据目的不同，区分使用PowerPoint、Word、Excel

□【Q03】在做完目录后就交给上司检查

□【Q04】会区分使用图形、箭头等形状，并设置规则

□【Q05】结论性文字都在商务文本的开始部分展示

□【Q06】经常强调自己的意见

□【Q07】对字体、字号、文字效果、颜色等设置统一的标准

□【Q08】为行距和段落间距设置统一的标准

□【Q09】用具体的数字表述期限和程度

□【Q10】使用形状或图表时用黑色框线和白色填充来构成主体内容

□【Q11】重视Excel表格的简洁外观而使用合并单元格

□【Q12】预想读者提出的异议，在事先准备替代方案的基础上解说商务文本

□【Q13】在商务文本中明确标明希望对方采取的行动

□【Q14】使用图表[1]时注明数据来源

□【Q15】不表明自己的态度，只呈现客观事实

□【Q16】在图表中用文字明确展示自己的主张

□【Q17】在Excel表格中有意识地区别使用“绝对引用”和“相对引用”

□【Q18】使用灰度模式设置格式

□【Q19】制作形状或图表时有意识地使用多种颜色

□【Q20】制作有很多页的商务文本时，不刻意地统一各部分颜色，分别设置各页或各幻灯片的颜色

□【Q21】不做笔记，直接使用PowerPoint、Word、Excel制作商务文本

□【Q22】PowerPoint资料中用“信息提要”页详细说明内容

1 此处的图表指 graph 图表，即柱形图、折线图、饼图等。——译者注

对照表各项打分表

根据前一页的22个测试内容，用下面的打分表计算你的商务文本在“思考力”和“吸引力”方面的总分。

问题编号	测试结果：有	无	测试结果：有	无
【Q01】	2 分	-1 分		
【Q02】			1 分	-1 分
【Q03】	1 分	0 分		
【Q04】			2 分	-1 分
【Q05】	-1 分	0 分		
【Q06】	-1 分	0 分		
【Q07】			1 分	-1 分
【Q08】			1 分	0 分
【Q09】	1 分	-1 分		
【Q10】			-1 分	0 分
【Q11】			-1 分	0 分
【Q12】	1 分	0 分		
【Q13】	1 分	0 分		
【Q14】			1 分	-1 分
【Q15】	-1 分	0 分		
【Q16】			1 分	0 分
【Q17】	1 分	-1 分		
【Q18】			1 分	0 分
【Q19】			-1 分	0 分
【Q20】			-1 分	0 分
【Q21】	-1 分	0 分		
【Q22】	-1 分	0 分		
总分	思考力：	分	吸引力：	分

如【图0-1-A】矩阵图所示，纵轴为“思考力”，横轴为“吸引力”，各被分为-8~8共16个阶段。

根据得分，请在图中能够代表你目前商务文本制作水平的位置标记●。

你的商务文本制作属于什么类型呢？我们来确认一下。

图0-1-A　你目前的商务文本制作水平

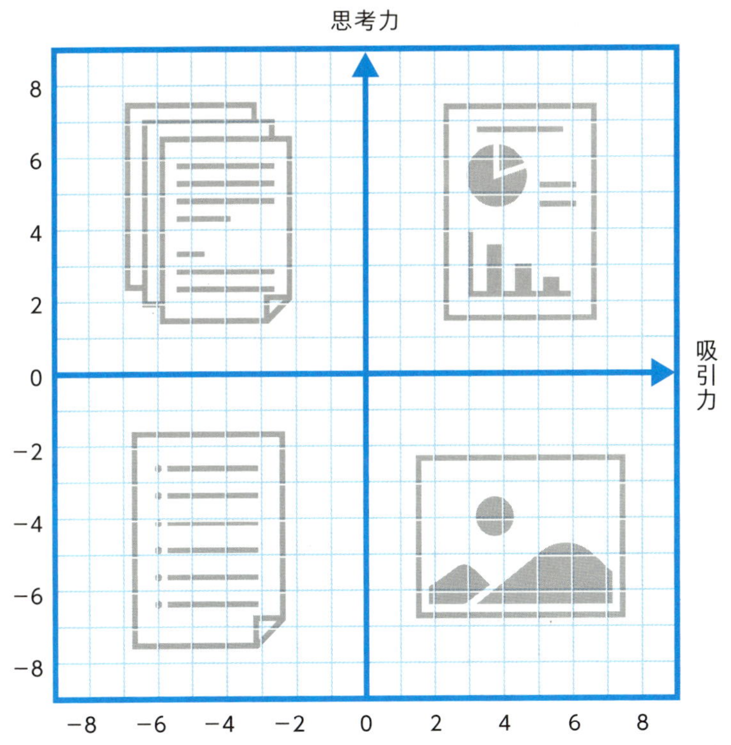

■ 分条罗列单一型

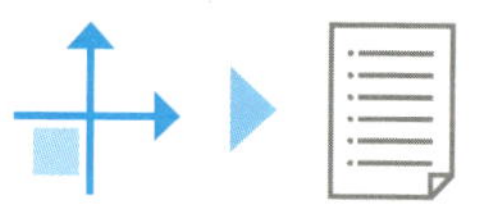

思考力  吸引力 

思考力和吸引力都在0分以下的人属于该类型。

制作商务文本类型为“分条罗列单一型”的人可能有这样的想法：尽可能减少花费在制作商务文本上的精力和时间，因此多以说明性文字为主来制作商务文本。他们存在这样的一种倾向：即便可能读者会觉得很难理解，但是现场直接补充说明就足够了。

但是，为使对方理解，最便捷的方法应该是以对方容易明白的形式来展示内容，尤其是自己有所请求时，投其所好做出的商务文本更能够博得对方的好感。

建议这种类型的人从第Ⅰ章（速成法1）开始按顺序阅读本书，制作商务文本时只依靠文字的说明是不够的，还要知道如何使用图表形状才能让商务文本更具吸引力——通过这样的方式，能够迎合对方心意，取得满意的效果。

图0-1-B　适用于“分条罗列单一型”的速成法　必读　推荐

■ 图表形式单一型

思考力在1分以上，吸引力在0分以下的人属于该类型。

这类人可能有这样的想法：虽然商务文本内容以说明性文字为主，如果结合图表[2]就更容易向对方说明，但考虑到制作图表时所要花费的工夫，就采取用表格简要记录内容，再进行口头补充说明的方法。

为了在短时间内直接传递信息，比起通过阅读文字来理解内容，让对方根据图解信息做出判断更有效果。尤其是在有限的时间内想要尽可能多地传递信息时，使用图表是最合适的。

建议这种类型的人优先阅读灰色部分。思考力达到4分以上的读者，只阅读深色部分即可。不仅依靠逻辑性的文章，还要多使用图形和有吸引力的图表形式，更能够得到令人满意的效果。

图0-1-C 适用于“图表形式单一型”的速成法

必读 推荐

1 框架	2 草稿（文本·表格）	3 草稿（图表）	4 定稿
1. 商务文本格式 →速成法 1-4 （6 页~）	1. 商务文本模板 →速成法 10-13 （52 页~）	1. 图表 →速成法 25-44 （115 页~）	1. 加强内容的说服力 →速成法 60-63 （210 页~）
2. 目录构成及论点 →速成法 5-9 （19 页~）	2. 格式和设置 →速成法 14 （69 页~）	2. 形状和线条 →速成法 45-54 （166 页~）	2. 印刷版资料的美观 →速成法 64-67 （220 页~）
	3. 文字 →速成法 16-18 （90 页~）	3. 颜色 →速成法 55-59 （194 页~）	3. 电子版资料的形式 →速成法 68-70 （228 页~）
	4. 工作表 →速成法 19-24 （100 页~）		

2 此处图表包括示意图表（即象限图、矩阵图等）和 graph 图表（即柱形图、折线图等）。详见对应章节。——译者注

■ 图解偏好型

思考力  吸引力 

思考力在0分以下，吸引力在1分以上的人属于该类型。

这类人可能是这样的想法：与其把想表达的观点想法编辑成文章，用图表达会更加直观。他们在和对方的交流讨论中总是能够随机应变，使用图表形状时，能够随时从中提取出最有用的信息。

但是，因为这样的商务文本缺少文字性的说明，为了让对方能够正确理解自己想要表达的内容，每次都需要解说商务文本。为了省略这个过程，使对只通过阅读商务文本就能理解内容，就有必要添加简要的文字说明。

建议这种类型的人优先阅读灰色部分。吸引力在4分以上的人只要阅读深色部分即可。不要只依靠表达能力和说话技巧，还要制作出只阅读商务文本就能够让对方理解的内容。

图0-1-D　适用于“图解偏好型”的速成法　必读　推荐

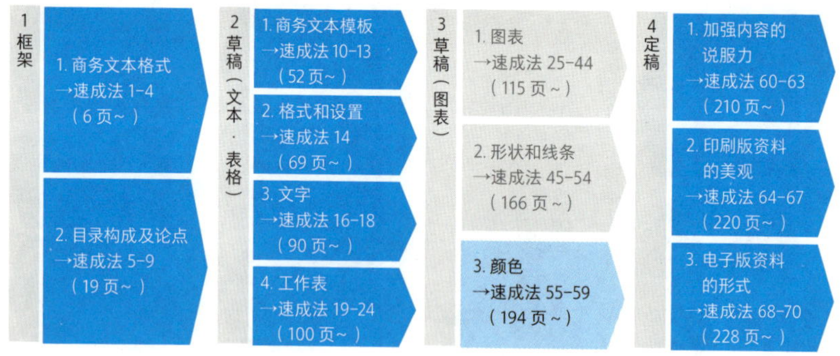

■ 信息图解型

思考力和吸引力均在1分以上的人属于该类型。

这类人有这样的想法：应该制作出读者只阅读商务文本就能完全理解的内容。在文字说明的基础上添加图表，制作这样的商务文本时可能会耗时耗力，但是能够使对方尽快理解，就实现了这份工作的价值。但是，制作所有商务文本都采取这样的方式的话，那不论时间有多少都是不够用的。因此除去重点内容，不要过分追求次要部分的质量，确切理解对方所期待的商务文本质量是很有必要的。

建议这种类型的人优先阅读一下灰色部分。思考力和吸引力都是4分以上的读者，只要阅读深色重要部分即可。

多使用文字和表格，了解图表的使用方法，增强可读性。

图0-1-E　适用于“信息图解型”的速成法　　必读　推荐

1 框架
- 1. 商务文本格式 →速成法 1-4（6页～）
- 2. 目录构成及论点 →速成法 5-9（19页～）

2 草稿（包括文字和表格）
- 1. 商务文本模板 →速成法 10-13（52页～）
- 2. 格式和设置 →速成法 14（69页～）
- 3. 文字 →速成法 16-18（90页～）
- 4. 工作表 →速成法 19-24（100页～）

3 草稿（图表）
- 1. 图表 →速成法 25-44（115页～）
- 2. 形状和线条 →速成法 45-54（166页～）
- 3. 颜色 →速成法 55-59（194页～）

4 定稿
- 1. 加强内容的说服力 →速成法 60-63（210页～）
- 2. 印刷版资料的美观 →速成法 64-67（220页～）
- 3. 电子版资料的形式 →速成法 68-70（228页～）

目录

I 章 构建框架

推敲内容

II 章 制作草稿（文本·表格）

制作一读就懂的商务文本

Ⅳ章 定稿制作

润色加工成为有吸引力的商务文本

附录 参考信息

制作外企咨询公司商务文本范例

第 I 章

第Ⅱ章

第Ⅳ章

附　录

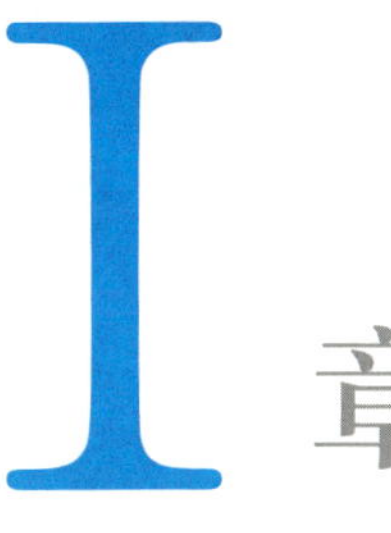

构建框架

推敲内容

1 确定目标，选择商务文本的展示形式

2 决定目录构成，摘录论点

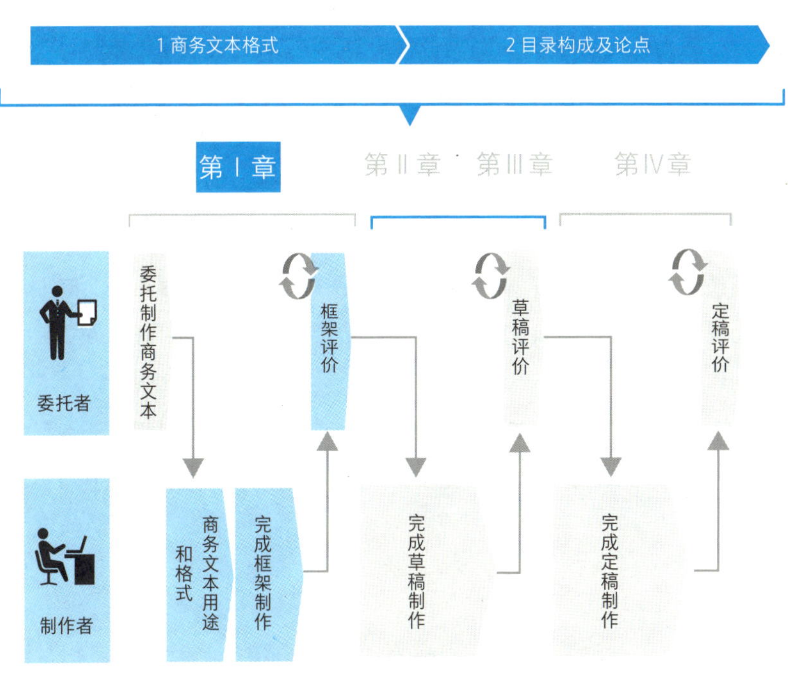

第 1 节　确定目标，选择商务文本的展示形式

学习目标：速成法1—4

借鉴失败案例

当被问到在制作商务文本的过程中首先要做什么时，很多人会回答“思考内容”。当然这种想法并没有错，但是如果进一步询问具体做法步骤，他们会回答“打开PowerPoint，开始制作目录”或者“打开Excel，开始制作表格”，等等。像这样列举出具体利用软件制作商务文本的操作步骤的人并不在少数。但事实上，他们犯了一个大错。

让我们来一起看一个失败的案例。

课长指示S制作针对X公司的开发营业系统的提案书，准备一下公司内部讨论用的资料。

因为已经从课长那里得到了制作商务文本所需的全部素材，于是S立刻打开平时经常使用的PowerPoint，准备开始制作提案书的草稿。首先插入图形等制作提案概要，接下来就着手制作提案书。

过了几个小时以后，课长询问S提案书的制作情况。

S说：“概要已经做好了，现在马上就要用PowerPoint做完开发系统进程的幻灯片了。”报告完情况后，课长脸上稍显不悦，有些为难地说：“因为日程表会修改很多次，所以希望你能用Excel重新制作日程表”。

更让S无法招架的是，课长又接着补充道：“刚刚和部长沟通了一下，这次因为X公司希望看到Word形式的提案书，所以希望你

把已经做好的提案概要也做成Word文档”。

S苦恼道：“重新做，之前的工作都白费了”。

在这个案例中，S用几个小时就能够重新制作提案书，但是如果课长是第二天对S说这些话，不知道会浪费多少工作时间。

这次失误可以把原因归结于课长没有充分地了解客户公司的需求。但是，要是把责任推脱给外界因素，那么是否能够成功做出提案书，就完全取决于他人，尤其是像这样今后很有可能再次发生的失误。如果可以凭借个人的努力做好提案书，就应该凭一己之力完成制作。

这样想的话，S败的原因可以说是一开始就马上着手制作提案书内容。S之所以那样做，可能是因为下面的这种想法。

- **因为经常使用PowerPoint制作提案书，这次也没有多加考虑，就像之前一样用PowerPoint开始制作。**
- **既然课长让我制作用于内部讨论的资料，那就做一份看起来比较美观的资料。**

在S的想法中，正如【图1-1-A】所示，犯了两个错误。第一个是“理所当然地认为应该用经常使用的软件”，第二个是“S制作的提案书超出了课长要求的质量”。

图1-1-A “想当然”导致的商务文本制作失败

依靠自己的主观判断开始制作商务文本，结果需要重新创作。

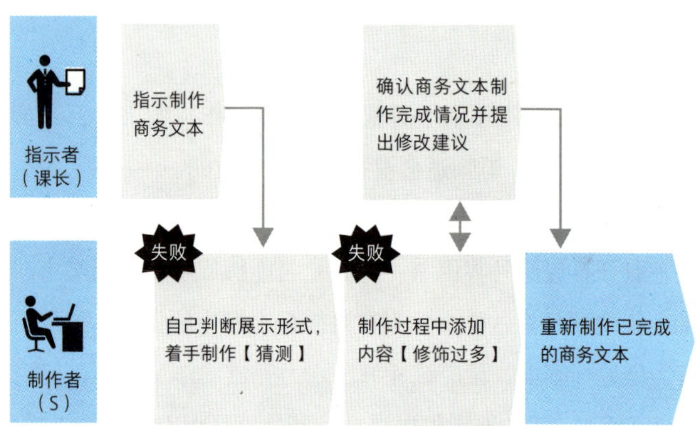

失败一：因主观判断导致重做

像S这样，只是凭借自己的主观判断，没有按照指示者所期望的形式制作商务文本的情况，在开始着手制作商务文本阶段频繁发生。

为了避免这样的意外，在接受制作商务文本的指示时，就有必要向对方事先确认该使用何种软件制作。

在外资企业中有“no guess”这样一个词，意思就是自己不能随意猜测没有向对方确认的事情。如果由于自己随意猜测，使得结果与对方所希望看到的结果背道而驰，就只能重新制作。

失败二：“多余修饰”是无用功

很多时候出于“想把事情做得更好”的心理，结果却适得其反，这只是做了无用功，属于“品质过剩”。这种现象有些是因为自己的主观猜测而导致的，但比起这个原因，更多时候是因为制作者出于自我满足的心理而对商务文本进行过分的修饰。

S虽然知道内部讨论的资料需要准备到什么程度，但是因为怀着“反正都要做，就做得美观一点”的想法，添加了本不需要的效果，造成时间的浪费。

“过分修饰”经常是基于“质量越高越好”的一种想法，但是过高的质量在很多时候就成了一种浪费。如果将在提高质量上所投入的精力用在其他地方，就可以完成更多的事情。

令人眼前一亮的商务文本固然会得到高度评价，但是在商务场合，除非是面向公司高层的演讲，否则过多的修饰对于内容基本上是不会带来任何好处的。

速成法1

Skeleton
Draft
Fix

明确 Who、What、Why

事先决定希望对方采取怎样的行动

在制作商务文本时，首先该做的事情就是决定Who、What、Why，如【图1-1-B】所示。通过明确这三个要素，在制作商务文本的过程中就能够有效避免“主观判断”和“过分修饰”。

Who就是指商务文本的“读者”。比如说，在引进用于提高工作效率的信息技术系统时，判断是否要进行投资的人想要知道该系统的费用及使用效果等信息，而实际操作的人则更关注该系统的使用方法，以及工作负担的减轻程度和提高效率的程度。因此，明确商务文本的读者，这一点是很有必要的。

What指的是商务文本使用的“目的”。提交这份商务文本的目的是单纯的信息共享，还是想让对方做出决定？目的不同，商务文本的制作方法也有所不同。

如果是信息共享，要在商务文本的正文前写上报告提要，只要阅读提要就能够大致把握这份商务文本的主要内容，这种结构比较好。在展示销售额的报告中，如果希望对方“以店铺为单位而不是以地区为单位”掌握信息，就要使用Excel制作一份明细表。

另一方面，如果是想要征求对方的意见和决定，为让对方能够更加深入地了解问题，有时候可以把结论放在资料的最后，这样的结构也很常见。

就像这样，首先决定通过这份商务文本希望对方采取的行动，那么也就自然而然地决定了商务文本的形式和内容结构。

Why是指对于读者来说，商务文本的内容是否具有针对性。制作商务文本时，应该以最具决定性的人物为读者来说明内容。

比如说，我们要制作一份以引进营业支持系统为目的企划书。为了使关键人物——销售部长对此产生兴趣，在制作商务文本时就要重点强调该系统的优点等。但是，如果没有信息系统部长对其保养维护的容易程度做出评价的话，就无法决定是否要投资。这种情况下，就要同时考虑销售部长和信息系统部长两个人的想法。

因此在制作商务文本的过程中，在确定有新的关键人物存在的情况下，就有必要在Who中考虑该人物，并对商务文本的内容加以补充改正。

图1-1-B　Who+What+Why 决定商务文本的方向性

目标：针对阅读商务文本的关键人物，优化内容构成。

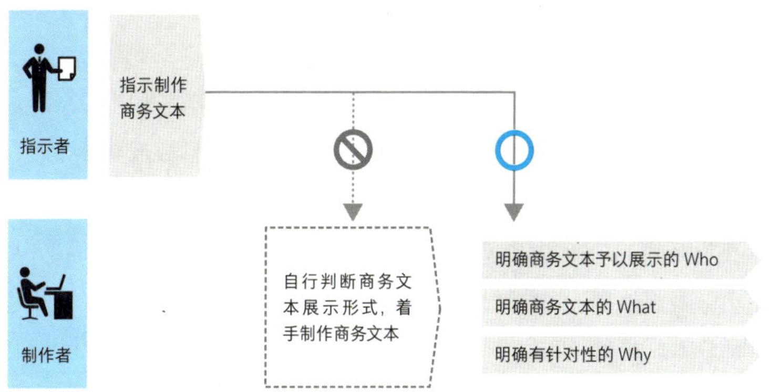

速成法2

Skeleton
Draft
Fix

通过分析，有效传递信息

事先了解对方的期待

速成法1教大家分析读者的特征，思考传达商务文本内容最具效果的方法。为达到这个目的，必须事先把握对方希望从这份资料中得到什么信息。

比如说，如果对方重视工作现场的意见，就要从负责人那里收集意见，以此为基础展示结论；如果对方重视数据等证据，就需要附加能够佐证结论的数据。

另外，还要了解对方对商务文本能理解到何种程度。如果是对方已经知道的内容，那么再怎么用心准备这部分的内容，也只会被草草带过，并没有任何作用。

在不必要的地方做过多解释的资料，常常会引起读者的不满，“尽做无用功，真是浪费”，或者“这种程度的东西我很了解，这里还要刻意解释，是看不起我吗？”

同样地，如果读者并没有对资料内容有详细的了解，那只靠一次说明也难以使其彻底理解。

因此，如【图1-1-C】所示，在梳理好Who、What和Why以后，有必要站在读者的立场上，思考读者对商务文本的期待内容和理解程度，然后考虑能够说服读者的展示方式。

如果能够直接询问对方那最好不过，但如果不能，就和制作商务文本的指示者商量后再确定商务文本的内容。

这样一来，就可以将会议分为事前说明和全体讨论两部分，或者仅提交资料。

首先分析阅读者对商务文本的期望，然后按部就班地说明，这样的做法比起先完成资料再做调整修改，能够更有效地达到目的。

图1-1-C 考虑读者能够理解的信息表现方式

确认阅读者对商务文本的期待和理解程度后，考虑商务文本的展示形式。

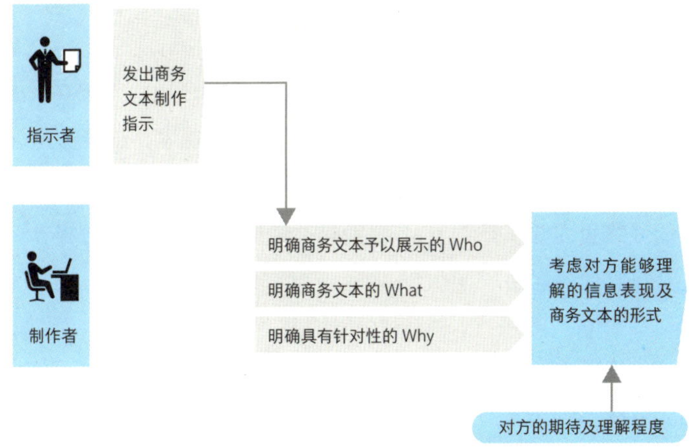

速成法3

Skeleton
Draft
Fix

根据目的选择商务文本的展示形式

使对方理解的商务文本展示形式

考虑过读者容易理解的信息表现形式后，就是选择商务文本展示形式的阶段。如【图1-1-D】所示，我们按照流程图的顺序，逐步决定该使用何种形式。如公司有规定的形式，那么最好使用规定的形式。因为制作商务文本的最终目的并不是“美观”，而是“说服对方”，因此选择读者熟悉的形式是最有效的做法。

图1-1-D　选择商务文本展示形式的顺序流程图

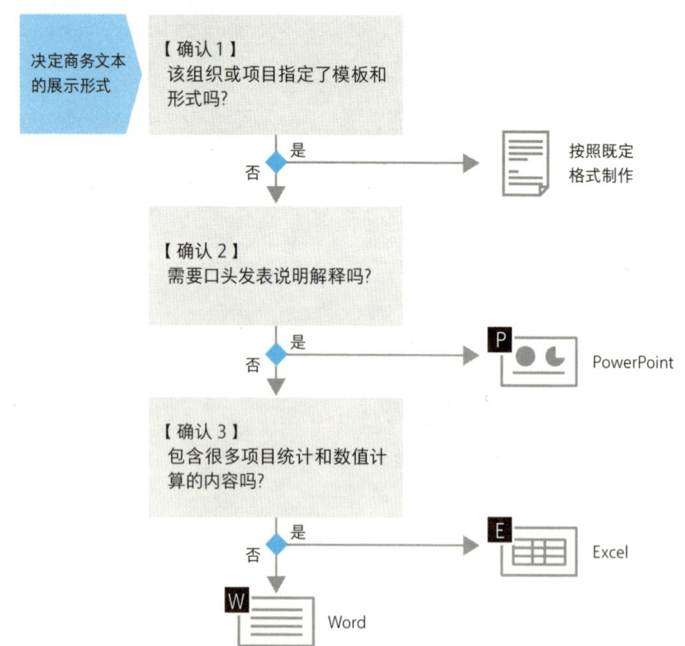

如果没有指定展示形式的商务文本就可以进入第2阶段。如果要使用该商务文本做公开演讲，就用专门用于演讲的PowerPoint制作商务文本。如果只向少数人传达信息，就选择使用Excel或者Word。

如果其中有较多项目统计和数值计算的内容，就用表格计算软件Excel来制作商务文本。除此之外的商务文本，推荐使用Word制作。

使用 Excel 制作商务文本的注意事项

如果你平时都在用PowerPoint制作商务文本，那么用PowerPoint制作可能会比用Word更快，也能在资料需要更新时迅速修改。但对于平时经常使用PowerPoint的人来说，不使用Word也是没有问题的。

但是，需要使用PowerPoint和Word制作商务文本时要避免使用Excel。

因为Excel能够自由改变单元格的大小，可以制作任何形式的报告书。把工作表上所有的单元格调整为小的正方形，做成“Excel方格纸”，再根据需要合并单元格，使之成为输入栏。但是这样的商务文本在更新时，很容易导致排版错乱，就额外增加了修复的成本。

也许有人会想“如果是只用一次的资料应该没关系吧”，但是在制作该资料的时候，我们无法预知是否还会使用第二次。即便更新并再次使用该资料的可能性再小，也要避免使用Excel方格纸。

制作商务文本的速成法就是用最低的成本达到最好的效果。

速成法4

Skeleton
Draft
Fix

用“框架→草稿→定稿”制作商务文本

用“三段式”接受评价

因为随意猜测读者的意图，导致与读者的想法背道而驰，这只会让我们在修改上耗费更多的时间和精力。为了避免做无用功，就有必要按照下面三个阶段来接受评价和建议。

框架，就是将商务文本的内容按照“目录层级+概要说明”整理的结构。该阶段的评价重点是商务文本的方向性，因为只是列举商务文本的主要内容，因此在修改时也不会花费太多时间。

草稿，就是按照框架填充内容。该阶段的评价重点是阅读这份商务文本的人是否能够在一定程度上理解商务文本内容。图表处于未完成的状态也没有关系，最后阶段会完成整个商务文本。

定稿，就是修改草稿，修饰加工后成为能够直接向第三方展示的最终版本。该阶段的评价重点是文章内容和图表的构成及颜色的使用是否易于阅读和理解。此时根据所有意见做出修改之后，一份商务文本就完成了。

如【图1-1-E】所示，在“框架→草稿→定稿”的流程中，每个阶段一定要征求制作商务文本指示者的意见。通过“三段式”得到的评价和提出的意见，能够最大限度地消除与指示者之间认知偏差，避免反复修改。

随着商务文本的难度增大，指示者和实际制作者之间认知上的偏差也会随之扩大，因此就要相应地增加评价核对的次数。

通过以下的公式来确定商务文本的难度。

难度 = 对方对你的熟悉程度（A）× 对方的地位（B）

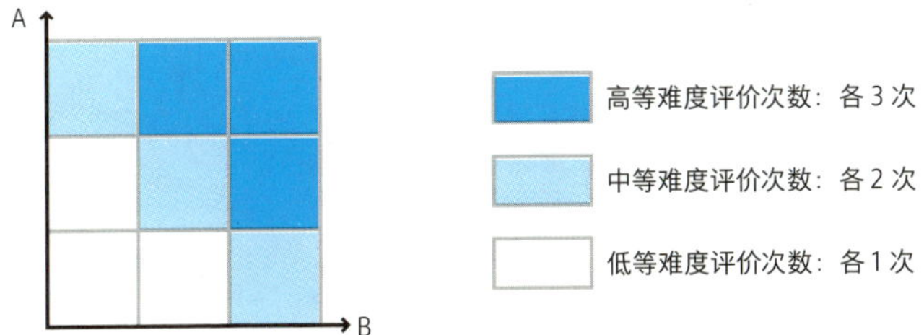

将A和B分为“低等难度”“中等难度”“高等难度”。以“低等难度”为基础每上升一个难度，就增加“框架”“草稿”“定稿”的评价次数。

图1-1-E　从商务文本制作完成到“三段式”评价的流程图

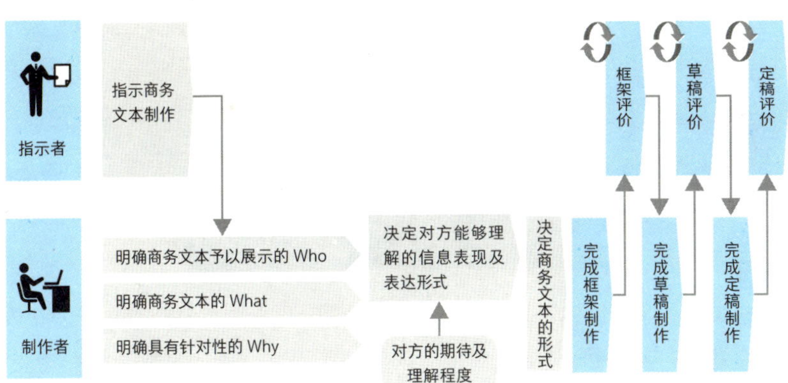

Ⅰ-1 总结

闭门造车导致失败

由于商务文本制作者的“想当然”，没有制作出指示者期待的商务文本，导致耗费很多时间和精力重新制作。

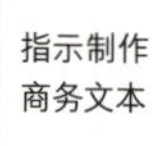

指示者（部长）：指示制作商务文本 → 确认商务文本的完成情况并提出修改建议

制作者（S）：

- 失败：自己判断展示形式，着手制作商务文本【猜测】
- 失败：制作过程中添加过多内容【修饰过多】
- 重新制作已完成的商务文本

速成良法获得成功

在制作商务文本的过程中，从一开始指示者和制作者就达成了共识，才着手构建商务文本框架。

指示者：指示商务文本制作；框架评价；框架评价；定稿评价

制作者：

1. 明确商务文本予以展示的 Who；明确商务文本的 What；明确具有针对性的 Why
2. 对方的期待及理解程度 → 决定对方能够理解的信息表现及表现形式
3. 决定商务文本的形式
4. 完成框架制作；完成草稿制作；完成定稿制作

速成法1 明确Who、What、Why

为了使对方理解，然后采取进一步的行动，需要明确Who、What、Why。

Who：商务文本的“读者”。

What：使用这份商务文本的“目的”。

Why：说服关键人物的“理由”。

速成法2 通过分析，有效传达信息

分析把握读者的特征，了解读者对于商务文本的“期待”和“理解程度”，找到传达信息最有效果的方法。

速成法3 根据目的选择商务文本的展示形式

希望对方理解什么？期待对方做什么？选择最容易说明这些内容的商务文本形式。

【确认1】是否已经指定了商务文本的形式吗？

【确认2】需要口头的说明解释吗？

【确认3】包含很多项目统计和数值计算的内容吗？

速成法4 用“框架→草稿→定稿”制作商务文本

制作商务文本遵循“①框架→②草稿→③定稿”这三个阶段。

①框架：把商务文本的内容按照“目录层级+概要说明”整理的一种结构。

②草稿：根据框架填充内容。

③定稿：修改草稿，经过修饰加工后成为能够直接向第三方展示的最终版本。

第 2 节　决定目录构成，摘录论点

学习目标：速成法5—9

借鉴失败案例

制作商务文本的顺序是"①框架→②草稿→③定稿"这三个步骤。在这个过程中，最开始制作的"框架"是按照"目录层级+概要说明"整理商务文本的内容。

但是，如果目录层级不清晰，就无法消除商务文本制作指示者和实际制作者之间产生的分歧，从而导致后续制作草稿时需要反复修改。

我们来看一个失败的案例。

S从课长处获得指示，要制作一份关于开发X公司营业支持系统的提案书。因为已经确认了制作框架前的事项，接下来就该考虑提案的目录了。首先，思考提案上所需的必要信息和事项，并写在纸上：

封面，问候语，公司简介，提案内容，进度日程，费用。

按照这个顺序，在PowerPoint资料中插入空白幻灯片，在每张幻灯片上简要写明该页的内容，S用邮件向课长征求结构的评价意见，得到回复："主要层级的目录就这样可以了，可以开始制作草稿了"。于是S进入制作草稿的阶段。

但是，三天后收到课长关于草稿的评价意见，修改意见指出需要变更提案的内容。比如说，把本公司很了解X公司业务的这一态度添加到公司简介中；根据工作类别进一步具体说明提案内容，再添加说明要点的幻灯片；在进度日程中，要以"周"为单位说明上

述工作。

这样一来，S需要做大量的改正，心中稍有嘀咕："需要改正这些问题怎么不在确认框架的时候就告诉我呢……"

也许我们可以认为失败的原因在于课长指出的错误并不全面。的确，如果课长能够仔细确认，S需要修改的地方应该会少很多。

但是，如果一味地把责任归咎于别人，那制作商务文本的成功与否也就全都取决于他人了。就像在第1节中说的那样，对于今后还可能出现的失败，应该思考如何凭着自己的努力去解决。

这样看，S的失败也有一个原因是目录的构成不够细致。收到课长的意见之后就开始制作草稿，S大概是出于这样的考虑：

既然课长说了没有问题，那么只要在这个目录所示内容的范围内，考虑结构和具体内容这两个部分就足够了。

由于S的错误认识，我们可以知道他做成的框架犯了如【图1-2-A】所示的错误。

因为目录中所示各项内容及其说明很粗略，课长也无法确认说明顺序，所以课长在评价时自行推测的地方也有很多。导致即使草稿是以这个框架为基础制作的，也需要修改。

为了得到准确的评价和意见，就要明确PowerPoint中每张幻灯片的内容、Word的各段落的内容，或者是Excel的每个表格的内容，将内容具体到能够解答对方所有疑问。

此外，针对不同的读者，为增进其理解，也有必要结合对方的思考方式有针对性地调整内容。

在确定了目录构成的基础上，组织内容是非常重要的工作。因此在制作框架内容的时候要注意这些问题。

图1-2-A 制作目录构成失败的类型

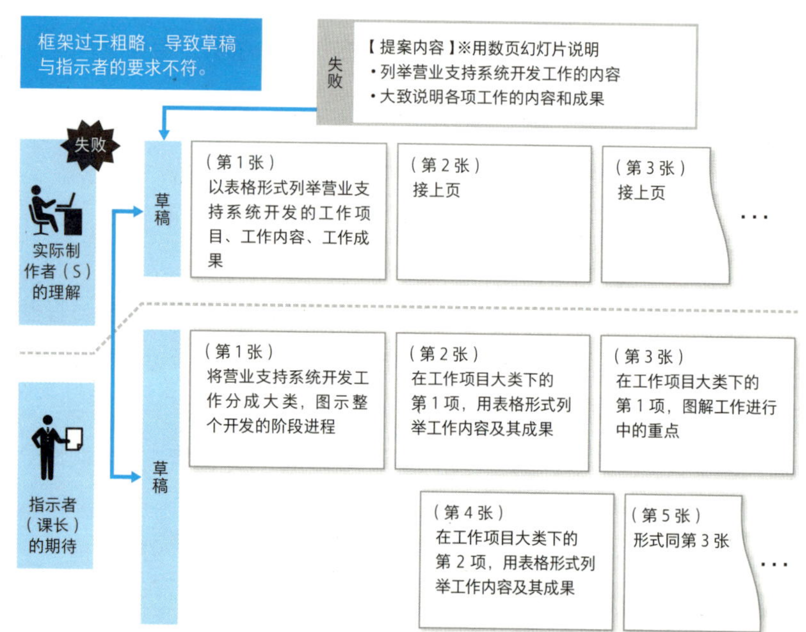

Skeleton
Draft
Fix

速成法5

运用PREP列举论点

使对方容易理解的说明方法

在制作框架时，要提炼出不偏离草稿内容的项目，并列举该项的论点。PowerPoint以每张幻灯片、Word以每个段落、Excel以每张工作表为最基础的单位。

为了传达商务文本的What（目的）并使对方接受，不仅要传达该主张的Why（理由），也有必要提及Who（对方）这样做的好处。所以，在框架制作时就要涉及相关内容。

能够简明地表现这一逻辑结构的就是PREP法。

PREP就是表达point（主张）、reason（理由）、example（实例）、point（总结）这四个单词的首字母，作为使对方容易理解的说明方法而众所周知。

比如说，下面这个逻辑结构就是根据PREP的方法来组织的。

P：这本书是商务人士的必读书。

R：之所以这样说，是因为本书中有大量的制作商务文本的技巧。

E：甚至连不擅长制作商务文本的S先生也能做出优秀的商务文本了。

P：这本书对于制作商务文本的初学者来说也很有帮助。

首先用P来提出主张，接下来通过理由和具体事例，使自己的意见更具有说服力。最后作为结论再次重复自己的主张，让对方印象更加深刻。

用PREP制作框架的实际操作如下图所示。

图1-2-B　用PREP制作框架的实例

P（主张）

（第 1 张）提案要旨
- 通过分离台账功能和基础系统来提高效率
- 使现有的营业支持系统具有台账功能，提高分析的准确度和业务办理的速度
- 本公司能够实现这一目标

R（理由）

（第 2 张）背景
- 提出 X 公司所存在的问题
  →基础系统附带台账功能会使办理业务繁琐且进展缓慢
  →在台账变更时也会使基础系统停止运行，成本很大
  →营业数据准确度低

（第 3 张）达成目标
- 表现出为达成目标应做的事
  →简化台账系统，减少负责销售的员工的工作量
  →降低系统更换的成本，实现弹性的台账管理，提高准确度

（第 4 张）选择本公司的理由
- 用本公司的产品可以实现X公司的台账功能
- 有很多公司有着和X公司一样烦恼的，本公司为他们引进了该系统
- 本公司和X公司有长期的业务合作，对于其业务能够有针对性地提出建议

E（实例）

（第 5 张）实例：A 公司引进该系统
- A公司也和X公司一样，因台账业务的庞大而感到困扰，在接受了本公司的建议后成功改善业务。介绍这一成功案例，来表现本次建议的有效性

P（总结）

（第 6 张）建议方案的总结
- 将账票台账功能从基础系统中分离出来，通过在新的营业系统上构建新的台账功能，来解决A公司目前存在的问题
- 通过过去的业绩和其他公司的成功案例来强调建议的合理性

比如说，试着用PREP来制作面向X公司的提案书中的“提案内容部分”。

先提出主张，接下来考虑理由。进一步举出用于辅助说明理由的实例，最后再总结主张。按照这样的流程，就能够做成一份具有说服力的商务文本。

【P：主张】

粗略列出能够掌握整体内容的要点。然后使用下一张幻灯片，展示支持主张的根据。

【R：理由】

列出支持该主张的理由。充实这部分内容，就能够增加商务文本的说服力。在这个例子中，要分“背景”“达成目标”“选择本公司的理由”这几个方面来说明。

【E：实例】

举出支持上述理由具合理性的实例，说明本公司的建议是基于实际业绩提出，并非纸上谈兵。

【P：总结】

以R部分和E部分的内容为基础，再次说明最初P部分所示的主张是合理、可行的。

PREP是根据人类的基本思考过程来展开逻辑性较强的叙述，这是它的优点。

比如说，让我们来思考下面这样一段对话。

学生：我想去美国留学。（P：主张）

父母：为什么突然说这样的话呢？

学生：在只能使用英语的环境中，就能够给自己压力，想要逼迫自己熟练运用英语。（R：理由）

父母：就算不去美国留学，在日本能够学好英语的人也很多吧？

学生：虽然这样的人是有，但到现在为止我认识的能熟练使用两种语言的人都说“如果能去留学，就可以在短时间内提高英语的能力”。（E：实例）

父母：啊，可是……

学生：我想工作的领域里，和外国人交流的能力很重要，为了能尽早掌握英语，你们支持我去美国留学吧。（P：总结）

学生提出的想法是单方面的，虽然预想到了父母会反对，但这段对话很顺利地将自己的想法传达给了对方。

如果按照PREP的方法循序渐进地说明观点，就能够顺畅地与对方沟通。如何根据对方的情况所采取不同的做法将会在后面的章节中详细讲述，这里先介绍在商务文本目录构成的部分要如何用PREP法传达想要表达的内容。

速成法6

Skeleton
Draft
Fix

列举出合理的理由

读者对内容抱有疑问

在框架中虽然可以用PREP法来整合内容，但是如果不仔细考虑R（理由）部分，读者对商务文本的内容就会产生疑问。如果是面对面交流，还有立刻解决对方困惑的机会，但如果是只把资料提交给对方，就无法及时消除对方的疑问。

如果出现的问题大到不能忽视的程度，对方就会提出需要详细说明，但按照日程进度，此时应该已经超过最初约定的提交的期限了。更糟糕的是，很可能因为资料存在问题而遭到对方拒绝，一旦如此，也就无法开展后续的工作了。

因此，为了防止这样的事情发生，从制作框架的阶段开始，就要缜密检查支撑主张的各项理由是否具有说服力和妥当性。

检查方法就是以“为什么可以这么说”为依据来思考内容，进而对该依据再次发问，来深入挖掘这些理由是否妥当。

在【图1-2-C】中，关于提出主张的“提案要旨”部分，就要用逻辑树来梳理得出该主张的依据及依据是否妥当，这些内容在资料中是否不可或缺。

顺便一提，在【图1-2-B】中提案内容部分也是用这种这一方法制作的。

商务文本制作者无法说明的部分，读者也无法理解，在思考商务文本结构的时候要充分理解这一点。

图1-2-C　用逻辑树梳理支撑主张的依据是否妥当

主张基于依据，依据由妥当性来支撑。

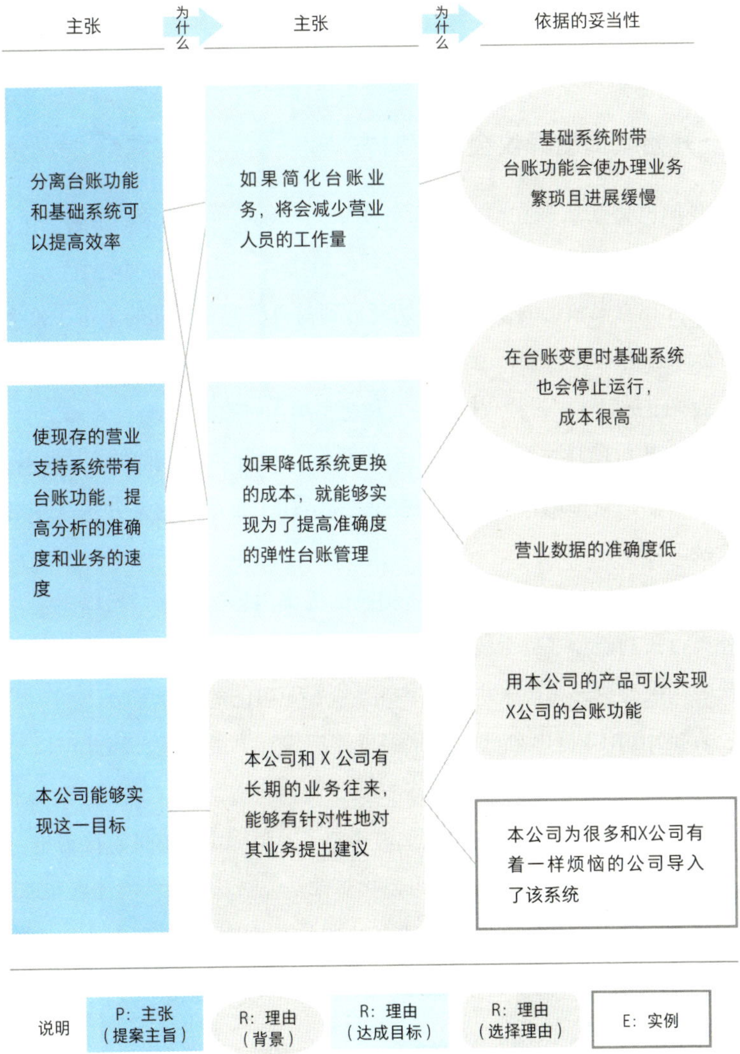

主张	为什么	主张	为什么	依据的妥当性
分离台账功能和基础系统可以提高效率		如果简化台账业务，将会减少营业人员的工作量		基础系统附带台账功能会使办理业务繁琐且进展缓慢
使现存的营业支持系统带有台账功能，提高分析的准确度和业务的速度		如果降低系统更换的成本，就能够实现为了提高准确度的弹性台账管理		在台账变更时基础系统也会停止运行，成本很高
				营业数据的准确度低
本公司能够实现这一目标		本公司和X公司有长期的业务往来，能够有针对性地对其业务提出建议		用本公司的产品可以实现X公司的台账功能
				本公司为很多和X公司有着一样烦恼的公司导入了该系统

说明：P：主张（提案主旨）　R：理由（背景）　R：理由（达成目标）　R：理由（选择理由）　E：实例

速成法7

Skeleton
Draft
Fix

异议要在最后提出

一开始就提出异议会激怒对方

我们已经了解到如何整理商务文本的结构——利用PREP法（主张、理由、实例、总结），但是在表达不同的想法时，需要更加小心。

对方在看资料的时候，一开始就看到与自己意见不同的主张，不会觉得“原来还有这种想法”，而是可能会认为“居然否定我的看法！”有的人甚至会跳过抵制这一过程直接拒绝，丝毫不给人讨论的余地。

这样的可能性也确实存在，因此我们在最开始的P部分（主张）中，不要明确提出自己的意见，而是要留到最后P（总结）的部分来试探对方的反应。

比如说，在【图1-2-B】中所提及的提案内容部分，虽然提出了“通过分离台账功能和基础系统来提高效率”这一主张，但这里假设对方一开始就坚持认为“分离台账功能和基础系统是不可能的”。

直接用PREP提出自己的主张很可能招致对方的不满，因此可以在表示赞同对方意见的同时，暗示其他的做法也有可取之处。

那么即便对方觉得自己的意见被否定了，但因为没有被直接否定，可能也会关注其他的意见。此时就可趁热打铁，说明其他做法的优点和理由。

如果你提出的意见有充分的理由，对方依靠理性的判断而改变想法的可能性就会大大提高。

图1-2-D　提出异议时的PREP

想要提出不同的意见，不要在开篇就提出来

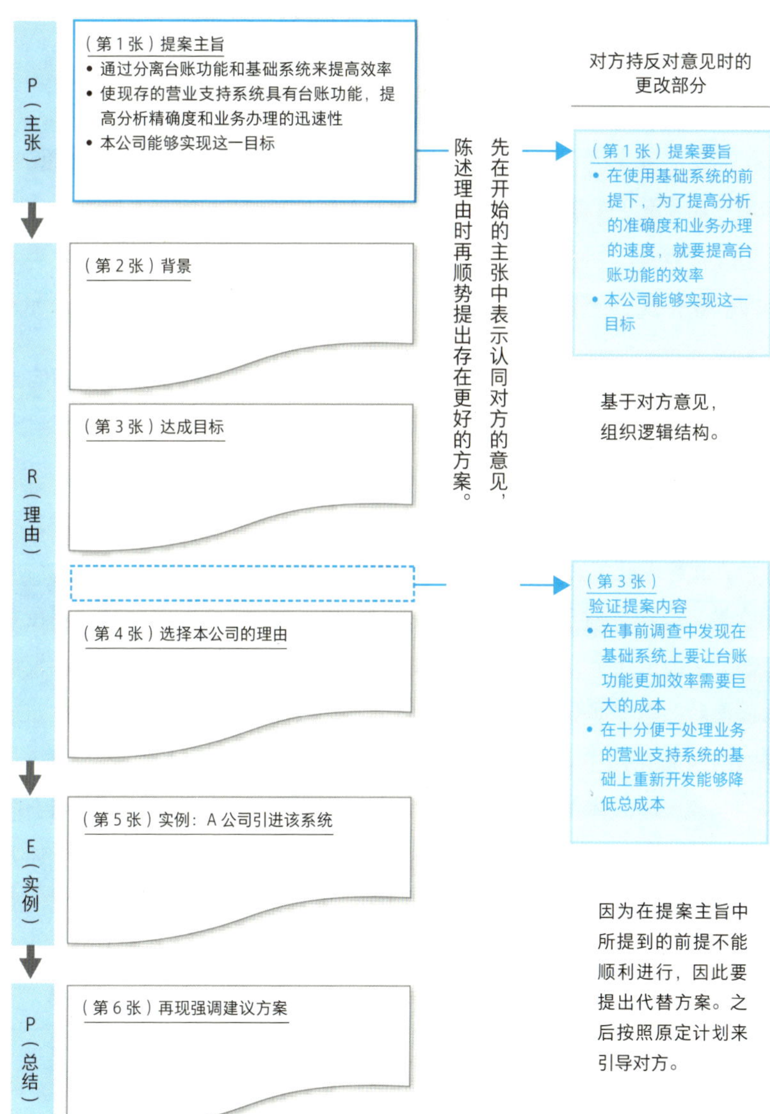

速成法8

Skeleton
Draft
Fix

用“2种形式×6种思路”模式展示提案

需要对方做出判断时，要考虑两种情况：对方希望你直接表达想法，或是对方希望你能够提供选项。

两种形式：当事人、专家

对于不知道该如何选择的人来说，要在主张部分提出自己推荐的方案，在理由及实例部分中提出主观性较强的说明，在总结的部分获得对方的认可，要按照这样的结构来组织商务文本内容。

在你承担了实施具体工作的责任的情况下，作为有主观意见的人，用这种方式整理商务文本，更容易得到周围人的认可。

另一方面，对于在某种程度上已经做出了决定的人来说，只要在主张部分多提出几个方案，在理由和实例部分列举几个客观的事实并比较优劣，最后在总结部分根据关注的重点分别选出评价最高的方案。要按照这样的结构来组织内容。

虽说实施具体工作的责任在于读者，但对方为了做出准确的判断会向你寻求帮助，在这种情况下，要作为能够提出客观看法的专家，用上述方式整理商务文本也许更容易获得对方的信赖。

图1-2-E　提案时当事人和专家的差异

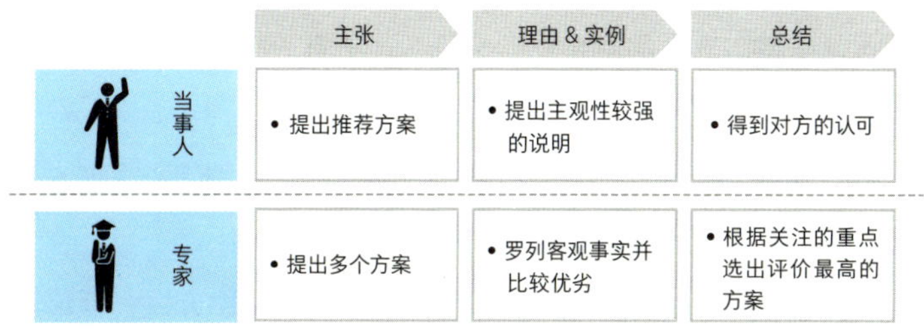

如【图1-2-F】所示，我们用PREP的两种形式分别整理同一主张。我们会看到两种商务文本的内容说明中存在截然不同的做法。

图1-2-F　举例：两种形式下的PREP结构

	强调主观性的当事人立场	强调客观性的专家立场
P（主张）	商务文本评估有定稿评价和框架评价两种方法，这次建议选用后者	商务文本评估有评价定稿和框架评价两种方法，必须二选一
R（理由）	理由有两个：第一，因为阶段性地整理逻辑，容易合理加深内容；第二，能够减少商务文本评价时的修改工作	前者评估次数很少，后者因为有可以阶段性的整理这一优点，易于合理加深内容。从修改负担的方面考虑，后者更具优势
E（实例）	比如说，在一些商务文本质量很高的战略性咨询公司里，从框架阶段开始就要征求上司的意见	比如说，在一些商务文本质量很高的战略性咨询公司里，在制作难度很大的商务文本会从框架阶段就开始征求上司的意见
P（总结）	因此，这次建议从框架阶段就开始征求上司的意见	如果认为本次的商务文本的难度很大，选择后者可以节省商务文本制作和评估所用的时间

6 种构思类型

在向对方表达自己的主张时，无论站在当事人还是专家的角度看待问题，都要遵循基本方向。

所谓“基本方向”，一般称为6种构思类型。在PREP法中加入这些构思方法，也能够运用到商务文本说明中。

按照【图1-2-G】所示基准来区别使用不同的构思方法，能够达到事半功倍的效果。

图1-2-G　区别使用6种构思类型的标准

接下来列举说明各种构思类型。

6 种构思类型：①循序渐进确认型

这是一种将普遍情况与具体事例相结合并运用到商务文本当中，从而预测结果的方法。一般来说就是众所周知的“三段论”。下面这个例子就是按照这种方法构思的。

① R：本公司的系统会将销售的一部分工作转为由机器自动处理。
② E：因为X公司的销售人员经常加班，希望减少人工操作。
③ P：因此，X公司的销售人员会更容易接受本公司的系统。

和PREP组合使用时，将“预测到的结论”放在主张（③）的地方，用“具体事例”来充当理由（①），把“普遍情况”用作举例，这样可以做出更加合理的说明。

通过列举多个具体事例能够增强说服力，用没有逻辑错误的普遍情况加强对方的理解，“循序渐进确认型”就是这样的一种方法。

图1-2-H　“循序渐进确认型”的构思方法

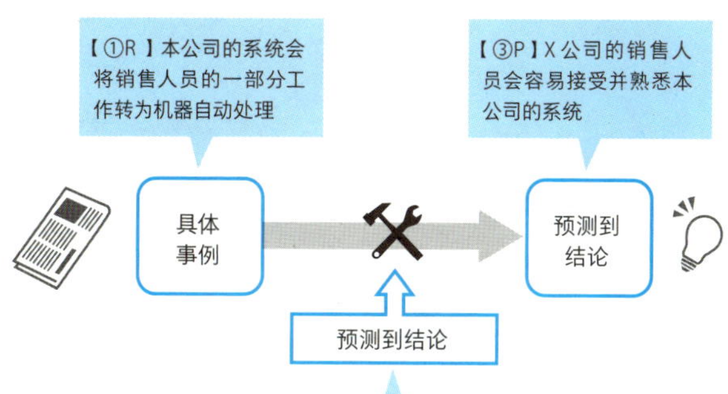

这种类型的构思方法虽然简单，但是如果对方无法认同主干部分的内容，就会得到对方消极的回应。

比如说下面这个例子。

①R：本公司的系统会将销售人员的一部分工作转为由机器自动处理。

②E：X公司的销售人员不善于处理、适应新工作。

③P：因此这个系统很容易被销售人员接受。

这个逻辑是错误的。因为并不是X公司所有的销售人员都存在②中的问题，如果作为普遍存在的情况举出的例子说服力不强，就很难让对方接受你的主张。

因此在使用这一类型的构思方法组建逻辑结构的时候要注意这个问题。

图1-2-I “循序渐进确认型”的注意事项

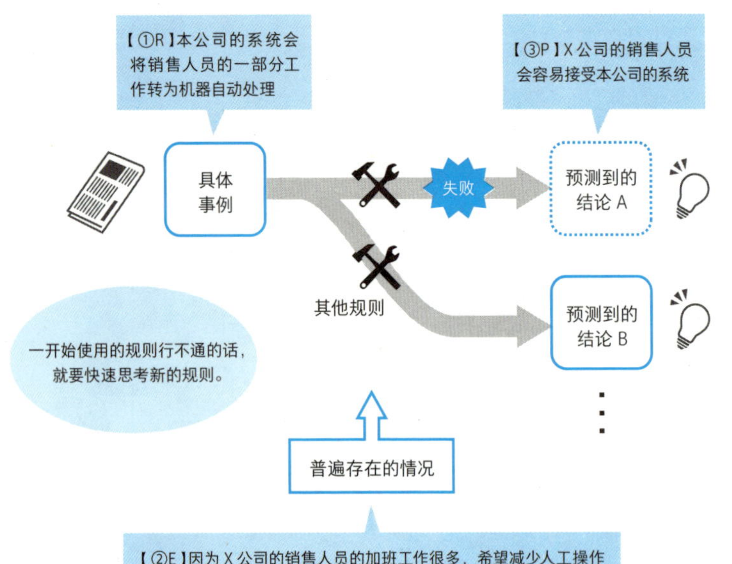

6 种构思类型：②列举事实论据型

这种构思方法是收集所有证据来预测结论。下面这个例子就是按照这种方法构思的。

① R&E：O公司引进了本公司的系统之后，业务得到了很大改善。

② R&E：P公司也引进该系统后，也取得了一定的效果。

③ R&E：Q公司在前几日决定引进本公司的系统。

④ P：因此相信X公司引进本公司系统之后可以获得很显著的成果。

在与PREP相结合时，将“预测到的结论”放在主张（④）的地方，用“个别事实”来充当（①②③）理由，同时列举事例和理由，可以成为更加合理的说明。

如果一开始就陈述结论，随着脑中浮现出商务文本的结构，就更加容易说明。无论是讲解的人还是听的人，都要注意商务文本的整体构成然后再讨论，这样会更容易地表达自己的想法。

图1-2-J “列举事实论据型”的构思方法

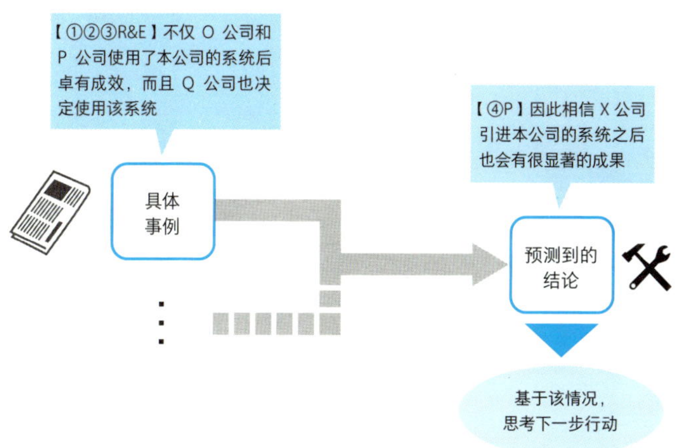

这种类型由多个事例支持，所以结论的说服性更强，但是如果在具体事例中包含推测和主观判断，就容易被人指出错误。

比如下面这个例子。

① R&E：零售业的O公司引进了本公司的系统之后，处理业务的效率有了很大改善

② R&E：同样是零售业的P公司也引进了本公司的系统，取得了一定成果

③ R&E：零售业的Q公司在前几天决定引进本公司的系统

④ P：因此相信制造业的X公司引进本公司系统之后也可以得到很显著的成果。

这种逻辑不一定就成立了。这是因为在零售业的公司活用的系统，极有可能对制造业来说毫无作用。

但是，如果能够说明所列举的事实不是普遍存在的情况，这个逻辑还有可能成立。在上面的例子当中，若说明“该系统各行各业均可使用”，那么对方有可能会赞同这个结论。

因此，能够说明对方指出的问题属于特殊情况的话，即使不改变结论，也能得到对方的赞同。

图1-2-K “列举事实论据型”的注意事项

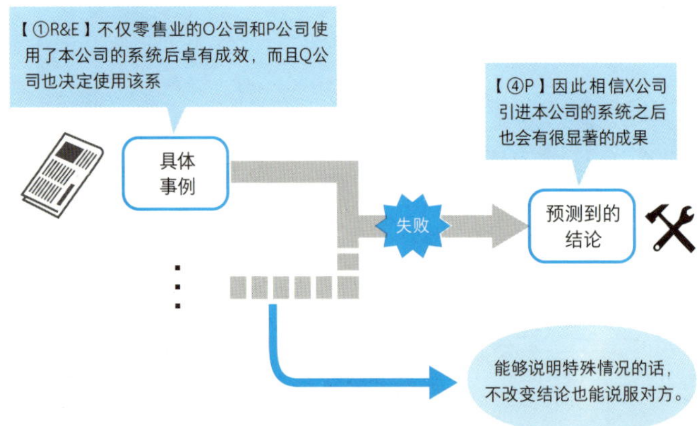

6 种构思类型：③灵光一闪创意型

关注内容和性质上相似之处的类推，以及关注外在特征相似之处的类比，通过这样的方法来分析，就是“灵光一闪创意型”的构思方法。下面这个例子就是按照这种方法构思的。

①E：引进了本公司系统的零售业公司在销售业务上都得到了改善。

②P：X公司所在的制造业和零售业在销售事务办理流程上存在相似之处。

③R：因此通过引进本公司的系统X公司的销售业务也能够得到改善。

在与PREP相结合时，将“推测”放在主张（③）的地方，用“相同点”来当作理由（②），把“比较对象”当作事例（①）举出，这样说明会更加合理。

找出已知事物的特征，以此来推测相似但不了解的事物的性质，这样的过程叫作“类推”。此外，比较外在特征的过程叫作“类比”。

在实际应用时并不刻意区分这两者，而是共同使用的就是“灵光一闪创意型”。

图1-2-L “灵光一闪创意型”的构思方法

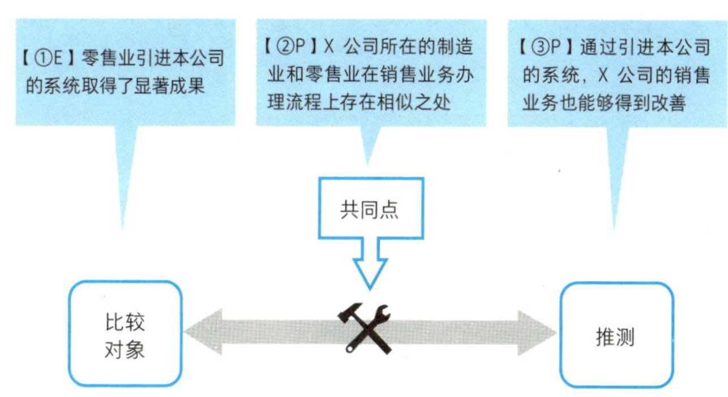

这种构思类型可以灵活运用其他领域的知识，但是如果弄错比较的要素，就容易导致推测与正确结论相去甚远。

比如说下面这个例子。

① E：引进了本公司系统的食品零售业公司在销售业务上都得到了改善。

② P：X公司所在的制造业和零售业在销售业务流程上存在相似之处。

③ R：因此通过引进本公司的系统，销售建设器械的X公司的销售业务也能够得到改善。

制造业和零售业两者都从事销售物品的工作，共同点有很多。但是，X公司所经营的建设机械，需要管理每一件器械，并且一台机器就价值数百万日元以上，而食品零售业所经营的商品是能够分类并批量管理的物品，根据负责管理的部门不同，有些商品的价钱不过几十日元以上。如果说X公司也是管理螺丝、廉价器械零件的话，这个主张是可行的，但是截然不同的管理方法不能混为一谈。

因此，就要从多个角度来看待特征，考虑是否与目的吻合，对于不同点多于共同点的对象事物要谨慎地推测结论。

图1-2-M “灵光一闪创意型”的注意事项

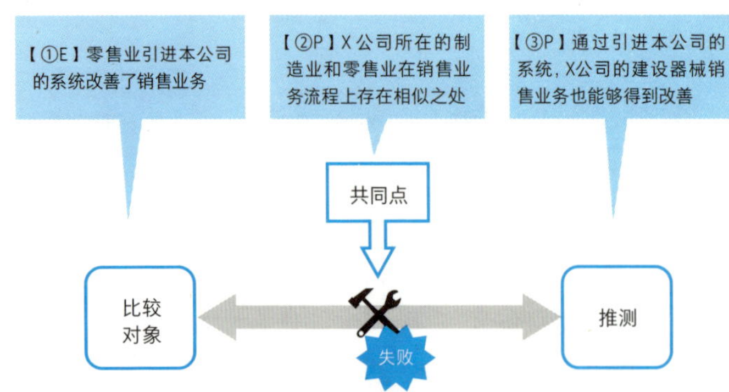

6 种构思类型：④不断试错型

首先提出一个假设，并在此基础上论证，如果中途遇到问题，立刻提出新的假设，不断尝试并修正错误，最终得到正确答案的构思方法就是“不断试错型”。下面这个例子就是这种构思类型。

① R&E：因为O公司是分类批量管理，所以在引进本公司的系统后销售业务得到改善。

② 一次P：也有公司采取管理单个商品的做法。在引进本公司的系统后，销售业务有了显著改善。

③ 新R&E：正在准备引进本公司系统的Q公司就是管理单个商品的方式。

④ 二次P：即使是管理单个商品的方法，使用本公司的系统也能够改善销售业务。

在与PREP一起使用时，“一次假设”相当于第一个主张（②），“具体事例”即为理由和事例（①）。这样说明会变得更加合理。

并且，作为“假设的结果”而在最初就被提出的主张（②）也有可能是错误的，为了防止这种情况发生，就把理由（③）的“二次假设”作为一个新的主张（④）提出，将下一步要实施的事项写在商务文本中。

不要害怕会选择失误，通过总结错误，做出正确的判断，这样的商务文本才更容易获得对方的认可。

图1-2-N “不断试错型”的构思方法

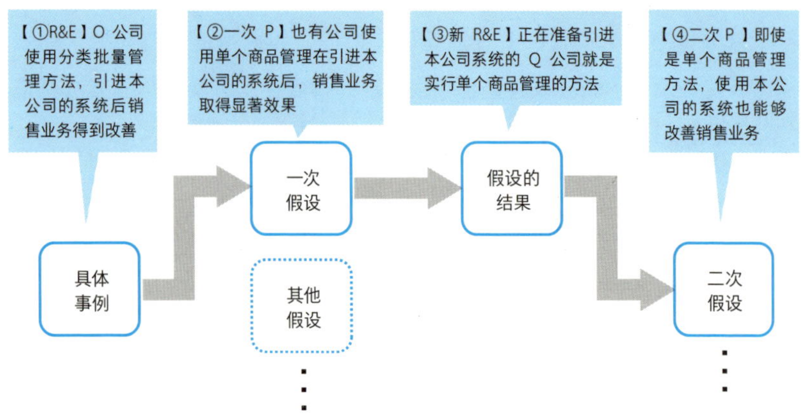

该构思类型很有弹性，但是如果不是对商务文本的主题非常熟悉的人，在整合内容的过程中，很可能会偏离目的。

比如下面这个例子。

① R&E：因为O公司使用分类批量管理方法，所以引进本公司的系统后销售业务得到了改善。

② 一次P：也有公司采取管理单个商品的方法在引进本公司的系统后，销售业务取得了显著改善。

③ 新R&E：正在准备引进本公司系统的Q公司就是采取管理单个商品的方法。

④ 二次P：即使是管理单个商品这种管理方式，使用本公司的系统也能够改善销售业务。

（后续多次重复假设验证的过程）

⑤ 最终P：因为X公司的销售业务的情况比较特殊，所以使用系统后的效果不太乐观。

这虽然是必然会得到的结论，但是如果从一开始就有熟知X公司销售业务的人参与讨论，在最后可能就不会出现“收效甚微”这样的结论了。

在一开始讨论内容的时候就要多听取行家的意见，依靠他们丰富的知识和经验，可以避免多余的假设验证过程，从而提高讨论决策的效率。

图1-2-O “不断试错型”的注意事项

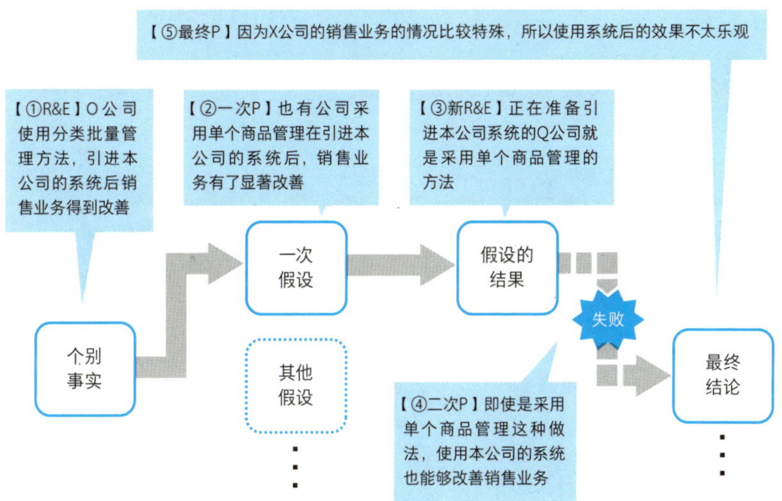

6 种构思类型：⑤ 1+1=3 型

之所以称之为“1+1=3型”，是因为这种方法需要深入挖掘问题所处的情况和前提并做出分析，然后通过让各种方案不断碰撞，从而得出新的可行方案。下面的例子就是运用了这一构思方法。

① E：对于X公司特殊的销售业务情况，应区别对待，即需要单独开发。

② E：“单独开发”的方案费用很高，不采用这个方案也能够取得效果。

③ R：虽然X公司的业务需要很重要，但是“投入—产出”是否平衡也很重要。

④ P：建议使用较低价位的简易工具来代替需要单独开发的部分。

在与PREP一起使用时，主张（④）即为“折中方案”，“确认方案是否妥当”为理由（②），原始方案和替代方案分别作为事例（①②）使用，这样的说明会更加合理。

通过确定各方案的本质内容，就能够得出双方一致同意的“折中方案”。

图1-2-P “1+1=3型”的构思方法

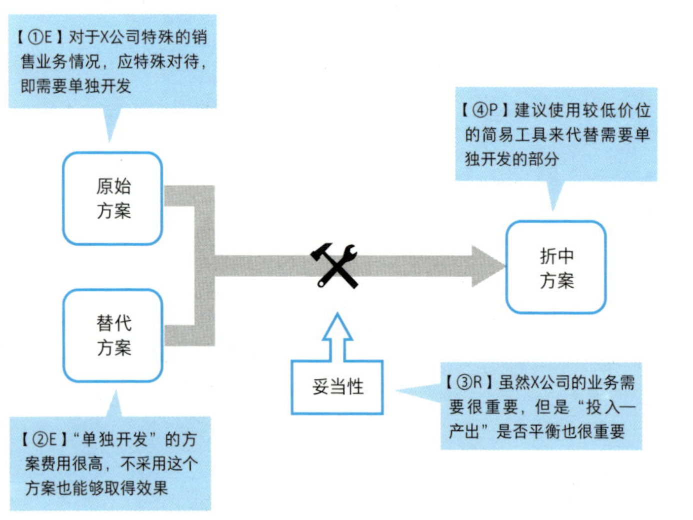

这种构思类型注重协调性，但是想要相关人员的意见达到完全一致。这时就会花费大量的时间，就像下面这个例子。

① P：对于X公司特殊的销售业务情况，应特殊对待，即需要单独开发。

② E：“单独开发”的方案费用很高，不采用这个方案也能够取得效果。

③ E：提出其他已完成的适合X公司的销售业务的系统。

（列举出更多的建议）

④ R：举出各个建议的优点及可能达成意见统一的地方。

（让提出方案的所有人员磨合意见）

⑤ P：因为无法统一意见，本次无法得出最终方案。

在很多时候，几经周折也无法达到全员一致通过。

但是在争论的环境中，有时不得不决定一个最终的方案，所以存在异议也在所难免，因此只要意见大致统一，忽略一些不同意见也可以。

图1-2-Q “1+1=3型”的注意事项

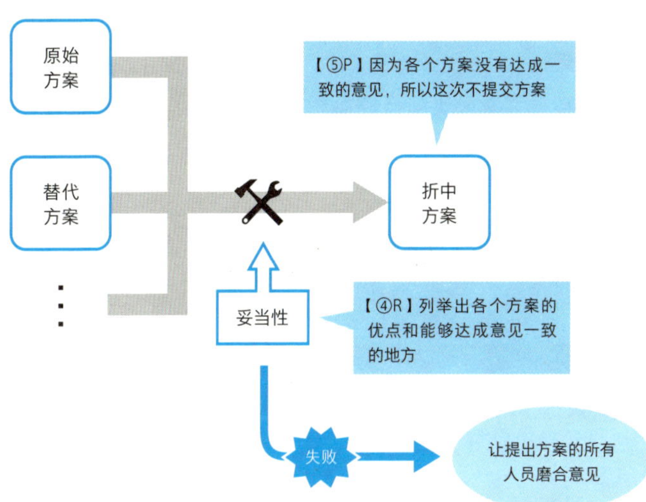

6 种构思类型：⑥引导新思路型

找出当前的方案中存在的问题、缺点和矛盾之处并加以否定，用“排除法”排除不妥的方案，从而突显出其他方案的妥当性，通过这样的方法得出结论就是“引导新思路型”的构思方法。比如说下面这个例子，就运用了这个方法。

① R&E：建议使用较低价位的简易软件来代替需要单独开发的部分。

② R&E：提出其他已完成的适合X公司销售业务的系统。

③ 第一次P：假设②可行，以此为前提实施方案。

④ 新R&E：就算采用②方案也不能避免，最终还是需要单独开发。

⑤ 新P：那就向X公司提交一开始讨论的①方案。

在和PREP一起使用的过程中，“假设”是最初的主张（③），原始方案和替代方案分别作为该主张的理由和事例（①②），会让说明更加合理。然后，随着工作进一步推进而发现的“矛盾”，就会成为新的理由和事例（④），将“结论”作为新的主张（⑤）提出来。这样就构成了一份说服力较高的商务文本。

如果提出替代方案的人能认同确实存在不妥，那么就能欣然接受最开始自己提出的方案了吧。

图1-2-R “引导新思路型”的构思方法

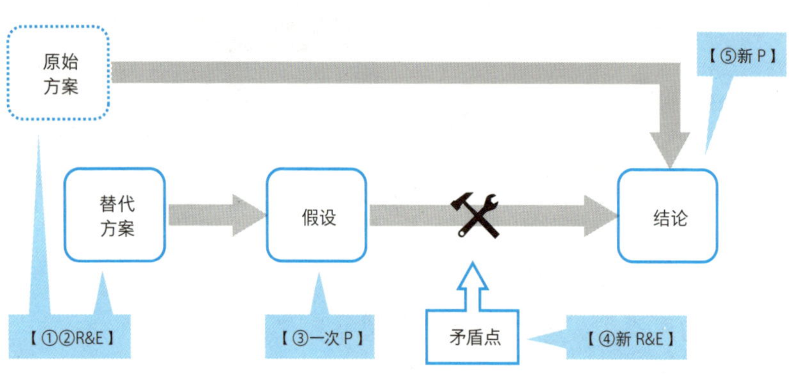

这种类型能使对方主动撤回自己提出的方案，但是就算是对方认为自己的方案存在不妥，也并不一定表示对方接受了我们的方案。

比如下面这一例子。

① R&E：建议使用价位较低的简易工具来代替需要单独开发的部分。

② R&E：提出其他已完成的适合X公司销售业务的系统。

③ 一次P：假设②方案可行，以此为前提实施方案。

④ 新R&E：就算采用②方案也不能避免，最终还是需要单独开发。

⑤ 新P：放弃②方案，也有其他的方案可以讨论。

（偏向原始方案的引导失败了，要采取其他方案）

如果可以替换的方案有很多时，并不能保证自己的方案会被采用，如果还剩下很多其他替代方案，推荐再一次使用这种方法引导或者提出原方案和其余的替代方案的折中方案。

图1-2-S “引导新思路型”的注意事项

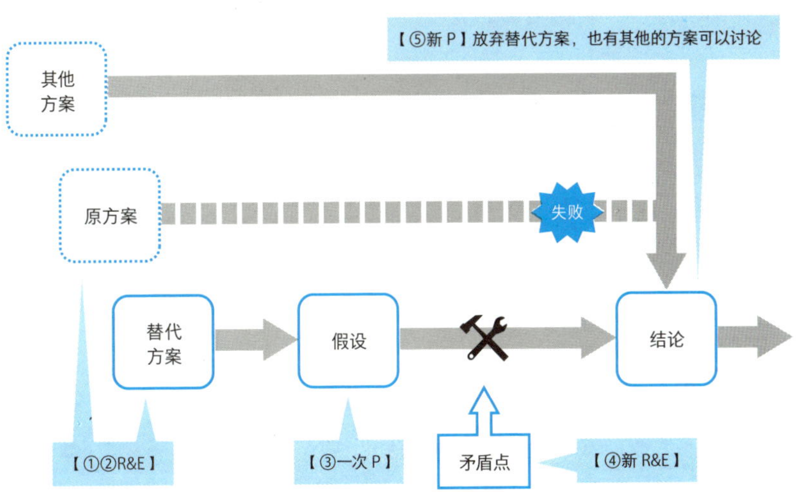

6 种构思类型：总结

以上所述6种构思类型实际上是基于逻辑思考、横向思考、批判性思考的构思方法。

“逻辑思考”也被称为“垂直思考”，是通过从逻辑上分解关键要素来整理思路的方法；“横向思考”就是“水平思考”，是从内部和外部两个方面做比较来整理思考的方法；“批判性思考”被称为“探究思考”，是一种深入探究本质来整理思路的方法。

以这些思维方式为基础的各种构思方法在本书中不再做进一步的讲解。但是想要能使对方更好地理解，请参照【图1-2-T】的内容，掌握理论知识，这样在实际行动中也很有效果。

图1-2-T　6种构思类型（构思方法）的定义

	类型	定义	方法	思考方式
①	循序渐进确认型	将普遍存在的情况与具体事例相结合运用到商务文本中，预测结果	＝演绎法	逻辑思考
②	列举事实论据型	列举具体事例，然后做出总结并预测结论	＝归纳法	
③	灵光一闪创意型	着眼于内容和性质上相似之处的类推，关注外在特征具相似之处的类比，通过这两种方法来分析	＝类推思考	横向思考
④	不断试错型	以先行提出假设作为基础，论证的过程中遇到问题时，立刻提出新的假设，不断地提出假设和修正错误	＝假说思考	
⑤	1+1=3 型	深入挖掘问题所处的情况和前提并做出分析，然后通过让各种方案不断碰撞，从而得出新的可行方案	＝辩证法	批判性思考
⑥	引导新思路型	找出当前的方案中所存在的问题、缺点及矛盾之处，加以否定，用“排除法”排除不妥的方案，从而突显出其他方案的妥当性	＝间接证明法[1]	

※ 如欲详知有关 3 种思考方法和 6 种构思方法，请参照《活用商务思考方法手册》（即将由后浪推出）

1 通过否定当前方案不合理的地方来排除该方案，进而突显其他方案的合理性。——译者注

速成法9

Skeleton
Draft
Fix

书面整理框架

首先整理目录构成

制作框架从落实到笔头开始，这样能够使思维更加灵活，从而更加顺畅地整理自己的想法。这里不建议使用PowerPoint、Word、Excel整理框架。

首先准备多张A4大小的纸（笔记、方格纸、复印纸等），然后把目录写在一张纸上。

像【图1-2-U】，在一个目录标题下，PowerPoint、Word、Excel分别用幻灯片、段落、工作表为单位来组织框架。一个标题用一张纸，写出要这一页的内容。通过指示者的评价，指示者和制作者对于内容就能大致达成意见统一。

如果需要修改的地方少，就进入制作草稿的阶段，否则要重新修改框架，再次征求指示者的意见。

图1-2-U　书面整理框架的方法

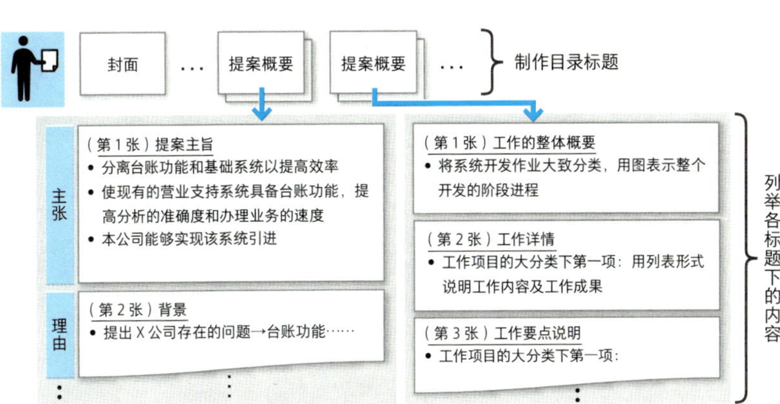

在【图1-2-V】中，列出了一些有代表性的目录结构的模板。不知如何制作目录时可以此为基础添加或删减一些内容，调整各项目顺序。

图1-2-V　目录构成的典型模板

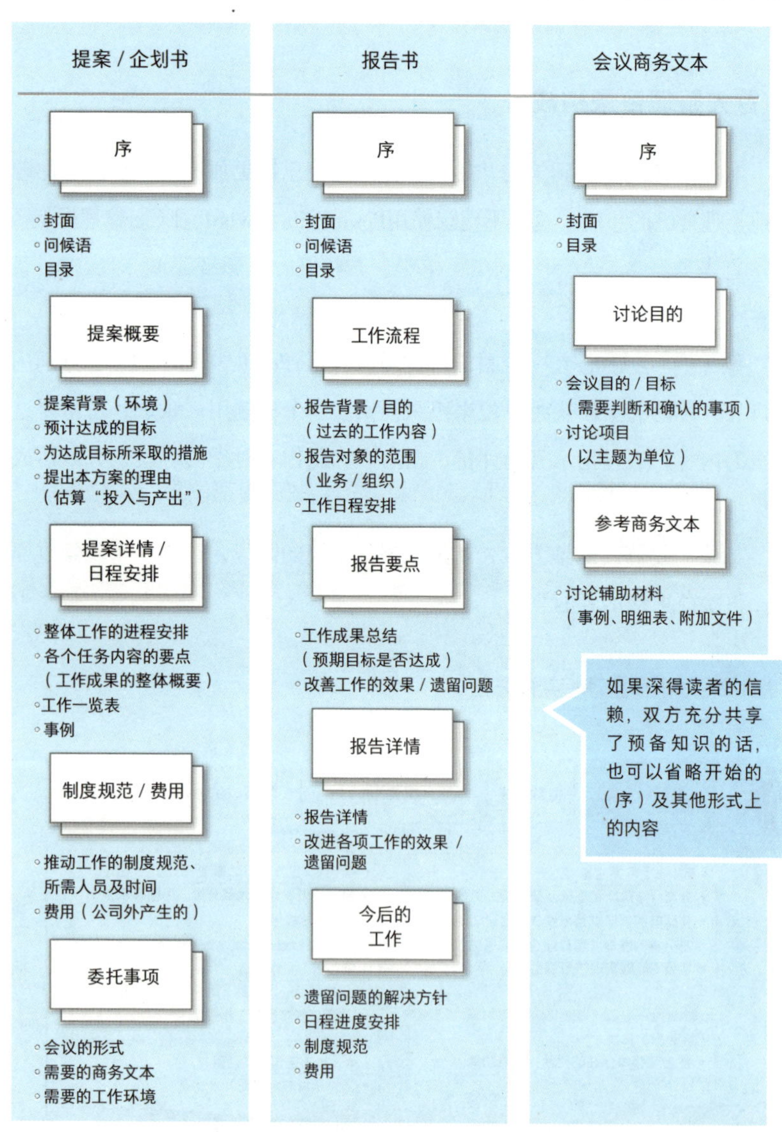

PowerPoint 幻灯片的内容构成

PowerPoint和其他的资料形式不同，要求每张幻灯片传达一个一定程度上确切的结论。

因为PowerPoint资料大多时候使用投影仪放映，用投影画面进行解说，一般一次只能放映一张幻灯片，如果想要使用两张以上的幻灯片来说明问题，就要多次切换投影画面，无法慢慢地考虑结论。

因此，即使用投影仪放映的可能性很小，也要牢记下面的规则。

一张幻灯片传递一个信息

来看一下【图1-2-V】“目录模板”中的报告书的目录构成。

在工作流程这一标题下，举出了“报告背景/目的”“报告对象范围”“工作日程安排”3个事项。虽然可以把这些内容都放在一张幻灯片中说明，但即便如此，也最好把它们放在不同的幻灯片中。

如果把很多事项放在一张幻灯片中，有时会有对于不同的事项发表各自意见的情况发生，这样一来讨论会变得复杂。

比如，假设我们要在同一张幻灯片中说明“报告背景/目的”“报告对象范围”“工作日程进度”这3个内容时，有人针对工作日程进度提出了异议。需要根据该意见修改工作日程，然后重新讨论。这时就会又有“顺便修改”的意见强加进来，比如“希望顺便能改一下有关报告对象范围的内容”。

如果能把每项内容分别放到不同的幻灯片，就能够分别讨论各个话题，如此一来就可以有效避免出现上述问题。就可以在讲解完“报告背景/目的”后补充一句“对于这部分内容还有疑问吗？”像这样在每次讲解后都询问对方意见，能够尽量缩小和对方讨论的范围。

因此，制作PowerPoint的框架内容的基本出发点是一张幻灯片讨论一个话题，如【图1-2-W】所示。

如果是宏观的话题，比如“彻底改革销售业务”，就不得不使用大量的幻灯片来说明，但即便如此，也要在第一张幻灯片中列举“改革要点”并说明主旨，然后从第二张开始详细解说各个要点，使用这样的框架会有更好的效果。

图1-2-W　PowerPoint：一张幻灯片传递一个信息

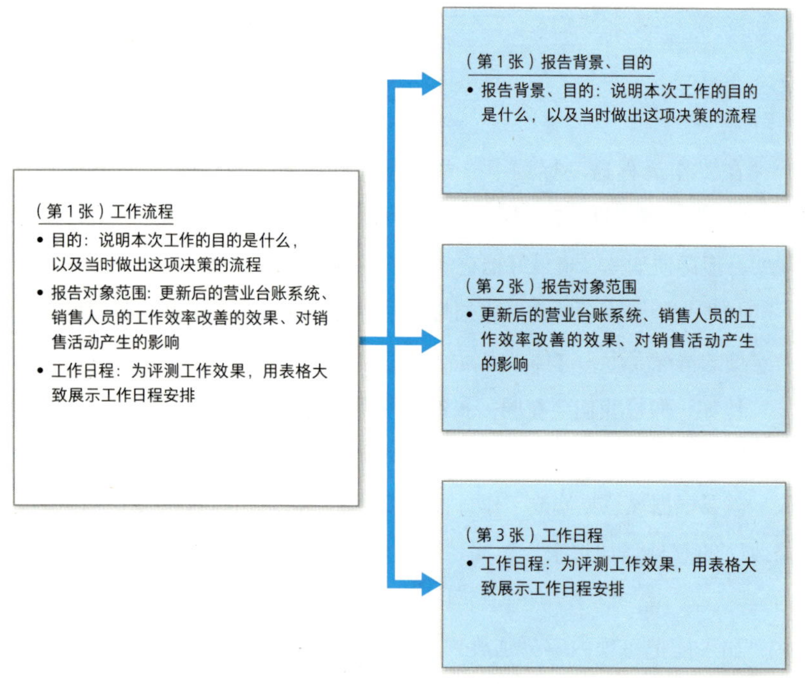

Ⅰ-2总结

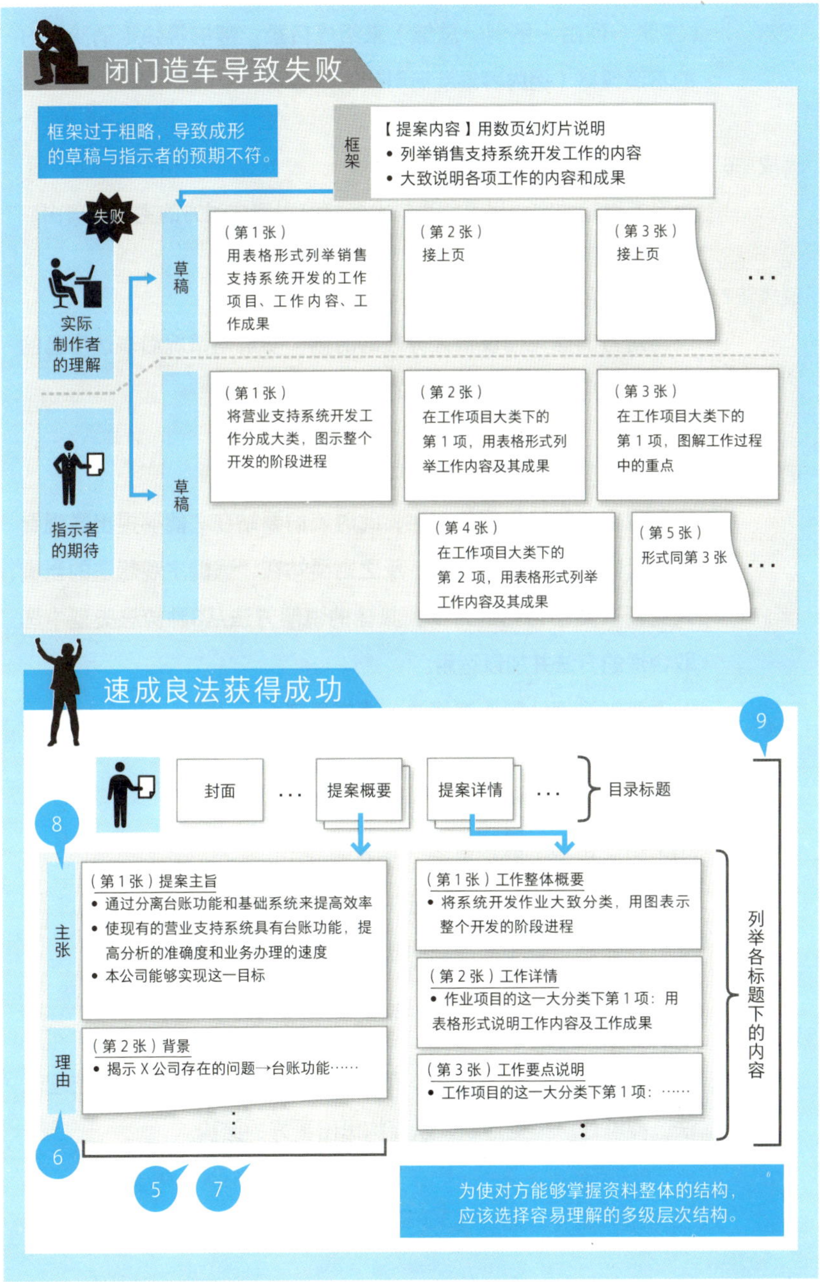

闭门造车导致失败

框架过于粗略，导致成形的草稿与指示者的预期不符。

框架
【提案内容】用数页幻灯片说明
• 列举销售支持系统开发工作的内容
• 大致说明各项工作的内容和成果

失败

实际制作者的理解

草稿

（第 1 张）用表格形式列举销售支持系统开发的工作项目、工作内容、工作成果

（第 2 张）接上页

（第 3 张）接上页

…

指示者的期待

草稿

（第 1 张）将营业支持系统开发工作分成大类，图示整个开发的阶段进程

（第 2 张）在工作项目大类下的第 1 项，用表格形式列举工作内容及其成果

（第 3 张）在工作项目大类下的第 1 项，图解工作过程中的重点

（第 4 张）在工作项目大类下的第 2 项，用表格形式列举工作内容及其成果

（第 5 张）形式同第 3 张

…

速成良法获得成功

9

封面 … 提案概要 提案详情 … 目录标题

8

主张

（第 1 张）提案主旨
• 通过分离台账功能和基础系统来提高效率
• 使现有的营业支持系统具有台账功能，提高分析的准确度和业务办理的速度
• 本公司能够实现这一目标

理由

（第 2 张）背景
• 揭示 X 公司存在的问题→台账功能……

⋮

6

5　7

（第 1 张）工作整体概要
• 将系统开发作业大致分类，用图表示整个开发的阶段进程

（第 2 张）工作详情
• 作业项目的这一大分类下第 1 项：用表格形式说明工作内容及工作成果

（第 3 张）工作要点说明
• 工作项目的这一大分类下第 1 项：……

⋮

列举各标题下的内容

为使对方能够掌握资料整体的结构，应该选择容易理解的多级层次结构。

速成法5 这用PREP列举论点

按照目录编排的内容，分别列举出相应的论点。这时，用PREP（主张→理由→事例→总结）来组成目录，能够很快地消除对方的不满情绪（因内容混乱而引起的抱怨）。

速成法6 列举出合理性的理由

为了不引起冲突，尽可能事先准备好可以回应对方的主张和理由。

速成法7 异议要在最后提出

当与对方的意见出现很大分歧的时候，要说明情况后表达自己的意见，力求让对方接受自己的主张。

速成法8 用“2种形式 × 6种思路”模式展示提案

如果对方有明确具体的方案，此时我们要站在“能够提出客观看法的专家立场”提出建议；反之则要站在“强调主观想法的当事人立场”提出自己的方案。具体的说明方法从6种构思类型中选取合适的方法并加以运用。

①循序渐进确认型（演绎法：逻辑思考）

②列举事实论据型（归纳法：同上）

③灵光一闪创意型（类推思考：横向思考）

④不断试错型（假说思考：同上）

⑤1+1=3型（辩证法：批判性思考）

⑥引导新思路型（间接证明法：同上）

速成法9 书面整理框架

框架构成从写在纸上开始，而非电脑。通过边在纸上写边整理想法，能够让思维更活跃，从而构思出更好的结构。

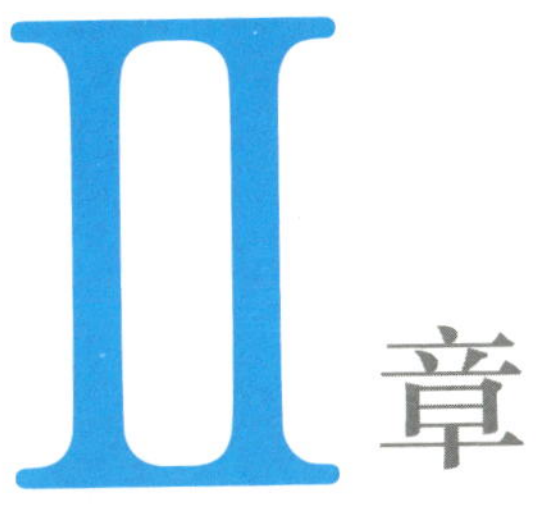

第Ⅱ章 制作草稿（文本·表格）

制作一读就懂的商务文本

1 决定商务文本的模板
2 调整内容的格式与布局
3 写出简明易懂的说明文章
4 使用 Excel 制作工作表

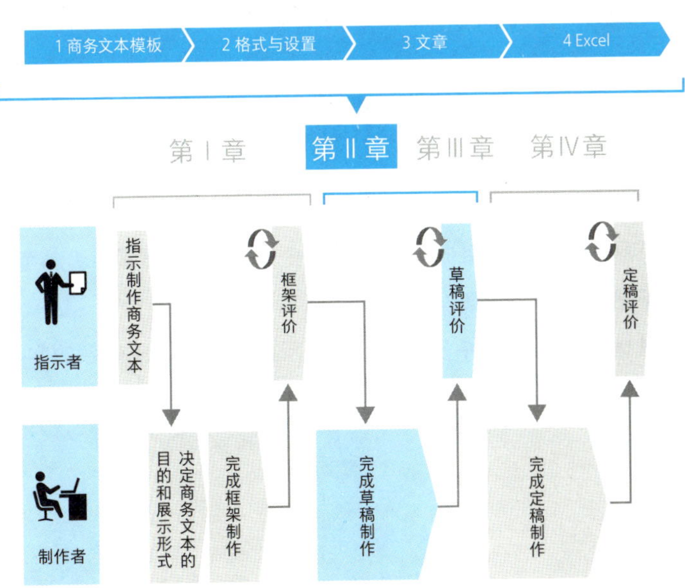

第 1 节　决定商务文本的模板

学习目标：速成法10—13

借鉴失败案例

虽然已经决定了下一步该如何制作商务文本内容，但并不代表可以自由发挥。如果不遵循一些规则的话，就难以避免每次都要从头修改，会再次经历设计内容与排版的过程。

而且，随着制作商务文本时的心情，改变其中的项目和内容，因此商务文本的质量也不稳定。这样一来，上司就会认为你的工作成果不稳定，从而对你产生偏见。

我们先来看一个失败的案例。

课长命令S制作一份关于X公司的开发营业支持系统的提案书。之前已经确认好框架部分，现在开始用PowerPoint制作草稿。

几个小时后，课长前来了解进度，S就向课长展示了几张已经做好的幻灯片。

内容暂且不提，格式上就出现了很多问题。课长说："每张幻灯片的页眉、页脚、文字格式设置都不统一，看起来很杂乱，重新修改一下吧。"

其他地方也存在许多格式问题，所以不得不修改全部的字体、字号，重新设计排版。

S不注重版面格式的统一，之前的努力成了无用功，要再次修改。之所以会导致这样的结果，大概是因为S的想法是这样的：

- **即便每张幻灯片的格式不统一，也丝毫不影响提案的内容**

正如【图2-1-A】所示，S制作的提案犯了这样的错误。因为每张幻灯片的字体、字号及文字效果等没有统一的格式，每张幻灯片的版面也就显得杂乱无章，从读者的角度来看，这样的提案书读起来既不方便，质量又差。排版上既然给人留下了不好的印象，读者也就更不会去关注深层次的内容。

为了制作出能够有说服力的商务文本，要力求版面统一，注意阅读起来是否方便，使用商务文本模板可以做到这一点。

图2-1-A 不应用模板的失败类型

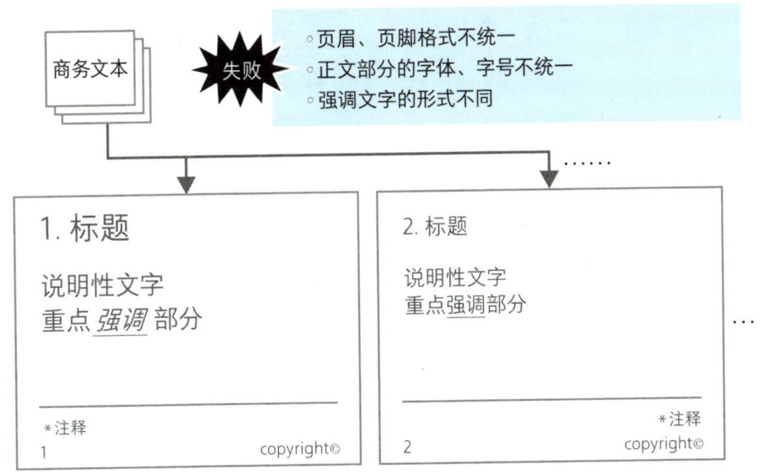

速成法10

Skeleton
Draft
Fix

统一排版设计

分 3 个区域考虑

商务文本排版设计因展示形式而各有不同，但共通的是排版要从页眉、正文、页脚这三个区域来考虑。

页眉这一部分是用于放置商务文本名称及其属性的区域。主要有：制作该资料的部门、作者和日期等。对于像连环画一样连续放映的PowerPoint来说，有时为了不破坏商务文本的整体形象，要放一张文档结构图，描述当前页面与商务文本整体的关系。

图2-1-B　商务文本的页眉、正文、页脚

	PowerPoint	Word	Excel
页眉	◦标题 ◦文档结构图	◦商务文本属性	◦标题 ◦商务文本属性
正文	◦内容 ◦注释、出处	◦标题 ◦内容 ◦注释、出处	◦（标题） ◦内容 ◦注释、出处
页脚	◦页码 ◦版权声明	◦（商务文本属性） ◦页码 ◦版权声明	◦（版权声明） ◦页码 ◦版权声明

正文区域书写内容。正文的内容中包含文本和图表。PowerPoint和Word有时会直接放入Excel表格，有时也会直接在正文中插入视频文件。

页脚这一部分用来记录属性和补充信息。页眉中所含的属性信息有时也会放到页脚部分，但是多数情况下该区域的主要内容还是标明页码并注明版权。

在打印资料时要注意，与PowerPoint和Word不同，打印Excel表格时如果不调整打印区域，可能无法成功打印出我们想要的效果。

特别需要强调的一点是，虽说表格之间的关联性很强，但是在制作行标题和列标题不同的多张表格时，要在不同的工作表中制作。如【图2-1-C】所示，分别在不同工作表上制作表格，能够减少在设计排版上耗费的时间。

图2-1-C　是否分列不同工作表的标准

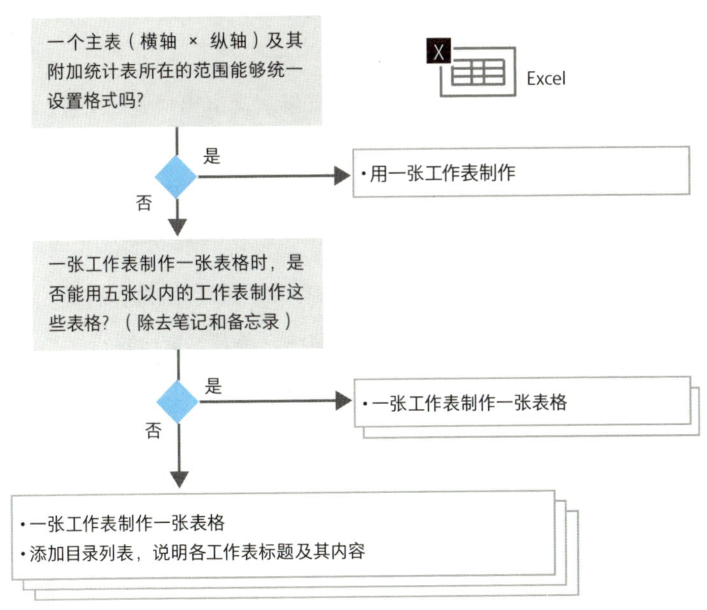

速成法11

Skeleton
Draft
Fix

设置字体

推荐字体

虽然各种计算机系统中都有内置字体，但是关于制作商务文本时使用的字体，向大家推荐Windows系统下的“Meiryo UI”字体和Macintosh（简称Mac）系统下的“冬青黑体简体中文”字体。

在Windows系统下，长期以来人们大多使用的是“MS PGothic”字体，美观度得到大幅提高的“Meiryo UI”是Windows7系统以后才有的字体。

在Mac系统下，OSX以后才带有苹果丽黑系列的字体，这一款字体也很美观，其中以“冬青黑体简体中文”为最佳，因为这种字体能够很好地平衡英文、数字和汉字的文字形式。

在目录标题中所提到的，通过运用能够表现突出强调的字体，能够使商务文本内容显得轻重分明、清楚易懂。

突出强调字体时，我们可以加粗使用上面推荐的字体，如果使用“MS PGothic”字体和“冬青黑体”，更能保持商务文本格式的统一。

强调关键英文单词和数字时，使用“Arial Black”最为合适。相比加粗上述推荐的字体更能使商务文本变得简洁、美观，突出重点。

参照【图2-1-D】所示的字体组合，重要的地方可以一目了然。

图2-1-D 推荐字体组合

统一字体，能够增加商务文本明晰度和美观度。

（正文使用字体）

- Meiryo UI ： Meiryo UI

（强调关键字时使用字体）

- MS PGothic ： **MS PGothic**
- 冬青黑体 ： **冬青黑体简体中文**
- Arial Black ： 0123456789ABC

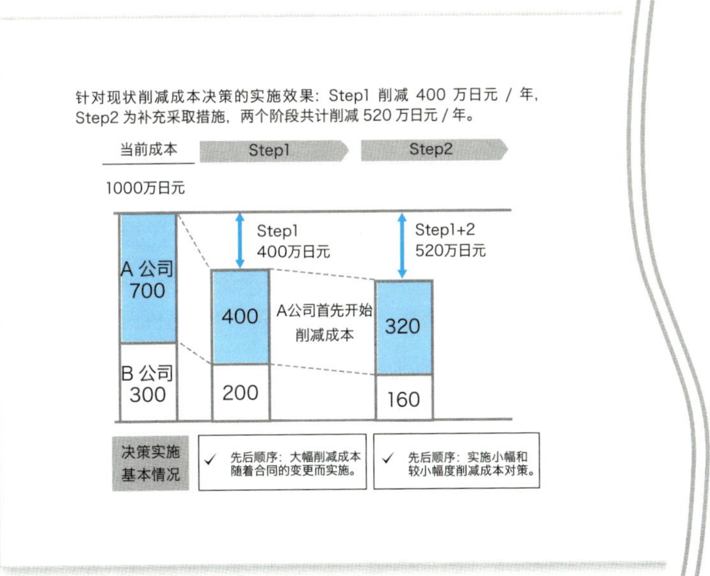

速成法12

Skeleton
Draft
Fix

统一字号

只为三部分内容的字号设置统一格式

通过给字号设置统一标准，能够使文字资料看起来更加整洁、美观，也会加强读者对内容的信任。因此字号设置有统一标准这一做法不容轻视。

虽然最好能够做到根据文字所在区域和内容的不同分别设置不同的格式，但是过于格式复杂的话可能会适得其反，更新、修改资料时也会有不便。因此这里推荐只要为“标题”“正文”“注释”三部分的内容、字号设置统一格式，其他部分则不设限制。

标题文字即指位于页眉区域的标题。PowerPoint就是位于幻灯片上方的幻灯片名称，Word和Excel就是资料的标题或者各部分的标题。为了使这些文字更为明显，推荐设置字号为16~24pt。如果资料中有很多页且字数较多，可以适当缩小标题字号，以达到正文标题和文字内容的协调。

正文文字就是正文部分中的内容。为了放入适量的内容，字号一般推荐设置为10~12pt。但为了保持版面整体的美观，PowerPoint的幻灯片内的信息提要部分最好使用14~16pt的字号。

页脚区域主要是补充说明内容的注释部分，因为在页面最下方，因此要小于正文字体，字号最好设置为8~10pt。

还有需要提醒的一点是，PowerPoint形式的资料在使用投影仪放映时，整体会被放大至120%左右，因此要注意调整正文部分的内容。

像这样通过设置统一的格式，能够使资料内容看起来更加整齐，可以突出想要强调的地方来吸引对方的注意力。

但是，如果是要在非常重要场合使用商务文本，比如“这份资料的质量关乎着重大决策的结果”时，字号设置就要补充如下标准：

单位、符号：正文 × 70%
强调部分：其他文字 × 150%

因为不重要的部分会被跳过，要更加突出重要的内容、数字等内容。如【图2-1-E】所示。

图2-1-E　为字号设置统一格式（以PowerPoint资料为例）

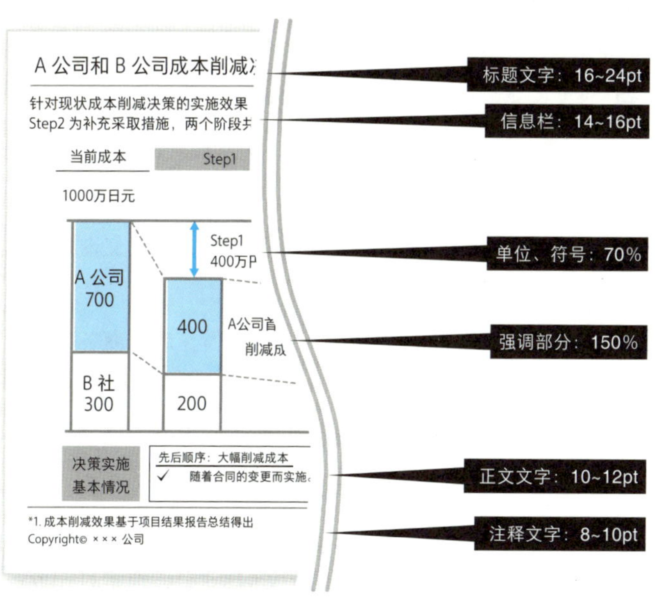

速成法13

Skeleton
Draft
Fix

设置文字效果的统一格式

只用于着重强调的内容

与设置的统一字号类似，为文字效果设置统一的标准能够增加商务文本的美观度。PowerPoint和Word内置的文字效果多种多样，但是过度使用会显得花哨，反而会使对方产生反感情绪。因此，只要对想要着重强调的内容设置效果就足够了。

只有“加粗”“下划线”这两种方式能作为文字效果使用。

加粗一般用于强调“页眉部分的标题”和“正文部分的标题”。在正文部分中如果有特别需要对方了解和理解的重要内容，就仅加粗该部分。

下划线一般用于突出“正文部分的标题”。并不是用在正文内容，邮箱地址和URL除外。

此外，平时我们也会使用“斜体”“阴影”等，但在制作商务文本时没有必要使用这些效果。

斜体用来一般强调正文中引用文字的出处。但是，与英文、数字不一样，中文字体中没有斜体专用的字体，因此无法整齐地显示斜体字。也有一些字体是本身就不能设置为斜体的。

阴影可以用来强调“页眉的标题”和“正文的标题”，但是打印商务文本的时候就很难达到强调的效果了，万一打印机的性能不好，商务文本的美观度则会大打折扣。

试着把这样的标准运用到制作商务文本模板中，只要制作一次模板，随后就可以直接套用模板制作商务文本，如【图2-1-F】，从而高效率、高质量地制作商务文本。

图2-1-F 为文字效果设置统一格式（以PowerPoint资料为例）

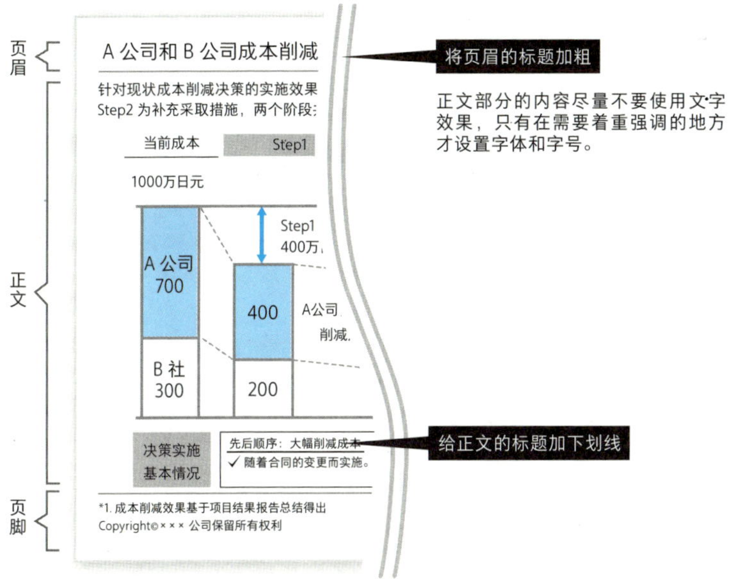

但是根据资料的形式不同，模板设置也会有不同。在【图2-1-G、H、I】中分别介绍了使用PowerPoint、Word及Excel制作模板时会用到的功能，供大家学习参考。

图2-1-G 制作PowerPoint资料模板使用的功能

在PowerPoint中，通过设置“幻灯片模板”来制作模板。在PowerPoint 2010版本中，选择“视图”—“幻灯片母板”命令。

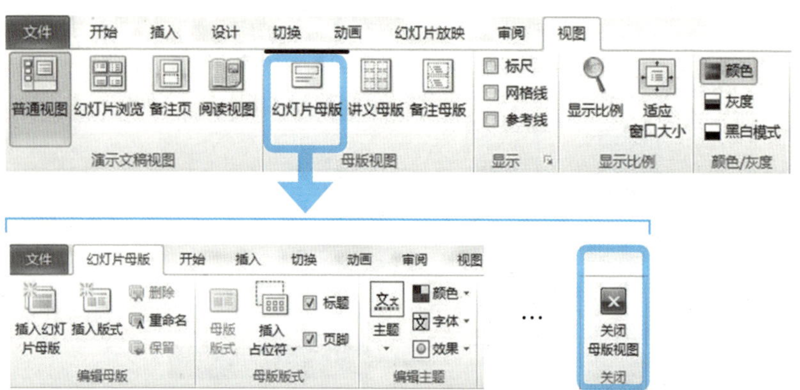

进入“幻灯片母版”选项之后，虽然有很多张幻灯片可供选择，但综合起来无外乎以下这三种。通过在这三种幻灯片母版上编辑内容，就可以一次性修改全部幻灯片的版式。

编辑该幻灯片，以下的全部幻灯片中都可以看到版式有所改变。

编辑该幻灯片，改变标题幻灯片的版式。

编辑该幻灯片，改变标题和内容幻灯片的版式。

图2-1-H　制作Word资料模板使用的功能

在Word中，使用“样式”来设置制作的模板。在Word2010版本中，单击菜单中“开始”—“样式”功能区中右下方的扩展按钮（小正方形）。

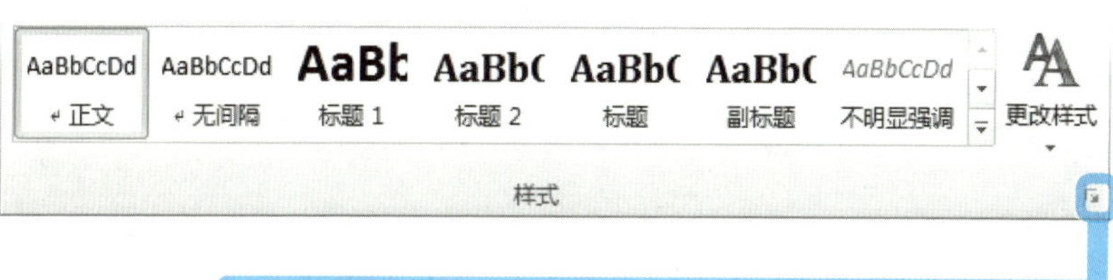

单击“样式”右下角的扩展按钮，显示“样式”窗口，在该窗口中有多个“标题”样式。将鼠标指针放置于要作为标题的文字，单击“标题”的一种样式，则该样式全部应用于被选中的内容。
如果还有其他地方需要设置为标题，就应用相同的样式，会更加整洁。此外，如果之后要对标题的样式做出修改，则所有的标题都会随之改变。

制作新的标题时，可以为标题自定义添加想要的文字效果。单击“新建样式”按钮，就可以添加新样式。

图2-1-I　制作Excel资料模板时可使用的功能

在Excel中，通过“页面布局”来制作资料模板。在Excel2010版本中，选择“页面布局”—“打印标题”命令。

在“页面设置”窗口中，有“自定义页眉”和“自定义页脚”的选项。在“自定义页眉”中可以设置打印时在资料各页最上方显示的文字信息；相应地，“自定义页脚”中可以设置页面最下方显示的信息。

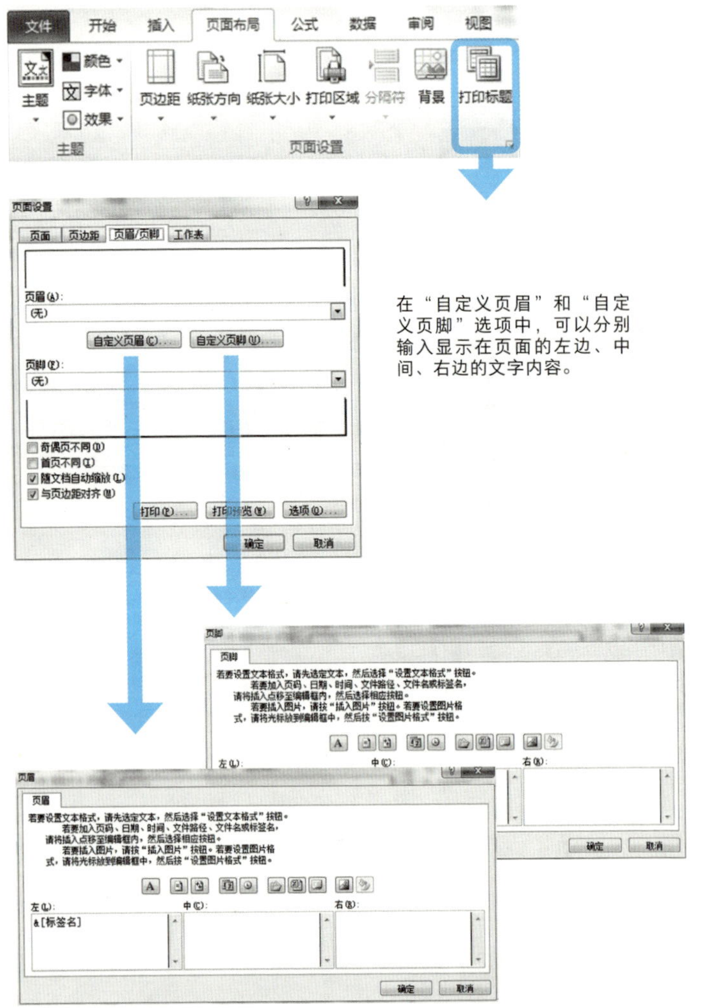

在用Excel制作资料时，令人意外的是有很多人会分不清楚"行和列"或者"横轴和纵轴"。但是，弄反了"行和列"的话，得出的结论就是完全不同的内容了。

比如说，我们要制作一张"以系统名称为行，以使用部门为列"的一览表。

正确的做法是从上到下列举系统名称，从左到右列举部门。但是分不清行和列就会弄错，做出来的资料会与要求完全相反。表中的数据越庞大，重新制作时耗费的时间精力就会越多。

为了预防这种情况的发生，向大家推荐一个记忆方法。

行：横线　左为行头横向看

列：竖线　上为列头纵向看

还有其他的记忆方法。比如说，根据数据类型来记忆，"行"是不同的数据类型，"列"是相似的数据类型；与具相似特征的事物联想来记忆，"行"和磁场相同，都是横向扩展，"列"与英文报纸的专栏从上到下的书写方式相同，都是纵向延伸。可以根据个人喜好记忆。

在没有汉字的国家中，他们记忆的方法是：横（horizontal）行（rows）竖（vertical）列（columns）。

Ⅱ-1总结

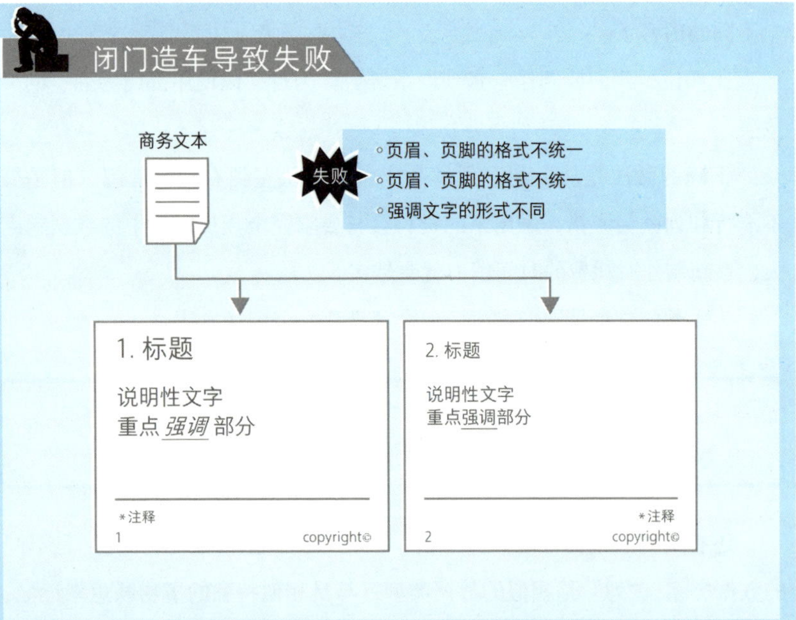

闭门造车导致失败

商务文本

失败
- 页眉、页脚的格式不统一
- 页眉、页脚的格式不统一
- 强调文字的形式不同

1. 标题
说明性文字
重点*强调*部分
*注释
1 copyright©

2. 标题
说明性文字
重点强调部分
*注释
2 copyright©

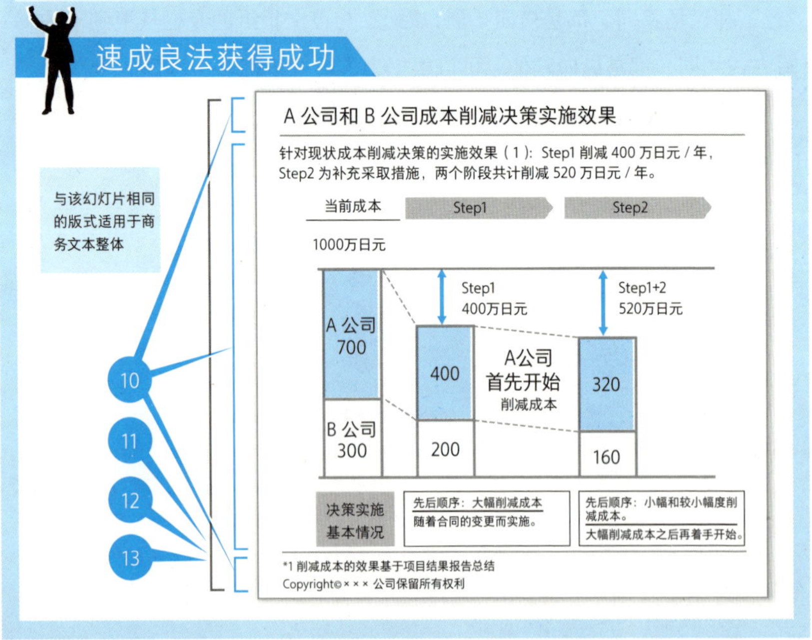

速成良法获得成功

与该幻灯片相同的版式适用于商务文本整体

A公司和B公司成本削减决策实施效果

针对现状成本削减决策的实施效果（1）：Step1削减400万日元／年，Step2为补充采取措施，两个阶段共计削减520万日元／年。

当前成本 Step1 Step2

1000万日元

A公司 700
B公司 300

Step1 400万日元
400
200

A公司首先开始削减成本

Step1+2 520万日元
320
160

决策实施基本情况	先后顺序：大幅削减成本 随着合同的变更而实施。	先后顺序：小幅和较小幅度削减成本。 大幅削减成本之后再着手开始。

*1 削减成本的效果基于项目结果报告总结
Copyright© ××× 公司保留所有权利

10
11
12
13

速成法10 统一排版设计 ※根据展示形式类型设计

【页眉区域】标题

【正文区域】正文内容

【页脚区域】版权声明，页码

制作Excel资料根据具体情况使用多张工作表

速成法11 设置字体

一般常用字体推荐

【Windows系统】Meiryo UI

【Macintosh系统】冬青体

标题字体推荐

【Windows系统】一般常用字体、MS PGothic

【Macintosh系统】一般常用字体、冬青黑体

数字字体推荐

【Windows系统&Macintosh系统】一般常用字体、Arial Black

速成法12 统一字号

一般文字字号：

【标题】16~24pt

【正文】10~12pt

【注释】正文 × 80%

特别注意：

【PowerPoint 信息提要】14pt

【播放投影时】一般文字字号 × 120%

速成法13 设置文字效果统一标准

【标题】加粗。

【正文：题目】加粗　下划线。　　【勿用】斜体　阴影。

第 2 节　调整内容的格式与布局

学习目标　速成法14

借鉴失败案例

制作好模板以后，就进入制作内容阶段。但是，如果此时直接输入内容而不决定内容布局，就很难确保每张幻灯片，或者文档页面的文字位置都相同。

资料的内容越多，修改的时间也越久。但是直接原封不动地把资料交给对方的话，会有什么后果呢？“以貌取物”的人也是有的：“排版都这么差劲，想必内容也好不到哪里去”对方会带着这样的想法来阅读这份资料。

我们来看一个失败的案例。

课长让S制作一份关于面向X公司营业系统开发的提案书，接到指示后S就用PowerPoint着手制作草稿了。统一页眉和页脚的格式，按照预定标准也统一正文和标题的字体、字号，于是准备开始制作内容。

因为想要说明的内容有很多，有几张幻灯片的“信息概要”就有5行之多，图表部分也庞大到需要左右拖动滚动条才能看全，结构也混乱不清。

第二天，课长来检查S的工作情况。看了几张幻灯片后，课长马上就指出了问题。“这份资料不知道该从何读起”“有的地方行间距过大了”“补充文字的话段落就断开了”等，其他地方也有各种问题。面对这份格式有很多问题的资料，课长表现出了不悦。

结果，S需要花费更多的时间去修改、调整幻灯片中的文字部分和图形的布局。

S没有重视内容格式与布局的重要性，导致不得不重做，大概是出于下面这种想法。

- **只要所需信息都包含在幻灯片内，信息之间的位置关系并不重要。**
- **反正修改工作是自己来做的，所以即使其他人更新资料时感到很不方便也无所谓。**

S所制作的提案书犯了【图2-2-A】所示的错误。在这份提案书中存在以下问题：

- **很难表达出想要强调的信息。**
- **不知道应该从何处看起。**
- **正文的行距不统一，破坏美观。**
- **形状布局不整齐。**

S都是从自己的角度来考虑提案书的阅读方式和更新方法，丝毫没有考虑到他人是否方便。其他人也很难立刻理解内容，即便想要修改资料也不知道该如何下手。

本想省时省力地制作提案书，做好以后却发现反而增加了更多的工作，真是“聪明反被聪明误”。

为了防止这些问题出现，格式与布局非常重要。其中，特别一开始就要注意，作为主要内容的文字部分的位置，及其在全部资料中应该占多少比例。

添加图表、形状等是为了更直观地说明文章内容，可以完成文本内容之后再着手制作图表。因此如果不能安排好文字内容的格式与布局，连同图表形状内容的位置也会受到影响，破坏版面的美观。

出于以上原因，在制作商务文本的过程中，就有必要在填充正式内容之前为格式与布局等设置统一的标准。

图2-2-A 格式设置和布局安排不当的类型

不重视格式的设置与布局的调整，破坏了商务文本的美观和平衡感。

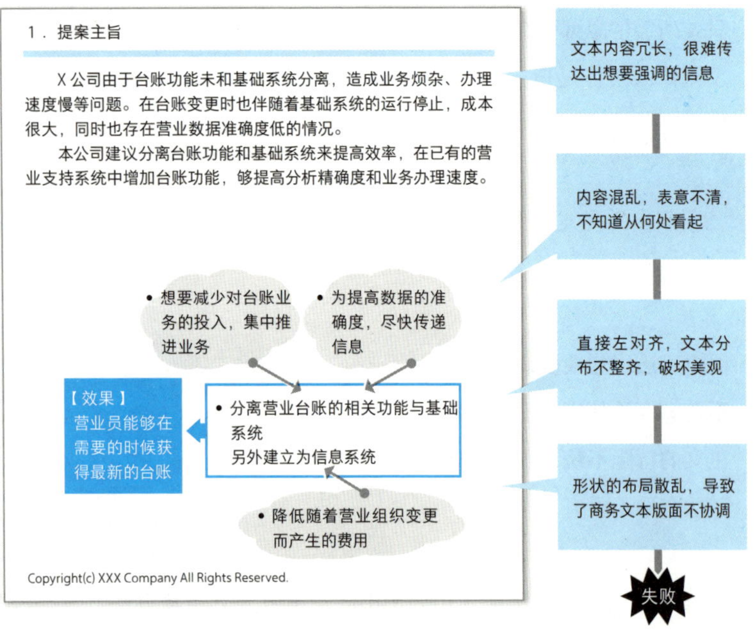

速成法14

Skeleton
Draft
Fix

统一设置格式与调整页面布局

商务文本的80%的美观度由格式和布局决定

在制作具体内容之前，首先要确定格式的统一标准。因为行距、段前段后间距都会影响到格式，所以就将它们一同归到为“布局”中来确定统一标准。

使用这个速成法能够设置的格式、布局方面的标准有很多，因此这里只做最基本的分类。

格式

→文本框

→缩进（行距、段前段后间距：字体字号另设）

→边距（上下&左右：字体字号另设）

→项目符号

布局

→PowerPoint

→Word

→Excel

首先，“格式设置”是PowerPoint、Word和Excel共通的部分，我将在这里统一说明一下。“布局”部分考虑到三种软件的形式各有不同，因此分别来说明。是否能有意识地使用速成法中所传授的技巧，在80%的程度上决定了草稿的美观度。

在这里我们列举的数值是可以用在大多数商务文本中的标准值，根据商务文本的性质及信息容量的多少要相应地做出调整，因此需要记住各设置值的调整方法。

格式

格式设置就是设置文本框中各个要素的显示状态，比如字号、字体、段落间距等都包括在内。选择“插入”—“形状”命令，单击“文本框”形状，可以绘制文本框。

如【图2-2-B】所示，选择“开始”—“段落”功能区中“行和段落间距”命令，设置行距和段落间距；选中文本框，单击“格式”—“形状样式”功能区右下方的扩展按钮，弹出“设置形状格式”对话框，选择“文本框”，来设置边距。

图2-2-B　缩进及边距的设置方法

文本框的缩进、边距也可以设置

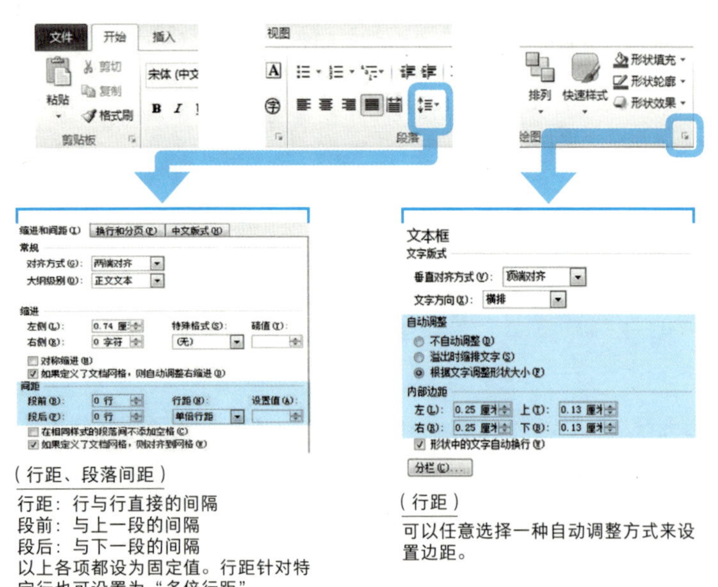

文本框在PowerPoint中使用频率很高，而在Word和Excel中，在插入的图片上添加文字时也可以使用文本框。

为了使商务文本便于阅读，接下来介绍一些行距、段落间距的数值。按照以下的数值为基准来设置间距的话，在需要调整文本和其他形状的位置时，能够一定程度上减轻调整格式的负担。

行距

较大行距：多倍行距　1.2倍

标准行距：单倍行距　（无设置值）

较小行距：多倍行距　0.85倍

段落间距　※与行距叠加设置

段前：无设置值

段后：字号的0.5倍

文本框内的内容是否美观，与文字的大小及行距、段落间距的大小有关。因此，行距、段落间距的值的设置需要与字号存在固定的倍数关系。

比如说，文本内容的字号为6pt，先不设置行距，段后间距暂且设置为3pt的字号。

这时，与周围布局的内容比较，如果空白区域还比较多，就将行距设置为1.2倍，反之则设置为0.85倍。

段后间距即使在空白区域比较少的情况下，也要设置为字号的0.5倍。如果不遵循这个规则，行和段的区分就模糊了，也很难看出文章段落划分的意义。

按照【图2-2-C】的流程顺序，为文本框设置合适的间距。

图2-2-C　设置行距、段落间距的流程图

缩进的设置顺序为：先“段后”，再“行距”。

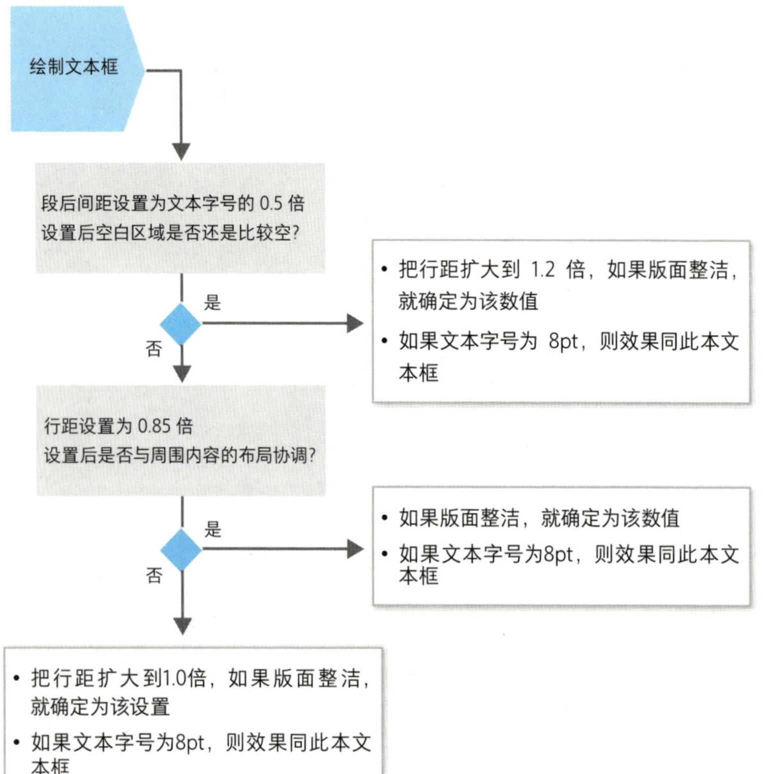

关于边距设置，则要根据文本框内的文本字体和字号，参照以下数值，在调整图形的位置时会更加方便。

详见【图2-2-D】。

文本字号：8pt以下

上&下：0.1cm　左&右：0.1cm

文本字号：8pt以上16pt以下

上&下：0.1cm　左&右：0.2cm

文本字号：16pt以上

上&下：0.2cm　左&右：0.2cm

图2-2-D　字体字号与边距设置

设置边距会使文本排列整洁。

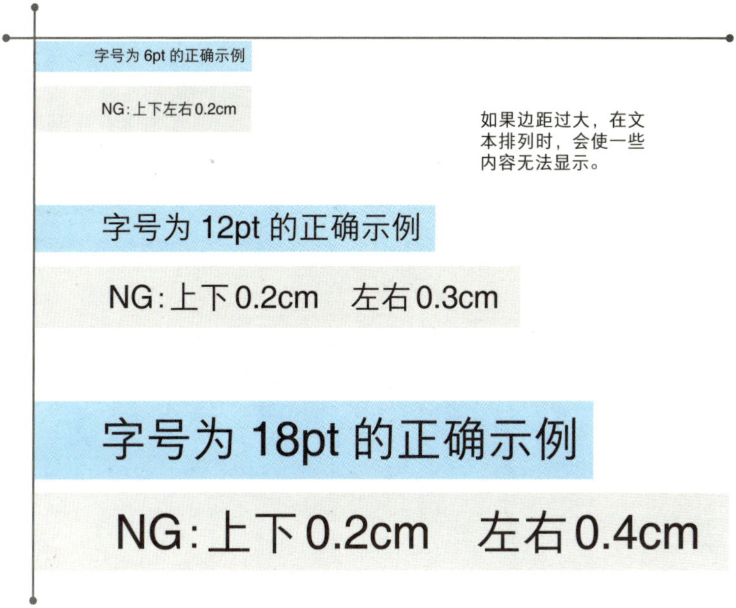

在文本框中要分条列举时，左侧会有项目符号，此时左侧的边距要设置为右侧边距的1.5倍，这样右侧边距就不会因过大而产生不协调的感觉。

想要改变幻灯片中的要素的排列方式可参照【图2-2-E】。

图2-2-E　分条列举时的边距设置及对象排列功能

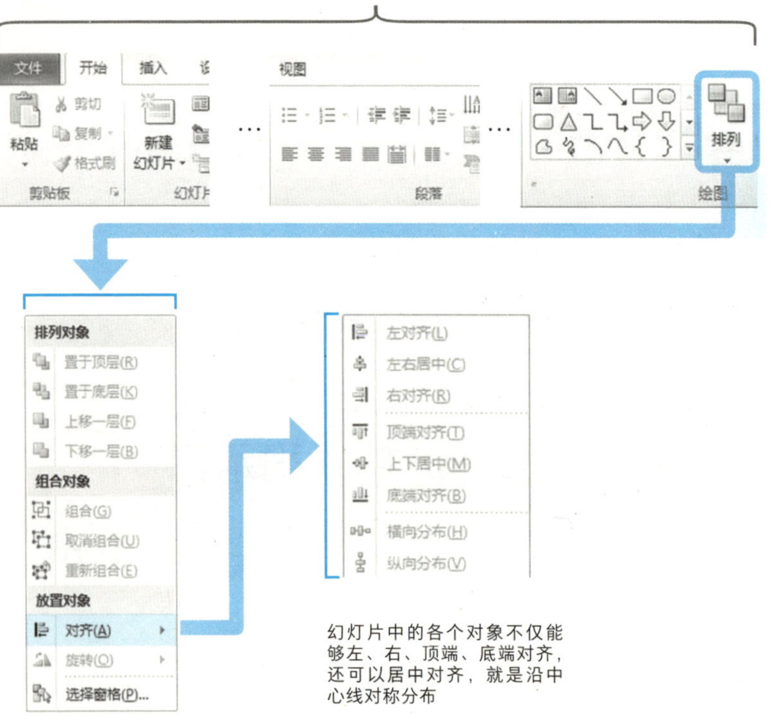

分条列举时，单击“开始”—“段落”功能区的“项目符号”命令来插入项目符号。如果通过输入“•”、换行、输入空格等强制分条，之后更改文章会费时费力，所以即使只有一条内容，考虑到后面可能会修改资料，最好也插入“项目符号”。

此外，项目符号库里也有多种符号类型可以选择。

图2-2-F　强行制作项目符号列表的错误示例及正确做法

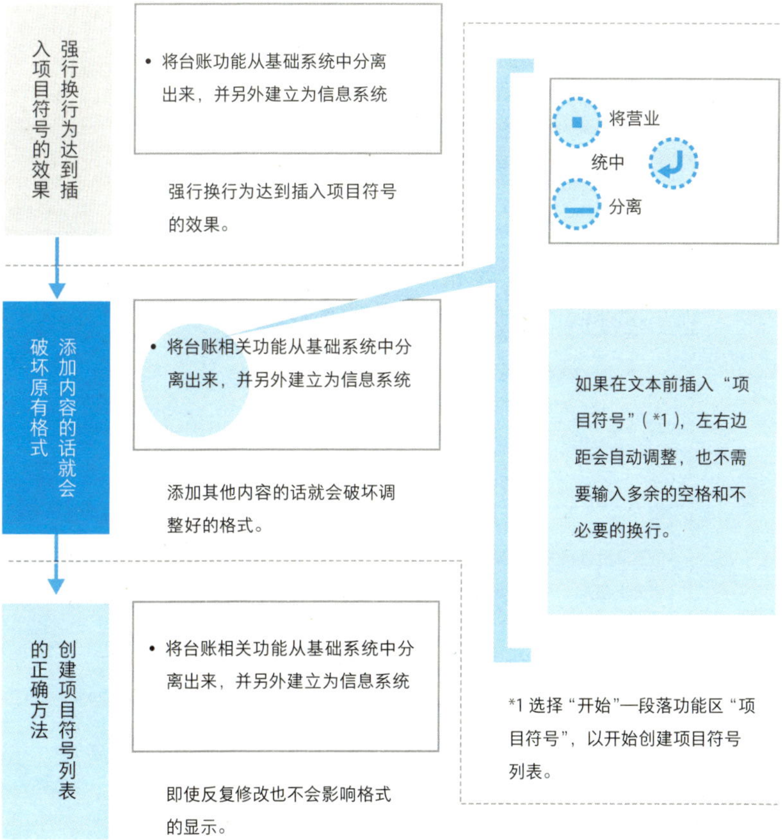

强行换行为达到插入项目符号的效果

• 将台账功能从基础系统中分离
出来，并另外建立为信息系统

强行换行为达到插入项目符号的效果。

添加内容的话就会破坏原有格式

• 将台账相关功能从基础系统中分离出来，并另外建立为信息系统

添加其他内容的话就会破坏调整好的格式。

创建项目符号列表的正确方法

• 将台账相关功能从基础系统中分离出来，并另外建立为信息系统

即使反复修改也不会影响格式的显示。

将营业
统中
分离

如果在文本前插入“项目符号”（*1），左右边距会自动调整，也不需要输入多余的空格和不必要的换行。

*1 选择“开始”—段落功能区“项目符号”，以开始创建项目符号列表。

此外，项目符号库里也有多种符号类型可以选择。由于列表中各条内容文字字号的不同，项目符号与文本之间的距离也会有所不同，这时就要使用水平标尺上的游标来调整间距。通过移动水平标尺上的游标可以设置各个段落的首行缩进、悬挂缩进及左右缩进。

游标的使用方法如【图2-2-G】所示。

图2-2-G　水平标尺的游标的使用方法

移动光标到文本内容中，调整水平标尺上显示出的游标。

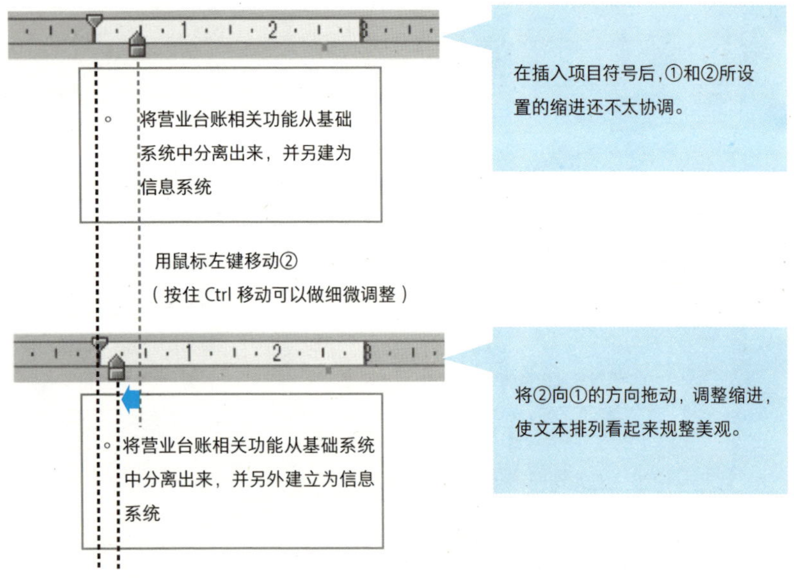

如页面中未显示水平标尺，则勾选“视图”—“显示”功能区“标尺”选项。
也可以使用“Alt+Shift+F9”快捷键来隐藏或者显示水平标尺。

这样一来，遵循统一标准来设置行距、段落间距和边距，能够让版面更加美观，在修改时，也能够减少花费在排版设计上的精力。

PowerPoint、Word、Excel中常用的格式设置功能，总结如【图2-2-H】所示。

图2-2-H　PowerPoint、Word、Excel常用的格式设置

PowerPoint

…
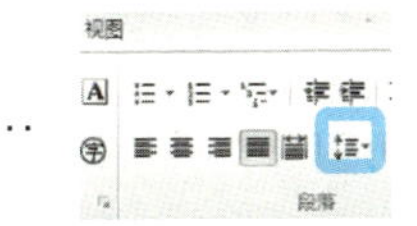

…

缩进、间距和边距的设置是分开的，具体操作方法详见前文内容（73 页）。

Word

…
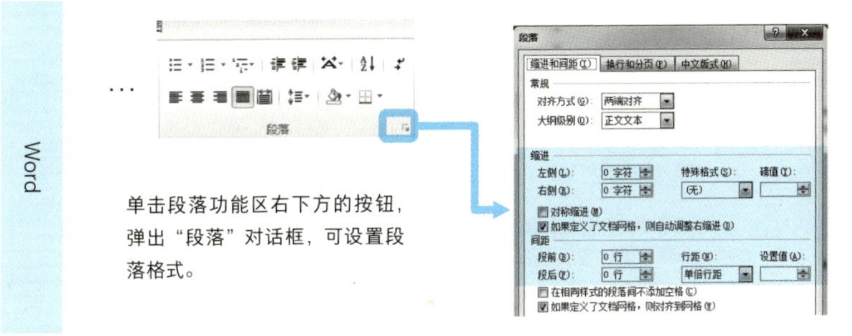

单击段落功能区右下方的按钮，弹出“段落”对话框，可设置段落格式。

Excel

…
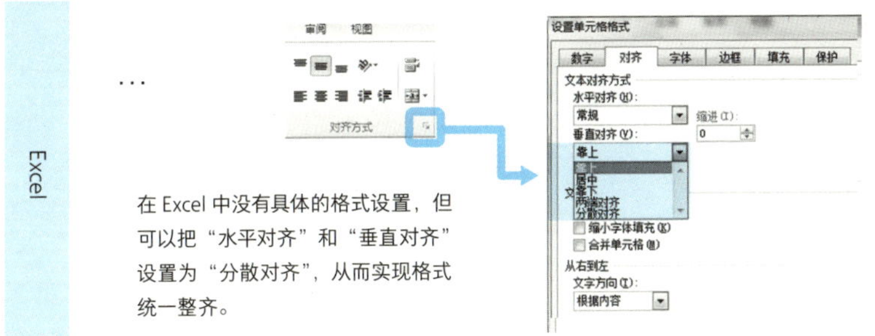

在 Excel 中没有具体的格式设置，但可以把“水平对齐”和“垂直对齐”设置为“分散对齐”，从而实现格式统一整齐。

布局：PowerPoint

在使用PowerPoint、Word、Excel制作商务文本时，能够在插入文本框和图片。根据形式的不同，需要注意的点也不同，接下来会分别说明。

首先，因为PowerPoint是以幻灯片为单位，将各种元素组合而成的，因此布局是否合理，影响着内容是否容易被理解。

特别要提到的是，在幻灯片的正文部分有“信息提要”，这是PowerPoint独有的一种文本框，根据“信息提要”的内容的写法，幻灯片所展示的内容会有所不同。

“信息提要”中的文字可以简明地说明整张幻灯片的内容，因此文字数量要控制在3行以内。如【图2-2-I】所示，也可以用图表来说明补充的部分，“信息提要”部分只呈现要点。

图2-2-I　信息提要的布局与合适的文字量

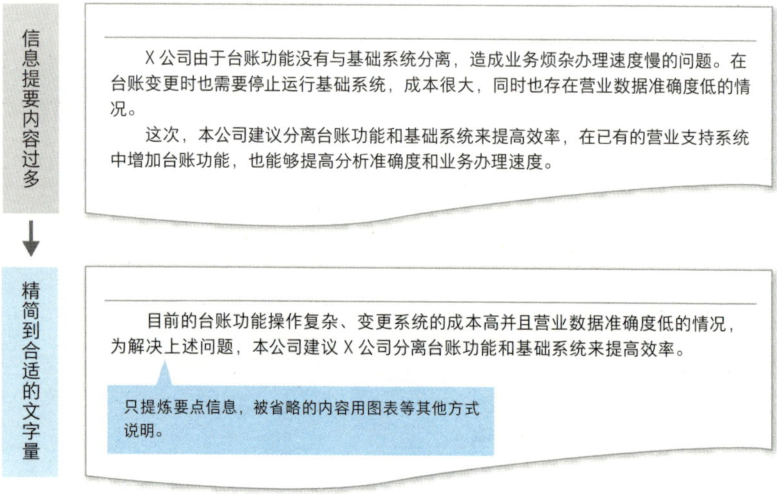

信息提要内容过多

X公司由于台账功能没有与基础系统分离，造成业务烦杂办理速度慢的问题。在台账变更时也需要停止运行基础系统，成本很大，同时也存在营业数据准确度低的情况。

这次，本公司建议分离台账功能和基础系统来提高效率，在已有的营业支持系统中增加台账功能，也能够提高分析准确度和业务办理速度。

精简到合适的文字量

目前的台账功能操作复杂、变更系统的成本高并且营业数据准确度低的情况，为解决上述问题，本公司建议X公司分离台账功能和基础系统来提高效率。

只提炼要点信息，被省略的内容用图表等其他方式说明。

信息提要以外的内容在幻灯片上要按照从左上到右下的顺序说明。按内容大意来划分其他部分的布局。

基本的布局规则如【图2-2-J】所示。

图2-2-J “左上→右下”的内容布局类型

箭头表示读者的视线移动路径。主要按照“左上→右下”的方向阅读。

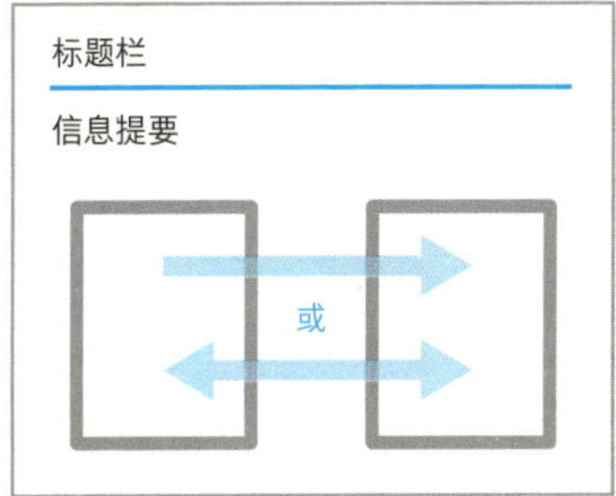

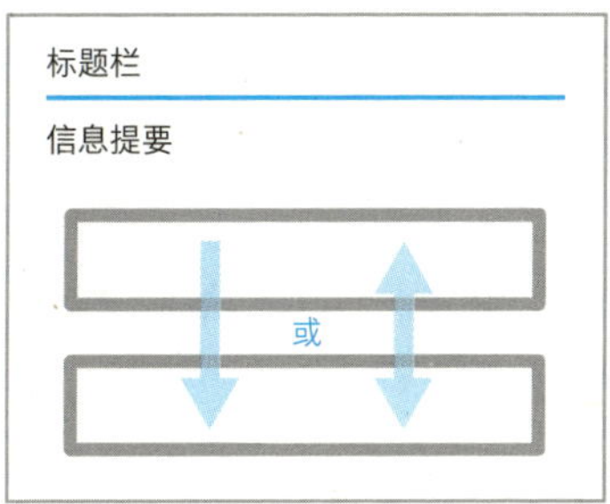

③“(左→右)→下”型

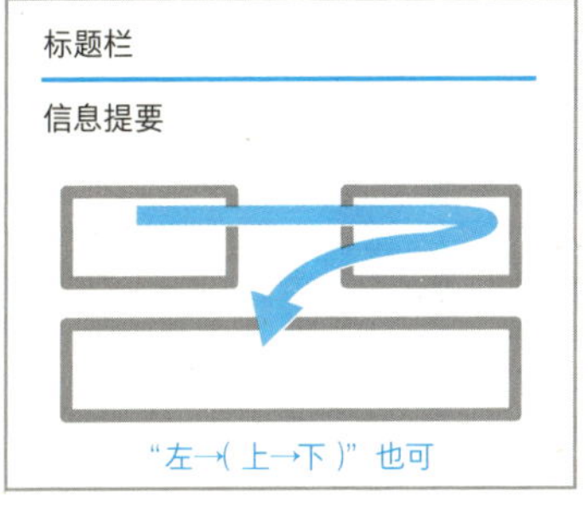

④“(上→下)→右”型

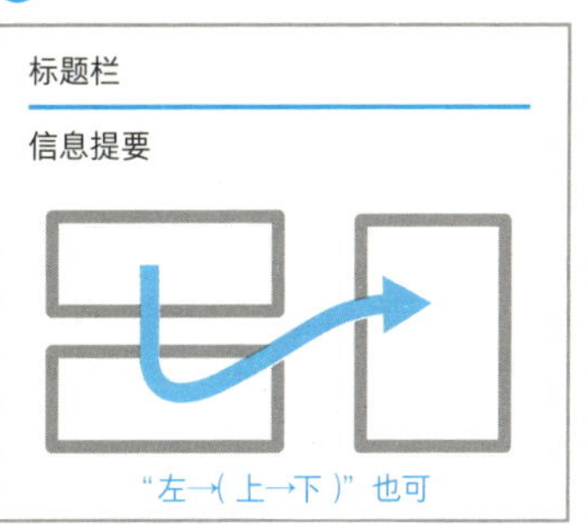

在幻灯片内容的布局中，要考虑到读者在阅读时是否会出现不便，基本上可以分为上述四大类。在①和②类型中，如果是两种数据做对比，那么读者的视线会反复移动。也有些商务文本是为达到特殊效果而需要从右到左阅读，不过因为这不是可以立刻掌握的方法，在这里就不涉及了。

布局：Word

Word是以页为单位、纵向浏览的一种商务文本形式，因此标题、段落、图片的布局都会影响阅读体验。

如【图2-2-K】所示，标题和段落就使用“开始”—“样式”功能区的各种样式设置格式，可以省去单独设置每个部分的麻烦。标题前的编号格式可以添加文字，也可选择数字。

此外，可以按照前面介绍的调整水平标尺上的游标来设置标题及段落缩进（详见76页）。

图2-2-K　使用“样式”设置格式，实现合理布局

选择“开始”—“样式”功能区的各种样式来设置格式。

格式设置方法详见 77 页。

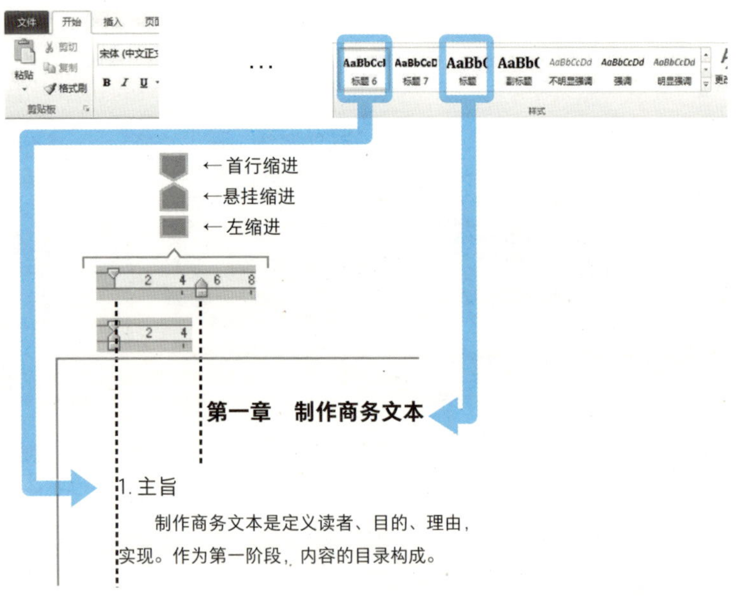

在调整Word的图片布局时，需要特别设置图片布局的“文字环绕方式”。

比如说，将光标移动到要插入图片的位置，选择“插入”—“插图”功能区的“形状”命令，插入一个矩形，矩形会覆盖在文字上面。这是因为图片布局的“文字环绕方式”默认的是“浮于文字上方”。

如【图2-2-L】所示，右键单击矩形会出现快捷菜单，可以在“自动换行”选项中设置。

图2-2-L　插入形状时设置“文字环绕方式”

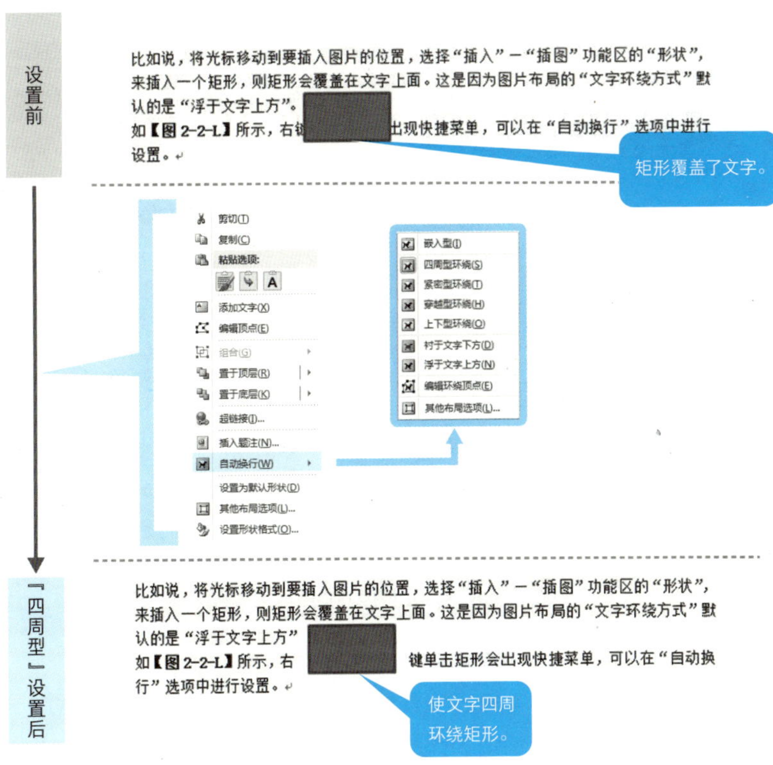

布局：Excel

制作Excel资料是在一张巨大的表格中操作，因此如何设定纵列和横行的项目，直接影响到更新资料时的效率。

为了使工作表上记录的信息容易阅读，我们可以参照【图2-2-M】，不对工作表的第1行和A列做任何编辑，从第2行和B列开始录入信息。

并且，根据内容要分别设置竖列单元格的列宽，就可以更方便地把握表格整体的内容。

图2-2-M　工作表上的行列布局

表格上方和左侧输入内容的话，就无法在窗口中确认上方和左侧的边框线是否存在，因此有时会出现未设置边框线就打印的情况。如果在印刷大量资料中出现这样的失误，重新设置会花费很多时间。

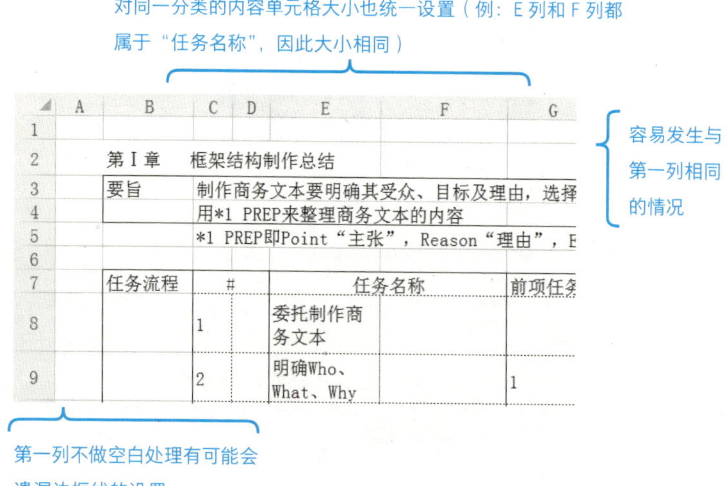

另外，关于单元格的大小也有标准。

比如说，要输入“9999”，如果单元格的空间不够大，当数值增加到“10000”时就会出现“#####”这种无法正确显示的情况，

并且，单元格的内容安排得十分拥挤的话，在打印时由于字体字号的误差，有时也会出现显示不全的情况。

为防止出现各式各样的问题，建议在设置单元格的行高和列宽时留有添加内容的余地。

图2-2-N 单元格大小设置不当

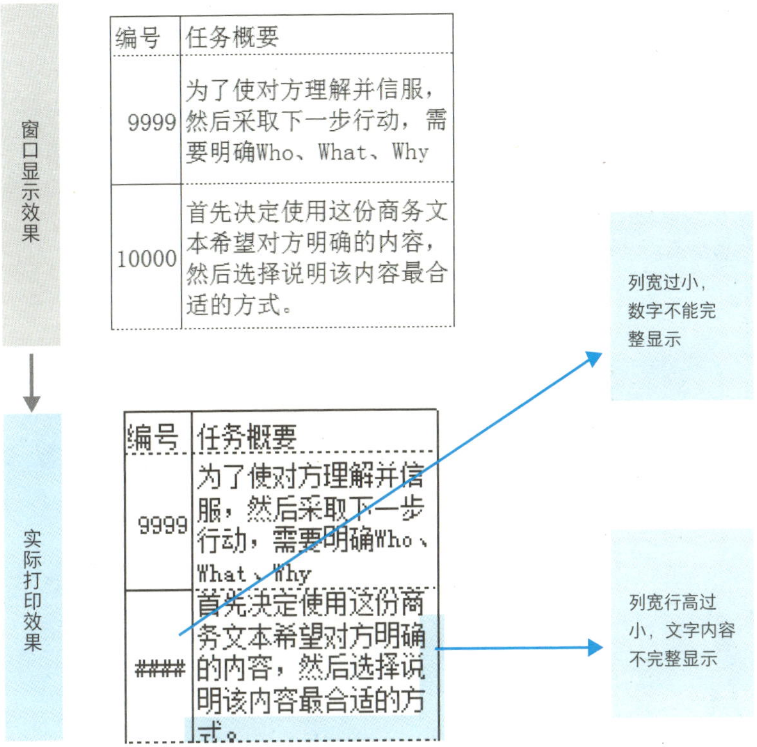

窗口显示效果

编号	任务概要
9999	为了使对方理解并信服，然后采取下一步行动，需要明确Who、What、Why
10000	首先决定使用这份商务文本希望对方明确的内容，然后选择说明该内容最合适的方式。

实际打印效果

编号	任务概要
9999	为了使对方理解并信服，然后采取下一步行动，需要明确Who、What、Why
####	首先决定使用这份商务文本希望对方明确的内容，然后选择说明该内容最合适的方式。

列宽过小，数字不能完整显示

列宽行高过小，文字内容不完整显示

Ⅱ-2 总结

闭门造车导致失败

提案要旨

X 公司由于台账功能未与基础系统分离，造成业务烦杂办理速度慢。在台账变更时也伴随着基础系统的运行停止，成本很大，同时也存在营业数据准确度低的情况。

这次，本公司建议分离台账功能和基础系统以提高效率，在已有的营业支持系统中增加台账功能，也能够提高分析精确度和业务办理速度。

- 想要减少台账业务的投入，集中推进业务
- 为提高数据的准确度，尽快传递信息

【效果】营业员能够在需要的时候获得最新的台账

- 分离营业台账的相关功能与基础系统
另外建立为信息系统

- 降低随着营业组织变更而产生的费用

文本内容冗长，很难传达出想要强调的信息。

内容混乱、表意不清，不知道应该从何处看起。

没有设置首行缩进而直接左对齐，文本分布不整齐，破坏美观。

形状位置布局散乱，破坏了商务文本版面的稳定感

速成良法获得成功

提案要旨

目前的台账功能操作使用复杂、变更成本高并且营业数据准确度低的情况，为解决上述问题，本公司建议 X 公司分离台账功能和基础系统以提高效率。

X 公司的问题	本公司的建议及预期效果
• 想要减少台账业务的投入，集中推进业务 • 为提高数据的准确度，尽快传递信息 • 降低随着营业组织变更而产生的费用	分离营业台账的相关功能与基础系统，另外建立为信息系统 ↓ 营业员能够在需要的时候第一时间拿到最新的台账，从而提高数据分析准确度和业务办理效率

信息提要内容控制在 3 行以内。

行距设为 1.2 倍，边距设为 0.1cm。

按照“左上→右下”的视线移动路径布局[左→(右上→右下)]。

同一类型问题归纳到一个部分中

使用对齐功能将各文本框及形状对齐

14

速成法14 统一设置格式与调整布局 ※内容过多时做微调

行距&段落间距和缩进、图表大小、位置、边距

• 行距设置：

（较大）1.2倍

（标准）无设置值

（较小）0.85倍

• 段落间距

（段后）字号的0.5倍

• 边距设置：上下&左右

※分条列举时，左边距是右边距的1.5倍

（字号8pt以下）0.1cm

（字号8~16pt）0.1cm&0.2cm

（字号16pt以上）全部0.2cm

• 使用对齐功能来对齐文本和形状

（PowerPoint）

→每张幻灯片一开始的信息提要控制在3行以内

→按照“左上→右下”的视线移动路径来布局内容

→将问题分类归纳

（Word）

→为每个标题设置编号

→以标题为单位，确认段落开始和结束的位置

→插入形状时，设置文字环绕方式

（Excel）

→工作表上方和左侧各空出一行一列再使用

→为单元格的行高列宽设置标准

第 3 节　拒绝无用功，使文章简明易懂

学习目标：速成法15—18

借鉴失败案例

有些人认为写文章是一件“基础而简单”的事情，有这样想法的人写出的文章往往有篇幅冗长、想要表达的内容不明确、段落划分不明确等缺点。

这样的瑕疵会给读者留下负面印象。这时，无论你的主张多么合理，单看资料本身就有如此多的缺点，内容也必定没有阅读的价值，抱有这样想法的人也不在少数。

让我们来看一个失败的案例。

课长让S制作一份关于面向X公司的开发营业支持系统的提案书。于是S开始用PowerPoint来制作草稿。

提案书的整体框架已经整理好，也已经决定要如何安排版面，接下来就进入制作幻灯片的环节了。在这项提案中，S认为引进该系统的影响和风险是很重要的内容，因此决定开始做这部分内容的幻灯片。

第二天，课长来询问S的工作进度。S将几张已经做好的幻灯片展示给课长，课长的表情却逐渐不悦。

“同一个内容反复出现，啰唆又不清楚。‘工作一览表’和‘任务一览表’不是一样的吗？”

“要尽量避免使用对方不熟悉的专业术语，像‘validation’这种词，如果对方不熟悉系统或者英语，无法马上理解其中的意思。”

“整体上来看文章的内容、整洁度也都不是很好，这些地方还需要好好再琢磨一下。”……

很遗憾，S所写的文章中大部分内容都需要修改了。

造成该后果的原因是S并没有认识到自己文章存在很多画蛇添足的内容。有些人认为只要把必要的或特别注意的内容都写上去就好了，有这样想法的人经常会犯S这样的错误。

S写文章时大概是出于这样的想法：

- **读者希望获得尽可能多的信息**
- **只要内容上没有错误，有些措辞不当也是可以容许的**
- **为了书写方便，使用自己熟悉的专业术语**

从S的做法可以看出，他希望对方同样会意自己的想法，虽然一些词语“同义不同形”，但还是会让对方忍不住怀疑“这是刻意地在使用不同说法”。

有些内容虽然是出于好意添加的信息，但对于必须在短时间内做出判断的读者来说，这些信息只能成为干扰项。也有人认为，资料中没有列出具体的数据而只是单纯地评价“好”“坏”，也是缺乏说服力的。

为了不使对方产生这样的印象，我们在写文章时要力求达到这样的效果：提炼内容，剔除多余信息，减少使用模糊的表述而改为具体的说明。

总而言之，不能忽视文本框中内容和形式上的美观，因为即使内容没有问题，但是也会有人以为格式有问题就否定内容的质量。

值得特别一提的是，过于冗长的句子不仅会破坏美观，也会加大读者对文章中的逻辑的理解难度。因此为了避免因句子排列过长造成阅读理解上的困难，就要调整文本框的大小，每行呈现适量的文字。

要站在读者的立场上，考虑措辞及文章的结构，这样的商务文本才能读起来顺畅并容易理解。

图2-3-A　文章制作不当的类型

不经过深思熟虑的文章，就会缺乏统一性。

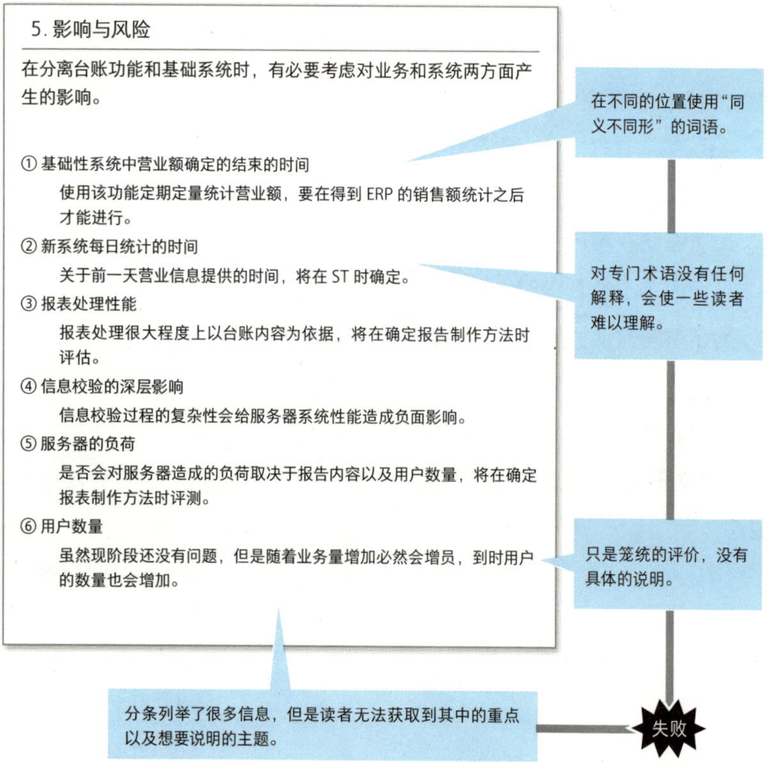

5. 影响与风险

在分离台账功能和基础系统时，有必要考虑对业务和系统两方面产生的影响。

① 基础性系统中营业额确定的结束的时间

使用该功能定期定量统计营业额，要在得到 ERP 的销售额统计之后才能进行。

② 新系统每日统计的时间

关于前一天营业信息提供的时间，将在 ST 时确定。

③ 报表处理性能

报表处理很大程度上以台账内容为依据，将在确定报告制作方法时评估。

④ 信息校验的深层影响

信息校验过程的复杂性会给服务器系统性能造成负面影响。

⑤ 服务器的负荷

是否会对服务器造成的负荷取决于报告内容以及用户数量，将在确定报表制作方法时评测。

⑥ 用户数量

虽然现阶段还没有问题，但是随着业务量增加必然会增员，到时用户的数量也会增加。

在不同的位置使用“同义不同形”的词语。

对专门术语没有任何解释，会使一些读者难以理解。

只是笼统的评价，没有具体的说明。

分条列举了很多信息，但是读者无法获取到其中的重点以及想要说明的主题。

速成法15

统一术语的概念

汇总专业术语，达成共同理解

为了避免制作者和读者之间产生理解上的偏差，那么在商务文本中使用的词语就必须保持相同用法。

比如说，某公司在公司内将绘制工业机械设计图的部门称为“技术部门”，但是在与咨询公司的会议讨论中，“技术部门”是指IT部门，由此在会议的过程中双方产生意见分歧的情况也很常见。

在各行各业内，都有该行业特有的专业术语，需要引起我们的高度注意。在IT行业，“ST”是“system test”的缩写，意为测试IT系统，但是在质量要求严格的情况下，“ST”指的就是“stress test”，意为系统强度测试，是需要分别进行的测试。在我以前参加的一些项目咨询的讨论中，由于各种术语混杂在一起，双方无法达成统一的理解，从而导致反复磋商的情况也屡见不鲜。

因此为防止出现这样的误解，有必要汇总一份专业术语表，和读者达成理解上的一致。

如果对方拥有相关领域的经验，比如说一段时期内参加一项目活动或企划小组等，这时就需要用Excel做一份专业术语表。另外，对于一些在阅读资料时就能即时理解的术语，可以在页脚添加注释（详见56页），或者直接在该术语后用括号备注说明其他意思。

虽说要制作专业术语表，但考虑到更新整理时花费的时间及相关人员在理解时所投入的精力，并不建议总结所有的内容都放在表里。除了能够用于使说明更简练的术语，不建议补充多余的内容。

速成法16

Skeleton
Draft
Fix

文章精简化

注意“删减”和“分割”

删减就是去掉不影响文意的内容，分割则是把篇幅过长的文章分为简洁的形式。这样做能够有效避免让对方产生错误判断。

比如说，下面这样一段文字。

“为了使句子更加精简，首先一开始要删减修饰成分等内容，只用主语和谓语这样最简单的结构，然后再把这些成分一个个地还原，持续这个过程，直到还原程度能够再现本来的句子意思并且没有多余修饰成分为止。”

虽然能够明白这段文字所表达的内容，但是也许有人会感觉有点累赘。类似的文字内容反复出现的话，也许更多的人就会抱怨“说明也太长了吧”。

那么，接下来的这段文字怎么样呢？

“为了使句子更加精简，首先要写出没有修饰成分的最简单的句子。然后再逐个添加修饰成分，直到能够再现句子原意为止。”

比起第一段文字更给人以流畅简洁的感觉，明明只有两句，全文的字数也只有第一段的一半。这是因为两段文字的主体部分没有改变，只是删掉了多余的表述，缩短了第一段文字的篇幅。

【图2-3-B】展现了精简这段内容前后的对比，可以更直观地感受到不同。

在例子中，我们可以这样划分，“使句子精简”是全文的主体部分，“重复到能够再现句子原意为止”是说明部分。以此为基础，我们可以判断各语句是否需要，以及能否改成更精练的表述。

如果一段文字中的逗号个数大于4个，或者字数多于120字（A4纸上超过4行），适当分割会有助于理解文意，让我们把这个作为目标吧。

图2-3-B　文章精简化

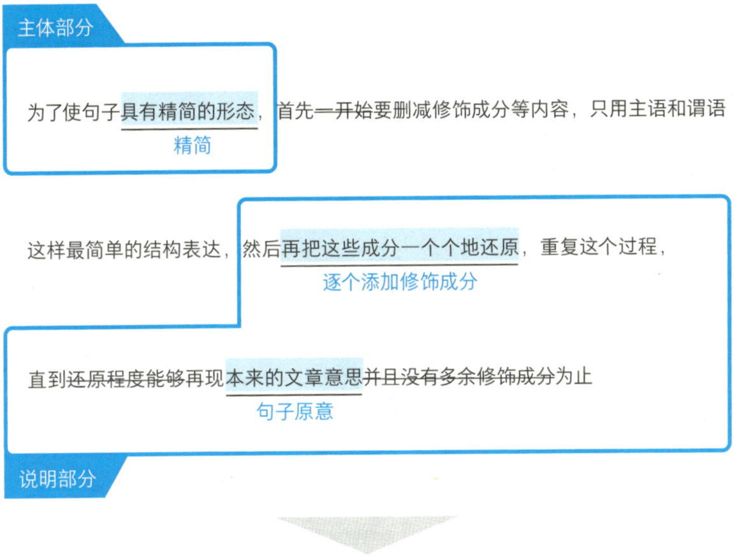

主体部分

为了使句子具有精简的形态，首先一开始要删减修饰成分等内容，只用主语和谓语

精简

这样最简单的结构表达，然后再把这些成分一个个地还原，重复这个过程，

逐个添加修饰成分

直到还原程度能够再现本来的文章意思并且没有多余修饰成分为止

句子原意

说明部分

为了使句子更加精简，首先要写出没有修饰成分的最简单的句子。然后再逐个添加修饰成分，直到能够再现句子原意为止。

速成法17

利用数字具体说明

注意会影响对方决策的关键部分

由于表述不明确，会导致不同的人产生不同的解释。

比如说，听到“下周之前要完成工作”，有人会认为是“下周一早晨之前完成”，也有人会认为是“下周五傍晚之前完成”。再比如对于“一定程度”这个词语，有人觉得这个程度大概是“两三成”，也有人觉得是“五成以上”。

在类似这样的表述中需要注意的是说明期限和程度的词语。如【图2-3-C】所示，如果对于这些词语理解不同，在工作上可能会出现致命的错误。

过于保守和过于大胆的理解之间存在着巨大的差距，因此要使用具体的数据来表达自己的主张。

图2-3-C　期限和程度：要做具体说明

期限及程度的表述必须用具体的数字予以说明。

易导致误解的表述		易导致误解的表述	过于大胆
期限	下周之前	下周一早晨为止	下周五傍晚之前
	最近几天	两三天	半个月之内
程度	尽可能	随便做做	全力以赴
	一定程度	两三成	五成以上
	确认	只做形式上的确认	要仔细阅读内容 并做出评价

在说明成本及数量等相关信息时使用具体数据能够增强说服力。

比如说这样两种说法：①如果引进这个系统就能够提高工作效率，从而可以将节约的资源投入到新业务中；②迄今为止一直由10个人承担的工作可以由5个人来完成，剩下的5个人就可以被分派到新业务的工作中去。比起前者，后者的表述方式更能够给人明确的形象。

在用数据表述时，明确数据来源是费力的工作。因此，如果不论什么样的内容都用数据说明，即使是做少量内容的商务文本，也会投入相当大的精力。因此，为防止这一情况出现，建议在会影响对方做出决策的关键部分使用数据表达，如【图2-3-D】所示。

图2-3-D　使用数据表述的地方

将粗略表现程度的表述转换为用具体的数据表述。

不影响对方决策的地方可以不运用数据表述。

通过给营业负责人员配置比现有电脑更高性能的平板电脑，
（具体的性能比不重要，不需要用定量表述）

外勤业务量预计能大幅减少。投资费用虽然需要很多，
减少20%　　2亿~3亿日元

但是获得更好的业务缩减效果。
1亿日元/年

速成法18

Skeleton
Draft
Fix

文本框的排版

字数 / 行基准：5~35 字

商务文本是否方便阅读，对内容和对外观都有影响。尤其是文本框中，文本的对齐方式和各行字数的设置也决定着商务文本的美观度。

文本框是在PowerPoint、Word、Excel中都可以用来编辑文字内容。

在速成法14（69页）中已经说明过文本框的格式设置，但因为未涉及文本框“文字自动换行”“行数标准”“对齐方式”等内容，所以在此详细解说，请参照【图2-3-E】。

设置文字自动换行时，各行的字数要以“5~35字”为标准，允许出现1/10的偏差。

关于文本内容的总共行数的基准，在设置了上述的文字自动换行的前提下，最好能达到“行数 × 2 > 各行的字数”的标准。

与这个基准有1/10左右的偏差都在允许范围内，超出了这个误差范围，就会破坏文本框排版的平衡感，排版的不美观很多时候会让人觉得读起来很困难。

在对齐方式上，一般使用“两端对齐”，这能够使文字的左右两端同时对齐，在多行的文本中，纵列方向来看更加整齐。

但是，为了防止字间距过大，对于单行的文本可以设置为“左对齐”或“右对齐”，而表格中的标题、选项、数值则可以设置为“居中对齐”。

图2-3-E　文本框的“行”设置

我们在使用互联网编辑信息时，一直以来都是一行的文字数量达到 36 个字就会自动换行，所以很多人都感觉“1 行的长度差不多就是 35 个字”。

因此，在制作资料中的文本框的排版，我们也按照“最少 5 个字，最多 35 个字”的标准设置自动换行。

【最少字数自动换行】

各行显示字数：5
行数：10

课长让 S 制作一份提案书，内容是关于开发面向 X 公司的营业支持系统的。于是 S 开始用 PowerPoint 制作草稿。

【最多字数自动换行】

各行显示字数：35
行数：6

课长让 S 制作一份关于面向 X 公司开发营业支持系统的提案书。于是 S 开始用 PowerPoint 来制作草稿。

提案书的整体框架也已经整理好，也已经决定排版设计的各项标准，接下来就进入幻灯片制作的环节了。

S 觉得在这项提案中，影响和风险部分是很重要的内容，因此决定先开始做这部分内容的幻灯片。

对齐方式要根据选中的内容来设置“两端对齐”“左对齐”“右对齐”“居中对齐”。

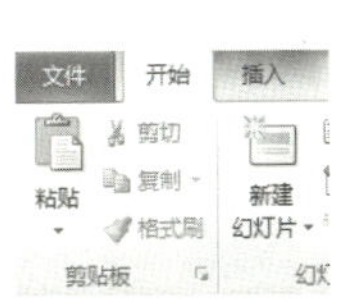

…

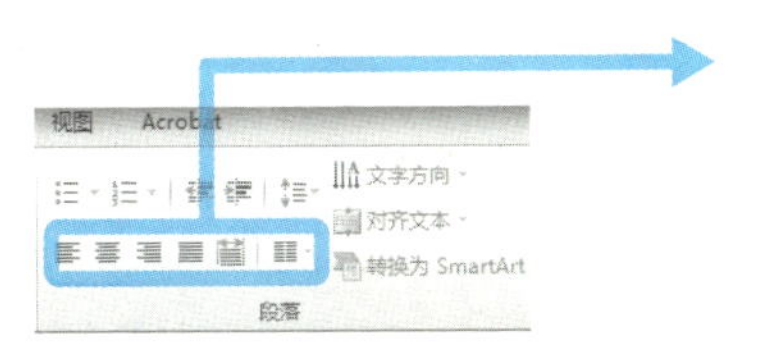

· 左对齐
· 居中对齐
· 右对齐
· 两端对齐

Ⅱ-3 总结

闭门造车导致失败

影响与风险

在分离台账功能和基础系统时，有必要考虑对业务和系统两方面产生的影响。

① 基础性系统中营业额确定的结束时间
得到 ERP 的销售额统计之后才能使用该功能定期统计营业额。
② 新系统按日统计的时间
关于前一天营业信息提供的时间，将在 ST 时确定。
③ 报表处理性能
报表处理很大程度上以台账内容为依据，将在确定报告制作方法时评估。
④ 信息校验的深层影响
信息校验过程的过于复杂会给服务器系统性能造成负面影响。
⑤ 服务器的负荷
对服务器造成的负荷取决于报告内容以及用户数量，将在确定报表制作方法时评测。
⑥ 用户数量
虽然现阶段还没有问题，但是随着业务量增加必然会增员，到时用户的数量也会增加。

在不同的位置使用“同义不同形”的词语。

不解释专门术语，会使一些读者感到难理解。

只是笼统的评价，没有添加具体说明。

分条列举了很多信息，但是读者无法从中获取到重点是什么和最终会产生什么影响。

速成良法获得成功

影响与风险

在分离台账功能和基础系统时，有必要考虑对业务和系统两方面产生的影响，共有 6 点内容。

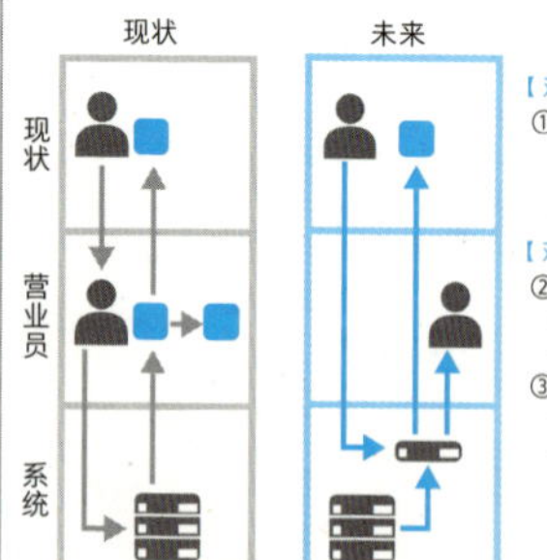

【对业务方面的影响】
① 台账输出处理时间
→ 台账的查看规则越复杂，对性能产生的影响就越大。
→ 台账输出处理时间在确定具体做法后决定。
→ 处理量超过预想的 1.2 倍时需要增加业务员数量。
【对系统方面的影响】
② 基础系统上营业额确认结束时间
→ 营业额统计在基础系统的营业额统计之后进行
→ 最新营业额信息的提供时间在系统测试 *1 数确定。
③ 服务器的负荷
→ 台账的查看规则越复杂，处理负荷就越大。
→ 服务器构造在确定具体做法时可以重新讨论。

*1. 系统测试：确认是否满足业务工作所有需要的测试

Copyright© × × × 公司保留所有权利

为增强可读性，也可以从框架制作的阶段开始时修改标题。

17

15

在页脚处添加相关术语的解释。

运用图表来表示用文章很难说明的内容（详情参照 112 页）。

16

18

速成法15 统一术语概念

为了不让对方产生误解或理解不全，要汇总资料中所使用的专业性较强的术语。

速成法16 文章精简化

为了不造成对方的误解，要剔除多余的表述。一段文字中逗号个数超过4，或字数大于120字（A4纸上多于4行）时要分行。

速成法17 利用数字具体说明

为了使表达明白清楚，期限、程度的表述要使用具体的数字说明，用于判断的信息要使用数据说明。

速成法18 文本框的排版

为文字自动换行、行数、对齐方式设定统一标准。

（各行文字个数） 5~35字 或 行数 × 2以上

（单行文本） 左对齐、右对齐

（多行文本） 两端对齐

（选项、数值）居中对齐

第 4 节　使用 Excel 制作工作表

学习目标：速成法19—24

借鉴失败案例

制作图解资料时，有必要用工作表保存信息来源。工作表是一种中间产物，用于记录思考经过或数字汇总的过程等，通常使用Excel表格制成。草稿内容的评价中也包含对工作表内容的确认。但是若工作表中没有全面的总结，就不能传达评价者需要的信息，自然也就降低了资料的可信性。

让我们来看一个失败的案例。

课长让S制作一份关于面向X公司开发营业支持系统的提案书。于是S开始用PowerPoint来制作草稿。同时，前几日收到了引进系统需购买的软件和硬件的预算，S为了制作预算书在计算金额。

又到了课长确认工作进展的时候了。S向课长展示并说明用Excel制作的工作表，内容是已整理好的预算金额。

听了S的说明以后，课长低声说："直接听解说才能明白这份工作表的内容，这样一来，如果每次没有你的说明就无法理解这份表格了。"但因为当时没有直接做出修正的指示，S也就没有修改，继续制作提案书了。

结果，在与客户的交涉中需要多次修改预算，而工作表的使用方法又只有S自己知道，最后只能把所有的修改工作交给S完成。

造成这样结果，是因为其他人想更新、修改Excel的工作表的内容时，就会感到无从下手。S大概是基于下面这样的考虑来制作工作表的：

- **只要不直接影响到提案书的美观度，工作表的构成不是很重要。**
- **之后不会再有修改工作表的工作了。**

如果需要重新讨论提案内容，工作表本身的内容也需要更新。但是如果工作表的构成复杂到只有制作者才明白，制作者要一直负责修改工作表内容的各项变动，这也会成为阻碍工作推进的原因。

为了避免【图2-4-A】中所示的失败，更好地利用Excel制作工作表和资料，接下来我们一起学习这方面的速成法吧。

图2-4-A　工作表构成不合理的类型

大分类	小分类	系统名称	选定公司
外围系统	营业支持	营业支持系统	S公司
			T公司

产品名称	进价（初期费用）	保养费用/年	定价	售价	数量	折扣	维护系数	进价+保养费用
软件：·（A公司）Application Server	¥1,000	¥100	¥1,200	¥1,000	1	83.3%	8.3%	¥1,500
硬件：·刀片式服务器 × 21台 PC × 2台	¥12,000	¥1,200	¥15,000	¥12,000	1	80.0%	8.0%	¥18,000
软件：·（B公司）Application Server	¥900	¥100	¥1,300	¥900	1	69.2%	7.7%	¥1,400
硬件：·刀片式服务器 × 21台 PC × 2台	¥15,000	¥1,450	¥19,000	¥15,000	1	78.9%	7.6%	¥22,250

速成法19

Skeleton
Draft
Fix

用树状结构整理表格项目

竖列项目做整理结构

表格由行和列构成，为了能够清楚地展示横行中的每个信息，就有必要按照树状结构整理竖列项目的名称，按照从左向右的顺序布局。

【图2-4-A】的表格只是单纯地横向排列竖列项目，一眼看去很难把握整体内容。将其转化为【图2-4-B】中的树状结构，就会容易理解。

对于需转成树状结构的部分，要根据结构层次数目，书写竖列项目的名称。如果是3层结构，竖列项目的名称就要写3行。

图2-4-B　竖列项目的树状结构

将竖列项目整理结构，有利于把握整体内容。

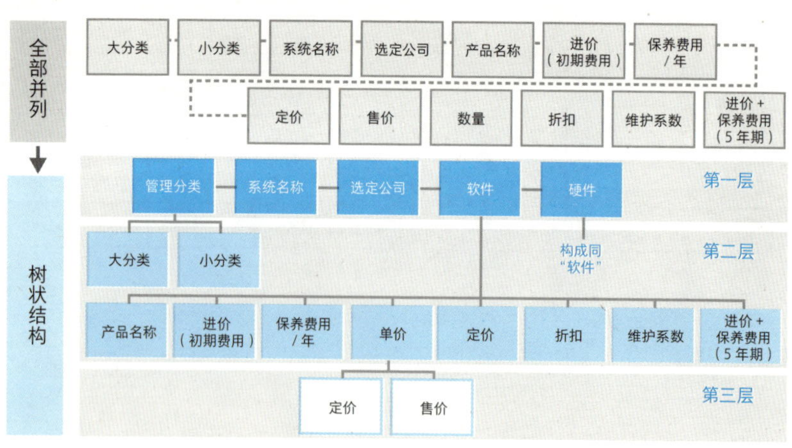

速成法20

Skeleton
Draft
Fix

重复的内容用灰色标记

重视后续的筛选和可读性

如果许多行中都重复出现一样的内容，有时会只留下最上面一行的内容，删掉其他重复内容，但因为在工作表中有时会逐行筛选排序，因此需要所有竖列中都放入信息。

如【图2-4-C】所示，用浅灰色标记重复的文字，这样能够兼顾可读性和再利用性。

还有，如果去掉上下框线后再排序，会破坏排序后的Excel表格的整齐性，因此制作表格时不要去掉上下框线。

图2-4-C　重复内容设置为浅灰色

如果为了看起来简单就删减重复内容，后期检索时会很麻烦。如果文字设置为白色的话就无法立刻看到是否有信息存在，所以推荐用浅灰色来保留文字。

✕

管理分类		系统名称	选定公司	软件	
大分类	小分类			产品名称	进价（初期费用）
外围系统	营业支持	营业支持系统	S公司	・（A公司）Application Server	¥1,000
			T公司	・（B公司）Application Server	¥900

…

○

管理分类		系统名称	选定公司	软件	
大分类	小分类			产品名称	进价（初期费用）
外围系统	营业支持	营业支持系统	S公司	・（A公司）Application Server	¥1,000
外围系统	营业支持	营业支持系统	T公司	・（B公司）Application Server	¥900

…

速成法21

Skeleton
Draft
Fix

选择性的项目值和说明要单独制作工作表

便于他人更新信息

在Excel工作表中，存在从多个单元格参照共同的可变数据（税率、年限、系数等）和可选择的项目值，将这些内容总结到另外的一张工作表集中管理，有利于简化信息更新的工作。

比如，为IT系统购入软件和硬件设备时，因为该物品在使用寿命内会有折旧，除了采购时需要支付的费用，还要再加上每年产生的保养费用（共5年期），来计算这一系列支出的总额。

但是随着经营环境的变化，这个期限有时也会缩短，如果要把这些内容全部都直接输入单元格内，会增加修改工作的难度。

因此，把使用年限列在另一张工作表上，参照该表上的内容就能够立刻修改。如【图2-4-D】所示。

当Excel表格中有可选择的项目值时，这个方法也很有效。

比如说，在改善效果中有明显、一般、不明显等可选择的项目值时，仅仅看到这些条目无法判断等级划分的依据。但是，如果在另外一张表格上列出项目一览表、划分等级和依据时，别人就能够方便地更新信息了。

在原工作表中，选择"数据"—"数据工具"功能区的"数据有效性"命令，在"数据有效性"对话框的"设置"选项卡中，指定项目值工作表内的数值范围，或者指定名称来完成设置。

从工作表中指定项目数值的范围，单击右键，选择快捷菜单中的"定义名称"选项，能够为选中的范围在文档整体内定义唯一的名称。如此一来，就能够在同一份文档所有的工作表中根据名称来指定项目。

图2-4-D 另列工作表来管理项目值

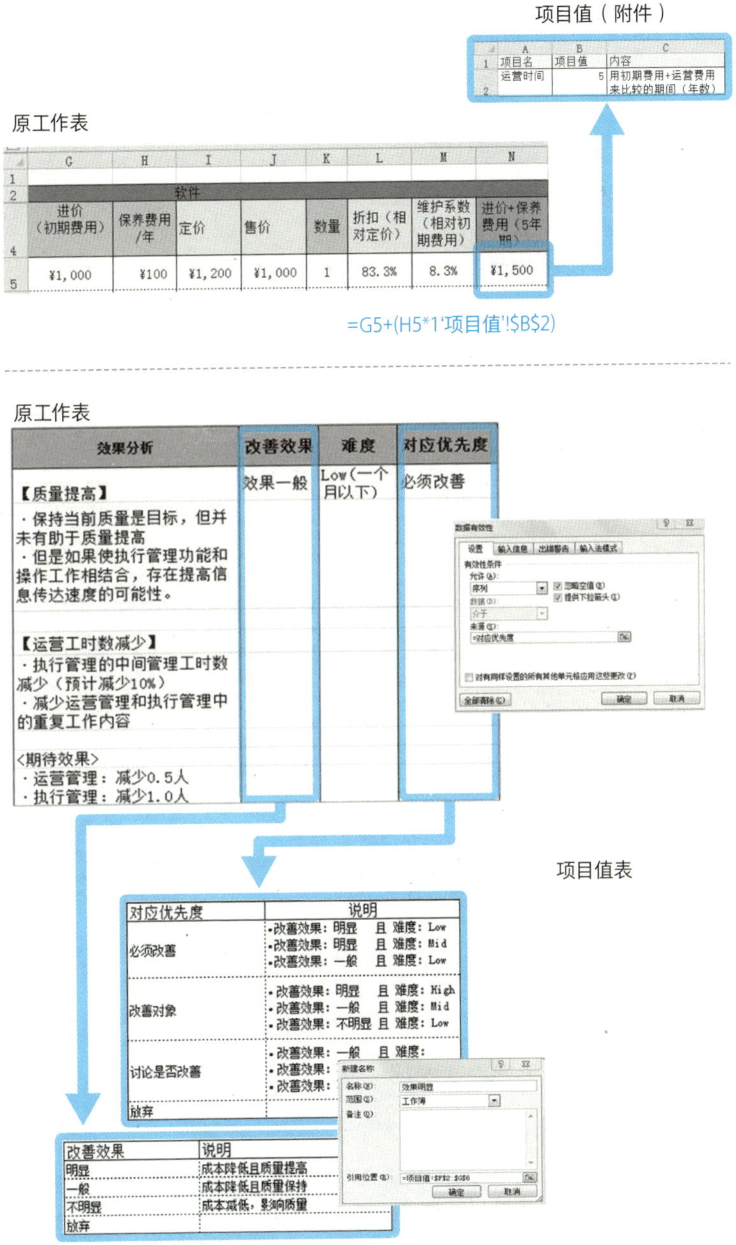

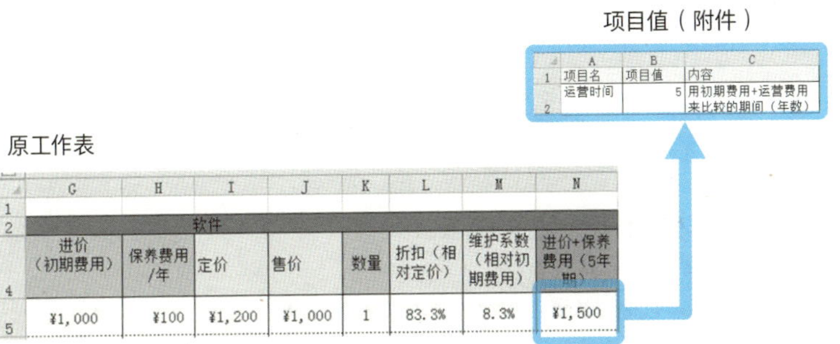

项目值（附件）

	A	B	C
1	项目名	项目值	内容
2	运营时间	5	用初期费用+运营费用来比较的期间（年数）

原工作表

	G	H	I	J	K	L	M	N
1								
2	软件							
4	进价（初期费用）	保养费用/年	定价	售价	数量	折扣（相对定价）	维护系数（相对初期费用）	进价+保养费用（5年期）
5	¥1,000	¥100	¥1,200	¥1,000	1	83.3%	8.3%	¥1,500

=G5+(H5*1'项目值'!$B$2)

原工作表

效果分析	改善效果	难度	对应优先度
【质量提高】 ·保持当前质量是目标，但并未有助于质量提高 ·但是如果使执行管理功能和操作工作相结合，存在提高信息传达速度的可能性。 【运营工时数减少】 ·执行管理的中间管理工时数减少（预计减少10%） ·减少运营管理和执行管理中的重复工作内容 <期待效果> ·运营管理：减少0.5人 ·执行管理：减少1.0人	效果一般	Low(一个月以下)	必须改善

项目值表

对应优先度	说明
必须改善	·改善效果：明显 且 难度：Low ·改善效果：明显 且 难度：Mid ·改善效果：一般 且 难度：Low
改善对象	·改善效果：明显 且 难度：High ·改善效果：一般 且 难度：Mid ·改善效果：不明显 且 难度：Low
讨论是否改善	·改善效果：一般 且 难度： ·改善效果： ·改善效果：
放弃	

改善效果	说明
明显	成本降低且质量提高
一般	成本降低且质量保持
不明显	成本减低，影响质量
放弃	

速成法22

Skeleton
Draft
Fix

不使用“合并单元格”

活用“跨列居中”对齐方式

虽然在Excel表格中有“合并单元格”的功能，但在工作表中最好不要使用这一功能。因为选中的范围内如果包含合并后的单元格，可能会选到不需要的单元格。为防止这样的情况出现，最好不要使用“合并单元格”这一功能。我们经常会根据各单元格的内容做出修改，这时如果频繁地避开已合并的单元格，然后再单独选择需要修改的范围，会使操作变得非常复杂。

为避免这样的复杂操作，让某一单元格的内容跨越几个单元格居中显示时，我们可以设置“跨列居中”来使文本对齐，如【图2-4-E】所示。

单击右键，选择快捷菜单中“设置单元格格式”—“对齐”选项卡—“水平对齐”下拉菜单中的“跨列居中”选项。即可实现“跨列居中”的效果。

图2-4-E 不合并单元格而是选择“跨列居中”显示

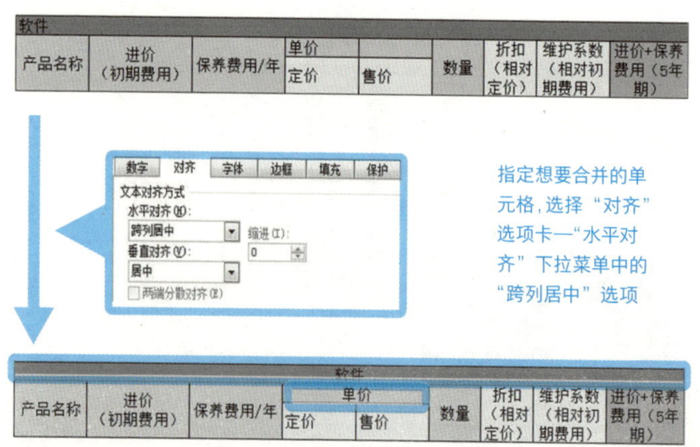

速成法23

用“创建组”隐藏详细信息

有针对性地显示信息

有时，我们虽然需要工作表记录所有的信息，但是读者想看的只是其中的一部分。因此，如果能够根据对方的要求从工作表中提取出相应的信息的话，就能够高效地实现信息共享。

在Excel表格中，通过其“创建组”的功能，就能够将表格中的信息收起或展开，做到简单地隐藏和显示信息。如【图2-4-F】所示。

指定需要收起的行或列范围，选择“数据”—“创建组”命令，根据需要选择“行”或“列”，这时，被选择的“行”或“列”的左侧或上方会有“—”的符号出现，单击可收起细节信息。

图2-4-F 使用“创建组”隐藏不需要的信息

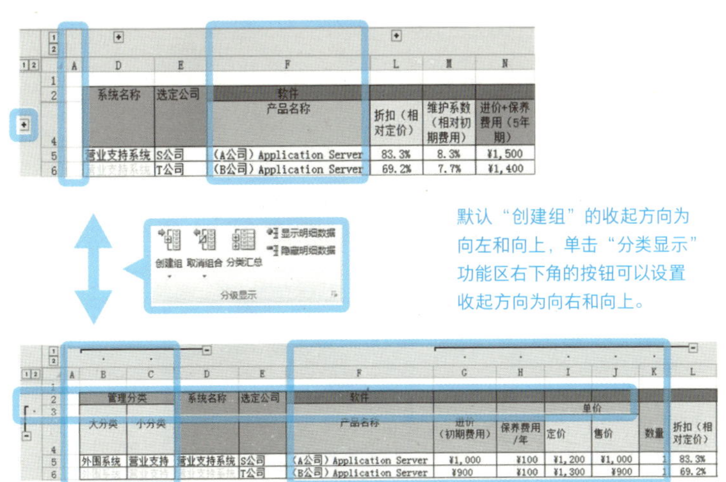

速成法24

基本边框样式：外边框为实线、内部为虚线

防止内部框线遮挡单元格数字

在Excel表格中可以设置外边框和内边框，这样一来，即使有再多的项目，也能清晰地分辨出这些项目所属的行和列。

但是，如果框线过于明显，很有可能会遮挡数字。为避免这一情况，在开始制作表格时，将边框线全部设置为虚线。

制作表格时，外边框就暂且设置为一般的实线，内部边框设置为虚线，填入内容后再重新设置边框样式。设置时如【图2-4-G】，考虑行和列的项目内容，将不同项目之间的虚线再设置为实线。

再有，对于左右框线，如果容易区分每个竖列的项目，也可以直接去掉框线。最理想的效果是用最少的框线来制作出最简洁的表格。

另外，单元格格式的设置请参照速成法14，颜色的使用请参照速成法59。

图2-4-G　Excel表格的外、内边框

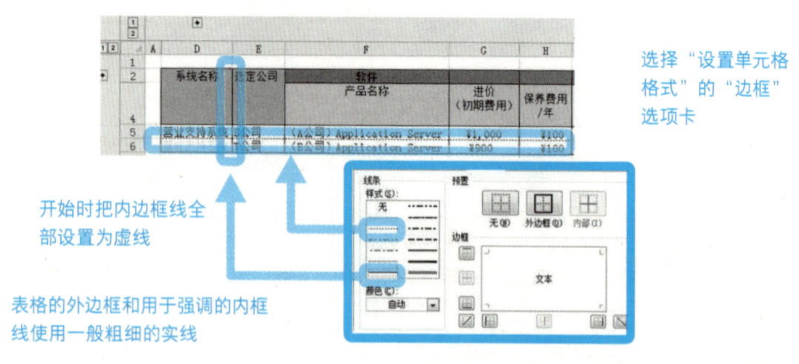

Column

Excel 中常用的 12 个函数

在 Excel 中，通过使用函数能够瞬间完成一些手动的工作。
使用函数时，要先在单元格中输入“=”（等号），然后插入函数、要操作的单元格范围和条件等内容。

= 函数（对象、条件）	
例：显示 A1–A10 中的最大值	=MAX(A1:A10)

函数有很多种，但是在商务文本中经常使用的只有 12 种。因此接下来就简要介绍一下这些函数和作用。

类别	函数	作用
数值计算	MAX	显示指定单元格区域中的最大值
	MIN	显示指定单元格区域中的最小值
	SUM	对指定单元格区域中所有数值求和
	AVERAGE	计算指定单元格区域中所有数值的平均值
	COUNT	计算指定单元格区域中包含数据的单元格个数
	ROUND	按指定位数对某数值做四舍五入
条件判断	IF	判断是否满足指定的条件
	COUNTIF	显示满足指定条件的单元格个数
	SUMIF	对满足给定条件的数值求和
	VLOOKUP	对满足给定条件的数值求和
	SUMPRODUCT	对满足多个给定条件的数值求和
	ISERROR	判断对象单元格的值是否错误

Ⅱ-4 总结

闭门造车导致失败

表格边框太粗会导致读者看不清数字。

想要分别计算硬件和软件的各项目的总和，但是很难从该金额中提取出来。

大分类	小分类	系统名称	选定公司
外围系统	营业支持	营业支持系统	S公司
			T公司

分类中存在空白单元格，有不能被筛选的行。

项目全部平铺列举，无法一览表格的整体。

产品名称	进价（初期费用）	保养费用/年	定价	售价	数量	折扣	维护系数	进价+保养费用（5年期）
软件：（A公司）Application Server	¥1,000	¥100	¥1,200	¥1,000	1	83.3%	8.3%	¥1,500
硬件：刀片式服务器×21台 PC×2台	¥12,000	¥1,200	¥15,000	¥12,000	1	80.0%	8.0%	¥18,000
软件：（B公司）Application Server	¥900	¥100	¥1,300	¥900	1	69.2%	7.7%	¥1,400
硬件：刀片式服务器×21台 PC×2台	¥15,000	¥1,450	¥19,000	¥15,000	1	78.9%	7.6%	¥22,250

速成良法获得成功

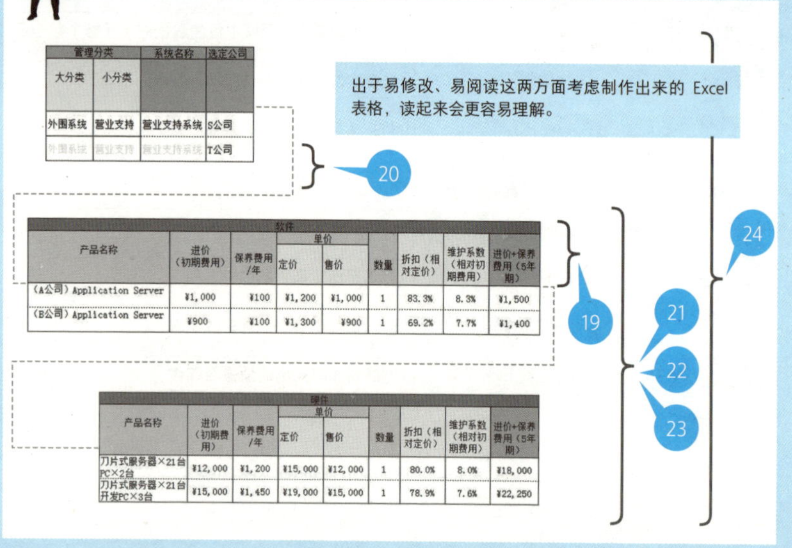

管理分类		系统名称	选定公司
大分类	小分类		
外围系统	营业支持	营业支持系统	S公司
外围系统	营业支持	营业支持系统	T公司

软件								
产品名称	进价（初期费用）	保养费用/年	单价		数量	折扣（相对定价）	维护系数（相对初期费用）	进价+保养费用（5年期）
			定价	售价				
（A公司）Application Server	¥1,000	¥100	¥1,200	¥1,000	1	83.3%	8.3%	¥1,500
（B公司）Application Server	¥900	¥100	¥1,300	¥900	1	69.2%	7.7%	¥1,400

硬件								
产品名称	进价（初期费用）	保养费用/年	单价		数量	折扣（相对定价）	维护系数（相对初期费用）	进价+保养费用（5年期）
			定价	售价				
刀片式服务器×21台 PC×2台	¥12,000	¥1,200	¥15,000	¥12,000	1	80.0%	8.0%	¥18,000
刀片式服务器×21台 开发PC×3台	¥15,000	¥1,450	¥19,000	¥15,000	1	78.9%	7.6%	¥22,250

速成法19　用树状结构组织表格项目

全部的项目不是横向排列，而是根据内容的共同点整理为树状结构。竖列项目一般整理为2-3个层次。站在读者的立场上，将竖列项目按照“左上”→“右下”的顺序排列，便于阅读和理解。

速成法20　重复的内容用灰色标记

为了方便后期的筛选，将重复的内容设置为浅灰色保留。

速成法21　选择性的项目值和说明另列工作表

从多个单元格参照共同的可变数据（税率、年限、系数等）和选择性的项目值，另列到一张工作表上。

速成法22　不使用“合并单元格”

在指定单元格区域内设置函数时，编辑单元格的工作会变得复杂，最好不要使用“合并单元格”功能。对横跨多个单元格的项目名称设置“跨列居中”的文本对齐方式。

速成法23　用“创建组”隐藏详细信息

为了简单明了地展示传达主旨的总结表格，通过“创建组”这一功能，就能够收起或展开表格中的详细信息（如结论、合计结果等），从而实现信息的隐藏和显示。

速成法24　基本边框样式：外边框为实线、内部为虚线

缺乏美感的表格会给读者留下不好的印象，因此要让表格看起来整洁大方，去掉可有可无的框线。

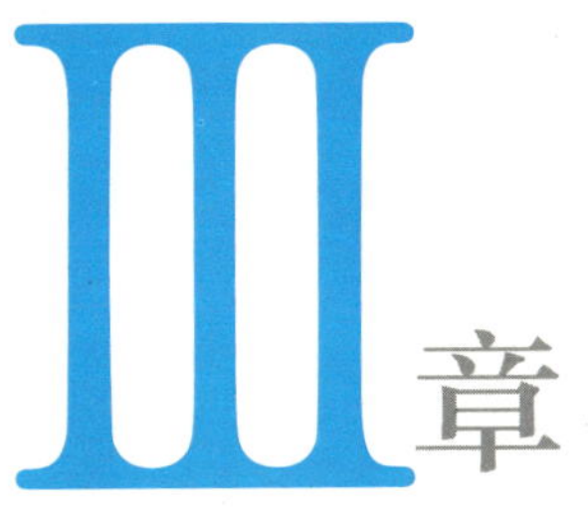

制作草稿（图表）

制作一读就懂的商务文本

1 选择易懂的图表

2 为形状和线条的使用方法设置统一标准

3 选择方便阅读的颜色

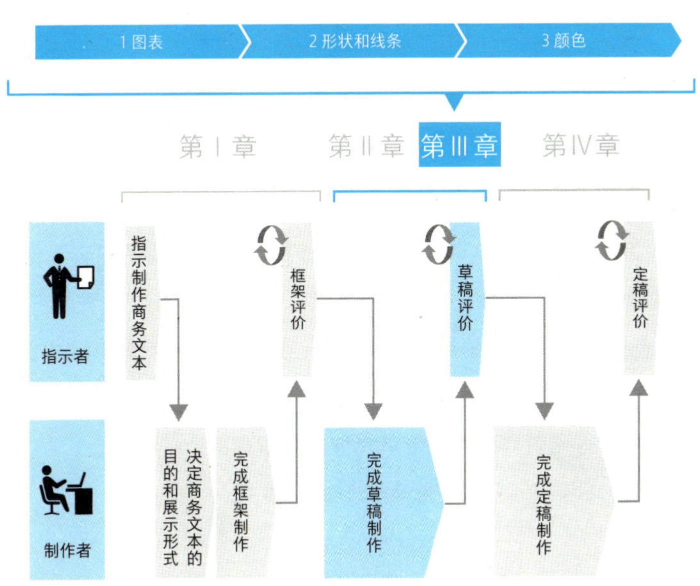

第 1 节　选择易懂的图表

学习目标：速成法25—44

借鉴失败案例

没有形状和表格，只有纯文字的资料并不少见。

如果只是联络事务或者确认某些内容，这样的资料也可以使用，但如果是复杂的内容，没有形状和表格就会导致读者很难理解说明的部分。

并且，很多人看到看起来不好理解的资料，就会开始怀疑内容的质量。因此经常会无法很顺利地向对方传达想法。

我们来看一个失败的案例。

课长让S制作一份关于面向X公司营业支持系统开发的提案书。于是S开始用PowerPoint制作草稿。S已经确定了模板、信息提要等内容，接下来就进入具体制作每张幻灯片的阶段了。

但因为S不擅长用图形或表格制作说明性资料，就以文章为主要形式制作草稿。

3天后，课长来确认S的工作是否顺利。他在看提案书时，慢慢地露出了不悦的神情。

“这页解释预算的表格看起来是方便，但是也有更合适的图表吧。如果你想要对方从两个预算中选择一个，用柱形图更容易做到实际数据的对比。”

“表格里的预算只提到了开发时长，好像几乎没怎么说明开发之前的设计工程、后续的测试工程。没有按时间顺序的图表来说明工程的流程，很难对作业流程形成具体的认识啊。”

最后，S不得不修改已经制作好的提案书。

产生这样的结果，是由于S只优先考虑了怎样制作提案书会更方便。如果是对方容易理解的表述，那形式就不是十分重要。不太擅长使用图表，并且觉得这很浪费精力的人经常会有这样的错误认识。

S在制作提案书的时候可能是出于这样的想法：

- **因为是预算的幻灯片，只要能显示出最后的金额就可以了。再用文章说明明细的话，会使文章读起来不方便。**
- **用PowerPoint制作图表很麻烦。**
- **如果可以口头说明难理解的地方，没有必要使用图表。**

文字信息如果不按照顺序阅读的话很难理解，但是如果使用图表就可以迅速掌握重要的信息。因此，要缩短对方阅读资料的时间，就有必要在商务文本中使用图表。

要想方设法使文字信息和图表分配的比例合理，让对方在短时间内理解。如果读者是事务繁忙的管理层和经营层的人，那么这样的资料形式最为适合。

如果用Word、PowerPoint等软件制作的商务文本也需要使用表格时，使用形状功能制作会更方便。虽然这样认为的人有很多，但是也有可能发生由于数据更改等需要多次更新表格的情况，这时使用Excel制作表格更容易修改。

虽说如此，也不是只要使用图表就万事大吉了。

图表内容是侧重于强调数据变化、还是做比较、或是确认误差等，根据目的不同，要选择最合适的图表。而且，即使是同一种情况下，强调重点的不同，也要使用不同的图表。

如【图3-1-A】所示，制作商务文本时不要只是使用文字和表格，也需要合适的图表来说明讲解。

图3-1-A　纯文字、无图表的失败类型

纯文字资料难以向对方传达信息。

预算书（作业费用）

这一次引进系统要落实批量和在线处理，开发工时数由难度和功能数量决定。只开发必要功能需要 3800 万日元，开发全部功能需要 5900 万日元。

开发工时数（难度 × 规模）　※A：3 人月、B：2 人月、C：1 人月

大量自动处理（批量）	（必要）管理获取处理	C × 5 = 5人月
	（必要）管理获取处理	C × 1 = 1人月
	（必要）台账数据生成处理	B × 3 = 6人月
用户处理（在线）	（必要）台账检索页面	A × 2 = 6人月
	（必要）台账检索页面	B × 5 = 10 人月

※必要功能不能单独开发

开发上述全部功能：

5900 万日元　※1 人月单价为 100 万日元

设计工时数：开发工时数的 40%　：11 人月

开发工时数：见上表　：28 人月

测试工时数：开发工时数的 70%　：20 人月

只开发必要功能：

3800 万日元　※1 人月单价为 100 万日元

设计工时数：开发工时数的 40%　：7 人月

开发工时数：见上表　：18 人月

测试工时数：开发工时数的 70%　：13 人月

只用文字资料来传达信息，内容让人难以理解

速成法25

区别使用示意图表和 graph 图表

结合说明的目的选择图表形式

在图表大类中，有通过视觉判断的概念性的示意图表和通过数据判断的统计性的graph图表这两大类。根据不同目的区别使用两种图表，能够让内容变得更加简单易懂。

示意图表是侧重于说明要素间关系的图解形式。有按横纵两轴整理的类型，也有沿时间轴整理的类型，还有用于梳理各要素间关系的类型。主要是使用形状工具做成的。

Graph图表是侧重于说明数值特点的图解形式。有说明数量、变化、分布情况的类型，主要使用图表工具制作。虽说graph图表主要是使用图表工具制作的，但几乎不会出现因数据更新而重新制作的情况。通过使用形状工具也可以增强视觉印象。

从定义上区分了二者的不同后，接下来我们来确认自己想说明的内容更适合哪一种图表。

图3-1-B　示意图和图表的区别使用

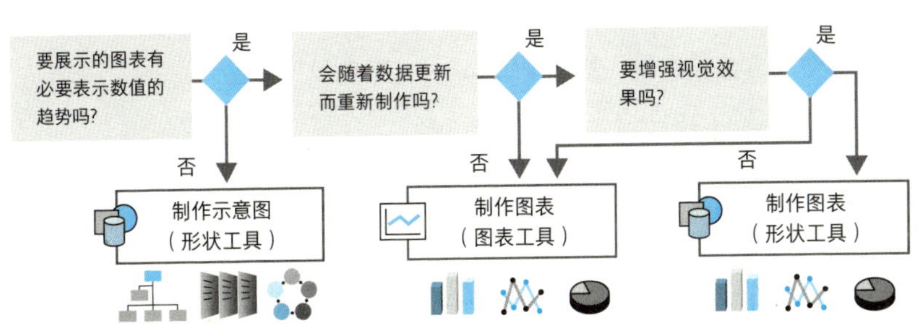

速成法26

Skeleton
Draft
Fix

使用示意图表图解信息

3 大类，8 小类

示意图表是侧重于说明要素间关系的图解形式。其中有3个大类，8个小类。

第一类是以横纵轴为基础的“纵横型”。基本构成是用两个评价轴，通过延长轴和调整符号大小的改变来处理3个以上的要素。该大类下有“象限图”和“矩阵图”。

第二类是梳理要素间关系的“关系型”。“纵横型”是根据对比整理要素间的关系，而“关系型”则注重表现要素间的联系。不同的箭头和形状代表着不同的含义。该大类下有“层次结构图”“集合图”“关系图”。

第三类是沿时间轴整理各要素关系的“时间型”。在“关系型”的基础上添加时间轴，注明起点和终点，用于表现事物的流程和进展。可以从左到右，从上到下，也可以展示逆向流程来表现修改、再次操作的过程。该大类下有“阶段图”“流程图”“循环图”。

各图的使用方法如【图3-1-C】所示，具体操作详见图中标记页码。

另外，示意图表都是使用形状工具做成。具体的形状的组合方式可参照图中标记的页码处，形状、箭头等的具体设置详见“第2节　为形状和线条的使用方法设置统一标准”（164页），颜色设置详见“第3节　选择方便阅读的颜色”（191页）。

图3-1-C　8种基本的示意图表及其作用

根据使用目的不同，分为以下 8 类。

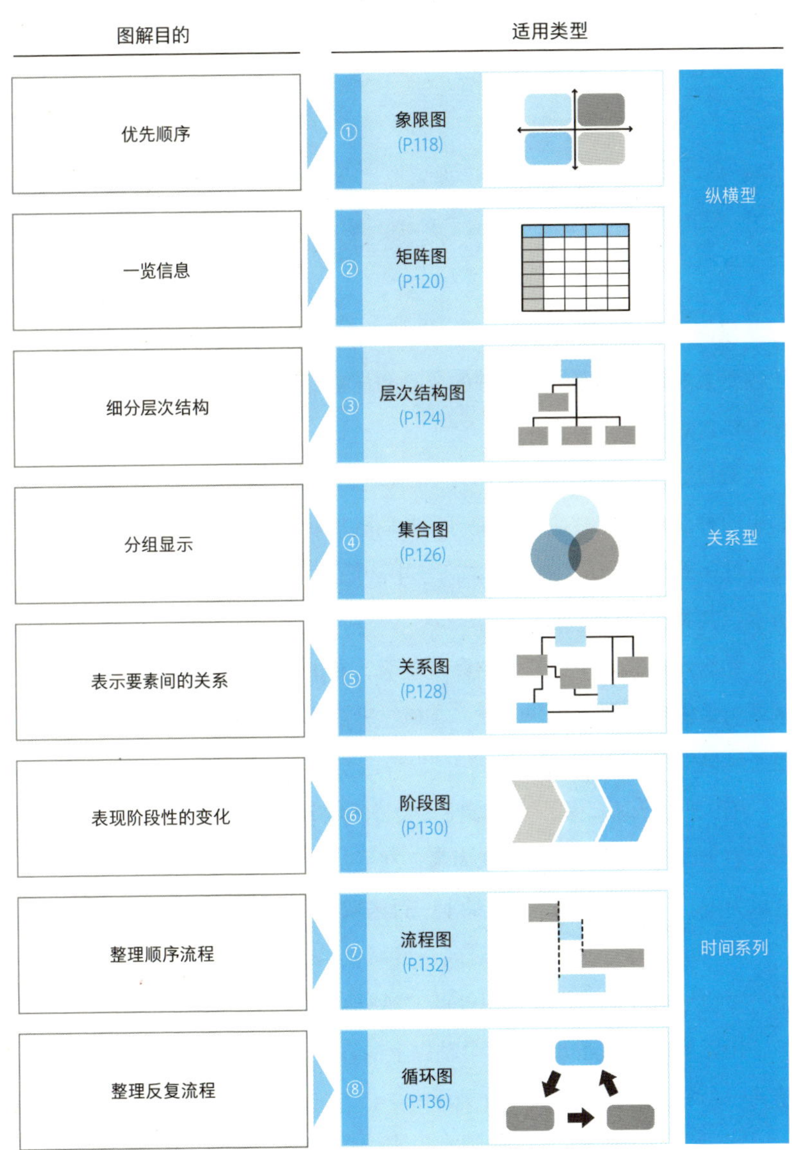

速成法27

Skeleton
Draft
Fix

示意图表①
图解优先顺序

象限图是由X轴（横轴）和Y轴（纵轴）构成的示意图表，适合于整理各要素的优先顺序。将纵轴的要素和横轴的要素组合起来，设置各个区域内要素的优先顺序。

假设，我们来用“效果”×“难度”的角度来整理几个课题解决方案。如果两种要素各有“高”“低”两种程度，那共有高×高、高×低、低×高、低×低4种情况。如果有“高、中、低”3种评价等级，如【图3-1-D】所示，共有3×3种情况。

结合图各区域中两要素的评价等级，右上角的区域为最高，左下角的区域为最低。除此之外的区域，在横纵轴范围内，越靠近重要的区域就会给予越高的评价。

有9种情况时，为了管理方便，会将区域分为三部分来做出有等级的评价。右上及其相邻左、下区域为高，左下及其相邻右、下区域为低，剩余区域为中。有时根据情况，把最下一行区域都评价为最低等级也是可以的。

另外，由于象限图无法对同一区域做出优先排序，必要时也可以使用一种记号来表示除横纵轴以外的“第3轴”，按照优先顺序对各要素做分类。用图解的方式很难分类4个轴以上的评价，因此会将几个评价要素总结到一个总体的评价轴上做分类评价。

图3-1-D　示例：象限图的制作及使用方法

下面的象限图由“矩形”“圆 / 椭圆”“箭头”“文本框”等形状组成。

根据“效果”和“难易度”两个方面课题解决方案 A~G 评价，各方案所需“费用”为第 3 轴，用符号大小来表示。“效果”轴则用从高到低来表示“提高质量”和“降低成本”的综合评价。为明确示意图表的说明方法，要添加图例予以辅助。

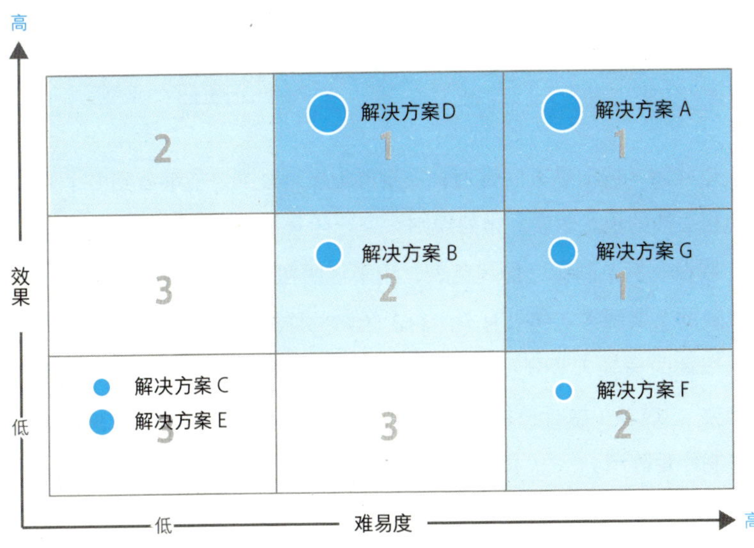

图例

效果　高：质量提高＋成本降低
效果　中：质量保持＋成本降低
效果　低：质量保持或成本降低

难易度　高：所用期限少于 1 个月
难易度　中：所用期限少于 2 个月
难易度　低：所用期限多于 2 个月

：必须开始
：优先开始
：有待讨论

多于 1 亿日元
多于 1000 万日元
少于 1000 万日元

速成法28

Skeleton Draft Fix

示意图表②
图解一览信息

矩阵图是按横纵方向排列，要素群为横行竖列，能够看到多个要素之间的相关性的示意图表。排列规则：横行要素不重复，纵列要素为同类。

假设我们要制作一份一览表，用来说明在X公司引进系统项目时会产生风险的主要因素。如果有关于每个风险的详细说明及其分类的信息，那么就以此为横轴（竖列项目）排列“引发风险的主要原因”“说明”“风险分类”，纵轴（横行项目）排列引发风险的主要原因。如【图3-1-E】所示，制作矩阵图。

第一行记入各竖列项目标题，使用粗体及大字号的文字有助于把握矩阵图的整体构成。需要进一步细化各竖列内容时，将竖列项目分为两列，能够更清晰地展示各要素的分解过程。

如下示矩阵图的“风险分类”，有多个选项可能被同时选择时，则采用得分表[1]的形式来标记。

PowerPoint中要使用形状工具制作矩阵图，而Word中则使用“插入”—“表格”命令。但是当所做矩阵图包含数十行、列时，要使用Excel制作。如果需要演讲，就用PowerPoint的形状工具制作要点总结的幻灯片。

因为在Excel中能够自动计算单元格内的值，因此在矩阵图中有需要计算数值的内容时，也不使用形状工具，而直接用Excel工作表来制作矩阵图。

1 在本节中，即用“Y”和“—”来表示某要素的有无。——译者注

图3-1-E 示例：矩阵图的制作及使用方法

下面的矩阵图仅使用“正方形”和“长方形”的形状组合制作而成。

分条列出5种引发风险的要因，包含“说明”及“风险分类”的内容。在风险分类中，使用得分表整理“质量”“费用”“期限”中受到风险影响的方面，当有很多方面受到影响时，得分表也能够清楚地做出标记。

使用得分表只标记要素有无时，推荐用“Y”“—”分别代表“有”“无”。不要使用“○”和“×”。这是因为在欧美国家一般习惯“○＝无”“×＝有”的表示方法，而在亚洲国家恰好相反，一般认为“○＝有”“×＝无”。

引发风险的原因	说明	风险分类		
		品质	费用	期限
系统开发时间短	交易方的多个业务流程变动，即使无法保证品质也不能延长开发时间	Y	–	Y
系统开始使用的日期不可延后	和交易方调整多个事项，因此很可能延迟关键事项的调整	Y	–	–
关键事项确认延迟	对象内的基础系统的变更难度大，规定时间短	Y	–	Y
对系统的过度期待	加入各种各样的关键事务，会使系统规模变得过于庞大	Y	Y	Y
训练时间不足	召集营业负责人和营业事务负责人的时间有限	–	–	Y

使用Excel中单元格数值自动计算功能时，如【图3-1-F】所示，需要基于数据维护的便利性决定参照数值的指定方法。

比如，在未来的五年里，X公司计划在第一年和第二年分别引进两个系统，输入每年度的费用就可得出该年度的投资额。如果有可能增加引进的系统，则使用“相对参照”来指定数值公式，修改表格就会变得更加方便。

并且，如果还未决定引进的系统的折旧年限，只修改一个数字就能同时修改两种系统的折旧额。为了达到这种效果可以分别列出折旧各年并“绝对引用”其他单元格，这样能够减少读者需要关注的单元格，管理数据时更加方便。

所谓相对参照，就是单元格内数值公式在参照其他单元格的数据时，直接指定行列，在复制粘贴时如果公式的位置有所改变，所参照的行列也会自动改变。

比如说，在【图3-1-F】所示的表格中，删去“D8”，右键单击复制（Ctrl+C）“D7”，将其内容再次粘贴到“D8”，会发现和删除“D8”之前是完全相同的公式。

所谓绝对参照，就是单元格内的数值公式在参照其他单元格的数据时，在行或列之前或者行和列前同时插入$（美元符号）来固定指定行列。在复制粘贴时随着公式的位置改变，所参照的行列不会因此自动改变。

比如说，删除“F7—G7”的单元格，右键单击复制（Ctrl+C）“E7”，分别粘贴到“F7”“G7”，显示的是和“E7”相同的公式。

考虑到会有更新数据的需要，要区别使用形状工具和Excel。

图3-1-F　示例：矩阵图的制作及使用方法（Excel篇）

在 X 公司投资计划表中，固定输入的值有“C2：折旧年限（年）”“C7—C8：引进费用”“E8：第一年”。“D7—D8: 合计”“E7—G7，F8—G8：从第一年到第三年”只输入引用公式。

输入公式

	A	B	C	D	E	F	G
1							
2		折旧年限（年）	5				
3							
4		X公司投资计划					（百万日元）
5		引入系统名称	引入费用	合计			
6					第一年	第二年	第三年
7		供应管理系统	80	=SUM（E7：G7）	=$C7/$C$2	=$C7/$C$2	=$C7/$C$2
8		生产计划管理系统	100	=SUM（E8：G8）	0	=$C8/$C$2	=$C8/$C$3
9		（营业事务支持系统）					
10							

公式以“=”开始书写。如果公式没有出错，画面上会显示已计算完成的数值。

画面显示

产品名称	进价（初期费用）	保养费用/年	定价	售价	数量	折扣	维护系数	进价+保养费用（5年期）
软件：（A公司）Application Server	¥1, 000	¥100	¥1, 200	¥1, 000	1	83. 3%	8. 3%	¥1, 500
硬件：刀片式服务器×21台 PC×2台	¥12, 000	¥1, 200	¥15, 000	¥12, 000	1	80. 0%	8. 0%	¥18, 000
软件：（B公司）Application Server	¥900	¥100	¥1, 300	¥900	1	69. 2%	7. 7%	¥1, 400
硬件：刀片式服务器×21台 PC×2台	¥15, 000	¥1, 450	¥19, 000	¥15, 000	1	78. 9%	7. 6%	¥22, 250

将使用 Excel 表格制作的矩阵图以“增强型图元文件”的形式粘贴到 PowerPoint 或 Word 中。

X 公司投资计划

折旧年限（年）	5

X公司投资计划　（百万日元）

引入系统名称	引入费用	合计	第一年	第二年	第三年
供应管理系统	80	48	16	16	16
生产计划管理系统	100	40	10	20	20
（营业事务支持系统）					

Copyright(c) XXX Company All Rights Reserved.

速成法29

Skeleton
Draft
Fix

示意图表③ 图解逻辑结构

细化为明确易懂的单位 ▶ ③层次结构图

纵横型 关系型 时间系列 示意

所谓层次结构图，就是从上到下逐步分支并细化各层级的要素，适用于将要素细致到为明确易懂的单位。常用逻辑树的形式来解决问题。

假设，我们要分析从X公司的营业支持系统中提取的营业报告相关问题，并找出需要改善的地方。

我们所掌握的基本事实只有“因为营业事务员频繁索要报告，系统负责人的业务负担很重”这一点，那么我们需要深入探讨造成这种负担重的原因。如【图3-1-G】所示，根据进一步挖掘第二级和第三级的事项并追加调查，我们最终了解到了三个原因。

就像这样，层层深入地挖掘，能够将无从下手的庞大问题分解为多个容易处理的具体问题。

层次结构图也被称为“金字塔结构”。这种方法与逻辑树有所不同。逻辑树是将一个要素从上到下分解，与此相对，金字塔结构则是综合累积多个要素，推导出一个结论。

此外，第一级为“待解决问题”，第二级为“问题的具体表现”，第三层为“原因”。像这样，统一各个层次的内容的具体程度，结合最低层次的每个要素更容易对问题有全面的认识。

图3-1-G　示例：层次结构图的制作及使用方法

如下所示的层次结构图，组合使用“矩形”和“肘形连接符”制作而成。

高层次和低层次的要素通过使用“肘形连接符”连接，即便调整各要素的位置也能够保持线条的连贯性。

一个要素在连接两个以上的要素时，如果不对齐各要素的位置，肘形连接符的折角处就会错乱，影响美观。为了避免这种情况，我们要设置各要素位置对齐。选中同一层次上的形状，“格式”菜单—选择“排列”功能区的“对齐”命令，可设置多种对齐方式。

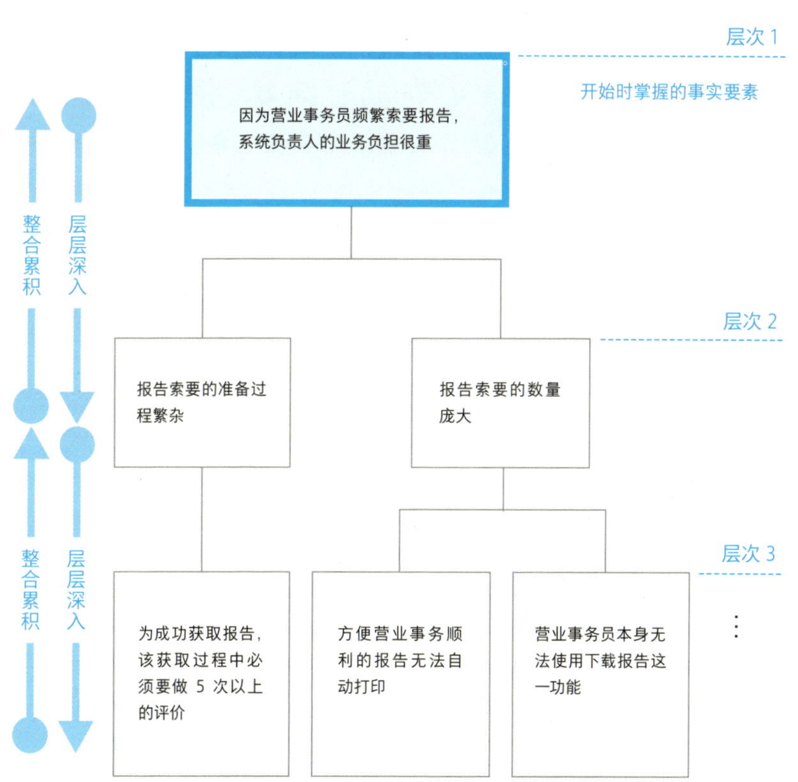

速成法30

Skeleton
Draft
Fix

示意图表④ 图解分组

所谓集合图，就是按照一定的标准将多个信息分类，再把具有相似特征的信息整合到一起的示意图表。使用于将多个要素分组来把握内容。提取分组中多个重合的要素，在讨论这些要素时，使用集合图整理有利于提高效率。

比如说，在②矩阵图的说明（120页）中用到的“引发风险的主要原因”的示意图表中，风险分类有“质量”“费用”“期限”三类，这三类都可能是引发风险的主要原因。

用集合图来表示风险分类的话，用圆来分别代表这三类风险，首先“费用”和“期限”的圆少量重合，接下来再使“质量”的圆和前两个圆重叠。这样一来，就可以看到单个独立的圆其他圆互之间重合的部分。如【图3-1-H】所示。

将矩阵图中的风险引发原因的编号整理到集合图中，就能够明显看出质量和期限引发风险的概率很高。

利用集合图能够直观地把握风险引发的因素。如果矩阵图的要素有数十行，比起按照矩阵图逐个解说，选择将集合图作为补充材料来说明的方式更能让对方尽快理解。

另外，如果分类有4种以上，集合图的构成会更为复杂，会造成读者的思路混乱，因此需要记住，分类在3种及以下时，才能够最大限度地发挥集合图的功能。

图3-1-H　示例：集合图的制作及使用方法

下面的集合图组合使用“圆”或“椭圆”制作而成。

为了清楚显示圆的交集部分，显示在上层的圆的格式设置为：“设置形状格式”—“填充”选项的“纯色填充”，选择深色，透明度为50%。

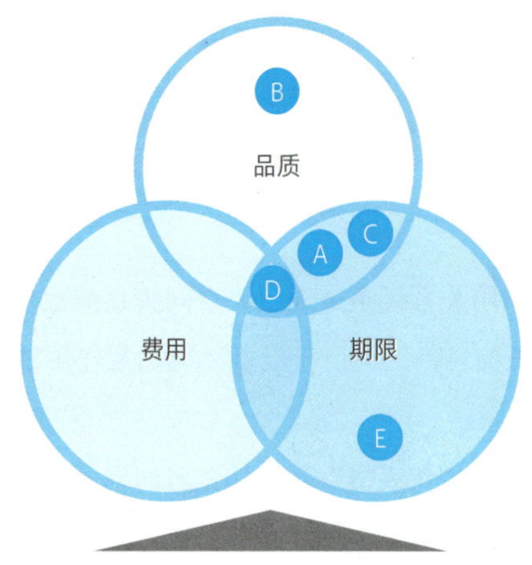

	引发风险的要因	说明	风险分类		
			品质	费用	期限
A	系统开发时间短	交易方的多个业务流程变动，即便无法保证品质也不能延长开发时间	Y	—	Y
B	系统开始使用日期不可延后	和交易方调整多个事项，因此很可能导致关键事项的调整延迟	Y	—	—
C	关键事项确认延迟	对象内的基础系统的变更难度大，规定时间短	Y	—	Y
D	对系统的过度期待	加入各种各样的必要功能，会使系统规模变得过于庞大	Y	Y	Y
E	训练时间不足	召集营业负责人和营业事务负责人的时间有限	—	—	Y

速成法31

Skeleton
Draft
Fix

示意图表⑤
图解要素关系

所谓关系图，即用关系线条来表示要素间关系的示意图表。在说明个人或组织发起的传递信息、系统运行及各功能相互作用的关系时，读者能够充分把握其中的关联。

比如说，“X公司的销售人员”在使用工具时遇到了问题，向管理部负责人寻求帮助。该问题或由服务台来处理，也可能会直接送到“管理组”，有时与营业系统相关的问题也会转达到“营业数据管理组”。

如果用文字说明，可能有些不好理解，如果用【图3-1-l】的关系图来表示，对该过程就会一目了然。

关系图中的关系线条并非用时间轴，只是中表示要素之间的关系。因此，只要明白要素间产生的新关系，就可以将这种关系添加到原图中，更新原有的关系图。

用连接符连接各要素时，就算有多个连接对象，也一定能够连接到要素的中心内容。

此外，因多条连接符的起点和终点的位置过于集中而造成关系图不好理解时，就在有需要的地方插入透明背景的矩形，将连接符指向该矩形并调整位置，从而保证关系图的清晰。

图3-1-I 示例：关系图的制作及使用方法

下面的关系图，组合使用“矩形”“直线”“文本框”“肘形箭头连接符”制作而成。各要素之间因为要使用肘形连接符连接，所以要不断调整要素的位置使其连接通畅。用连接符由一个要素连接两个及以上的要素时，如果边缘不对齐，肘形箭头连接符的折角突向就交错纷乱，严重影响图表美观。因此，就要对齐同一层次中的各要素，设置方法为：选中形状，“格式”菜单—“排列”功能区的“位置”命令—“其他布局选项”，在“位置”选项卡中选择对象合适的对齐方式。

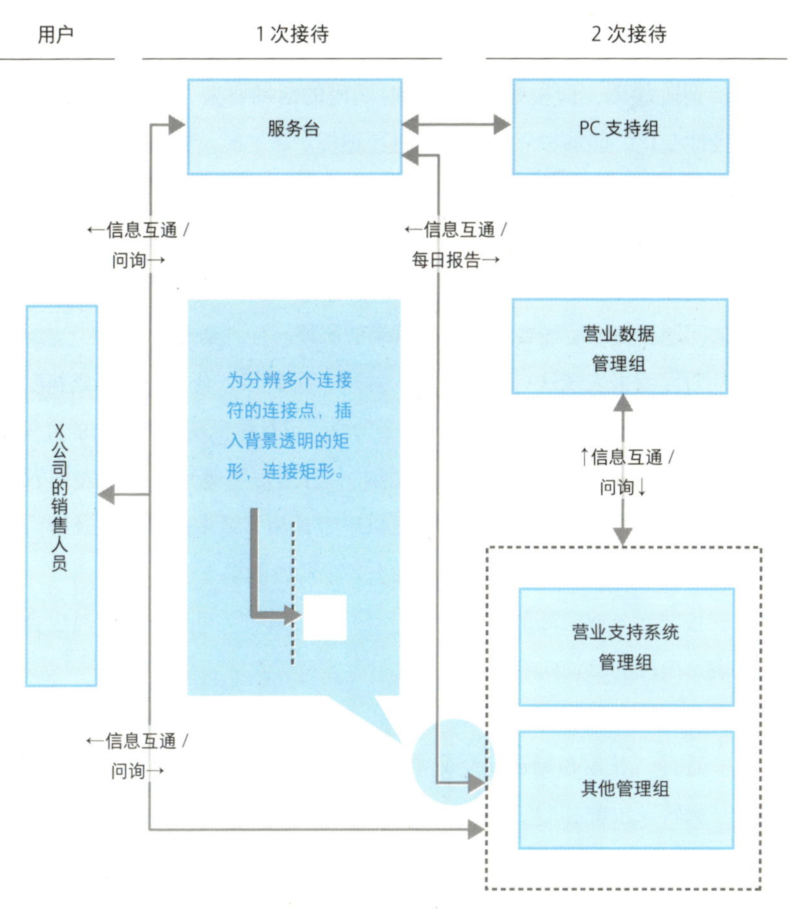

速成法32

Skeleton
Draft
Fix

示意图表⑥
图解阶段变化

所谓阶段图，即按顺序排列各时间段的活动要素，适用于表现要素的阶段性变化。能够按照时间轴，迅速把握对象的阶段性变化（增长、扩大、发展等）过程。

假设，关于开发X公司的营业支持系统时要增加一个开发工作。但是，在开发之前，要诊断业务的成熟度，在此基础上再增加开发工作解决特定的问题。完成后还要进行改善效果的测评。

用阶段图来表现这一过程，如【图3-1-J】所示，分为“业务成熟度诊断”“系统强化”“改善效果评定”三个阶段，可具体说明开发工作的过程。

使用形状工具的“箭头”“燕尾型”“五边形”等形状，从左向右顺序排列开发工作的各个阶段。如果可以确定开始、结束的时间点及所需时间，最好加以标注，能够把握时间轴上各个阶段的动态变化。

在说明增长或提高时，可插入形状并使其向右上角延伸。有时也会直接让表示阶段的形状向右上方倾斜。

想要让形状倾斜时，可采取如下设置：选中图片—右键单击出现快捷菜单—选择“其他布局选项”命令—“布局”对话框—“大小”选项卡中设置“旋转”角度。

图3-1-J 示例：阶段图的制作及使用方法

下面的阶段图，使用“五边形”“矩形”“文本框”“直线”“箭头”制作而成。通过按时间排列各要素能够做成阶段图。设置对齐方式使各要素规整排列，设置方法为：选中形状，“格式”菜单—“排列”功能区的“位置”命令—“其他布局选项”，在“位置”选项卡中选择对象合适的对齐方式。

全选横向排列的“要素”及其下方的“分割线”，单击“排列”功能区的对齐命令，选择“横向分布”的对齐方式，可在要素之间等间距放置分割线。

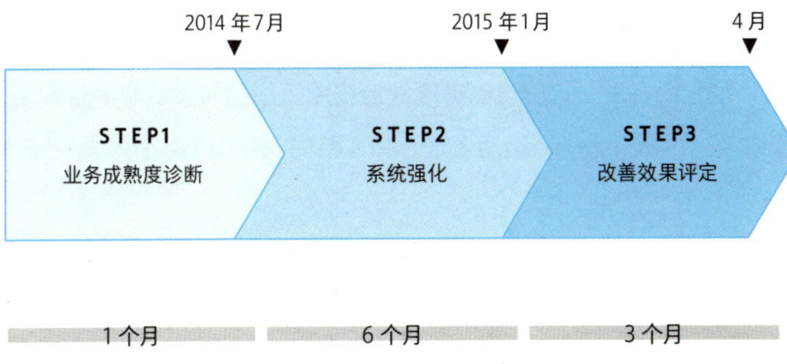

• 诊断 X 公司的营业及营业事务的高水平的完成度 • 设定目标完成度，提出填补差距的方案 • 识别可通过营业支持系统强化来解决的问题点	• 确定营业支持系统中的业务关键事项 • 根据业务关键事项设计、开发系统 • 确认营业、营业人员的系统试用情况	• 以周为单位确认 STEP1 中特定的现状和目标之间差距缩小的情况 • 对于不完善的地方，继续提出改善方案

速成法33

Skeleton Draft Fix

示意图表⑦
按照时间，图解顺序

所谓流程图，就是比阶段图更细致地按照顺序排列要素的示意图表。适用于整理要素的顺序。主要有用于表示顺序结构的流程图、甘特图[1]、日程进度等。

比如说，需要升级营业支持系统来解决X公司营业和业务上的问题，为说明当前推进的活动，就要粗略说明诊断业务成熟度的流程。

作业的流程能够分为多个环节，因此可以用阶段图来表示。将各个作业视为要素并用线条连接，来填充每一阶段的具体内容，就完成了流程图。

一张清晰的流程图包含这样的内容：各阶段工作的结束时间，重要事件（如报告会、提交商务文本等）的时间。这些都要标注在流程图的上方。

还有，重要的成果资料是由哪一步作业得出的，将资料名称对应到该作业名称，更容易基于各项作业成果来把握流程。如【图3-1-K】。

这里的流程图只是基本形态，根据特定场合也有专属的特殊流程图。就是顺序结构的流程图和甘特图。

顺序结构的流程图用于根据条件来判断。在本书中列举的也是简易图，详见【图3-1-L】。

甘特图用于根据计划日程安排，对照实际工作效果以及滞后延迟情况。详见【图3-1-M】。

1 也称为条状图（bar chart），基本为线条图，横轴表示时间，纵轴表示活动（项目），线条表示在整个期间上计划和实际的活动完成情况。——编者注

图3-1-K　示例：流程图的制作及使用方法（基本形态）

下面的流程图，使用“文本框”“直线”“五边形”“矩形”“肘形连接符”“折角形”等形状制作而成。

紧密排列各作业要素表示顺序，并具体描述各阶段内容。为了使各要素规整排列，就要设置对齐方式。设置方法为：选中形状，“格式”菜单—“排列”功能区的“位置”命令—“其他布局选项”，在“位置”选项卡中选择对象合适的对齐方式。

表示日期的文本框中的“▽”，使用特殊的输入法，直接输入“倒三角”，会联想出现该符号。使用“开始”菜单—“段落”功能区的“左对齐 / 右对齐”来简单调整日期节点的位置。

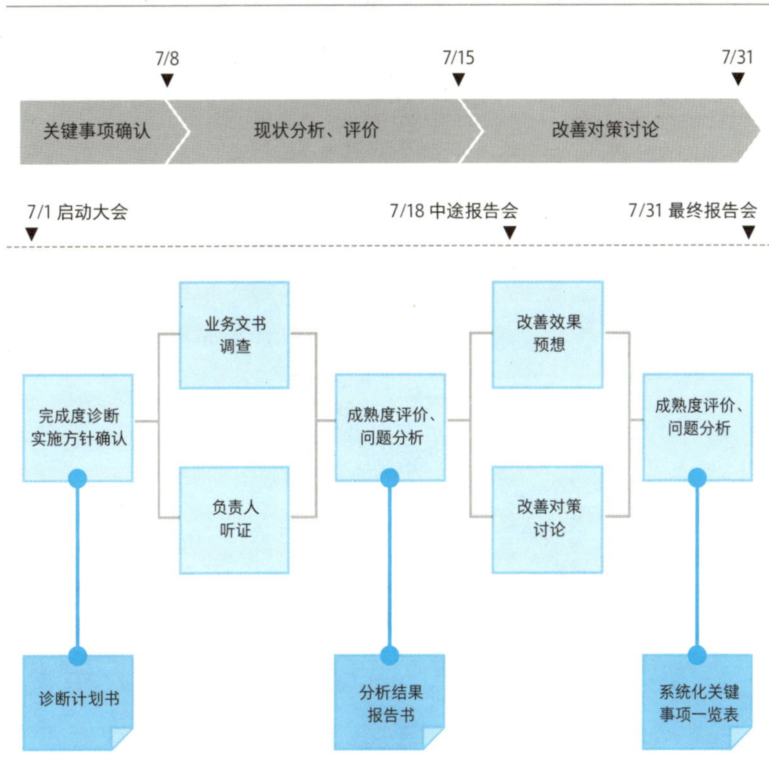

图3-1-L　示例：流程图的制作及使用方法（顺序结构流程图）

下面的流程图叫作顺序结构流程图。组合使用形状工具中流程图组的“终止”“过程”“决策”“文档”“磁盘”及线条组“肘形连接符”制作而成。

在从上到下的流程中，各执行要素的出和入的箭头与处理框最多只有一个接续面。比如说，一个四边形的处理框的上方或左侧不可以显示有输入箭头的形态。需要判断的内容可设置判断条件再执行下一步操作。

使各要素整齐排列的设置方法【图 3-1-K】所示。

顺序结构流程图中使用到的形状在图形工具中的流程图组中可以找到。在有关 IT 行业和制造行业的开发时可能会用到全部的形状，但一般情况下我们多用下图中的形状。

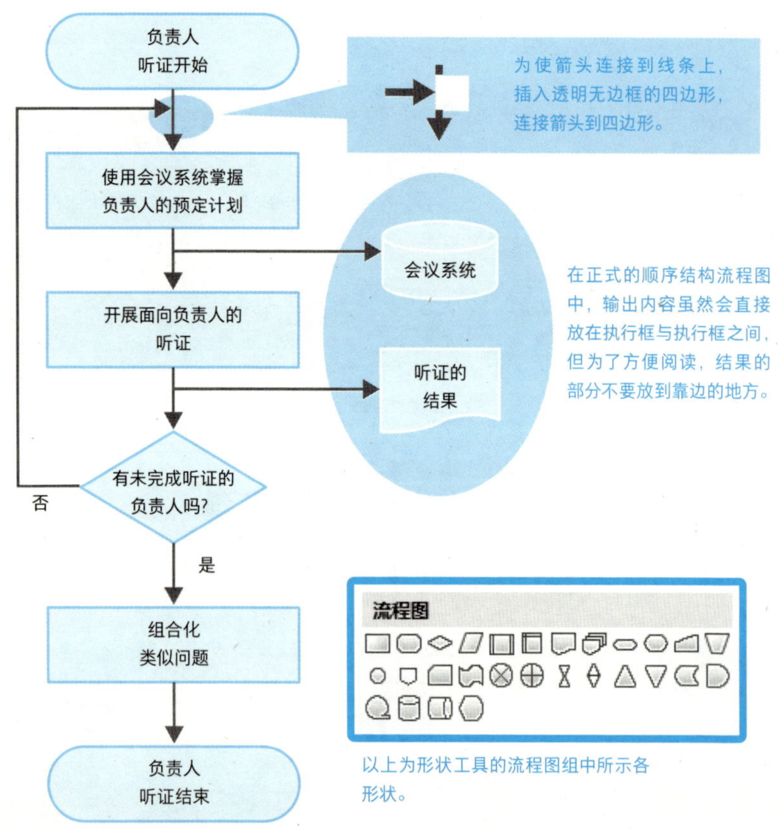

以上为形状工具的流程图组中所示各形状。

图3-1-M　示例：流程图的制作及使用方法（甘特图）

下面的流程图称为甘特图。组合使用“矩形”“文本框”“肘形箭头连接符”“任意多边形”“直线”制作而成。

从左上到右下的流程中，1 行只记入 1 个要素，这样能够以“行”为单位表示该要素的进展情况（按时或延迟）。

将各要素规整对齐的方法与【图 3-1-K】中相同。

用来表示进展标准的闪电型折线，选择形状工具中线条区域的“任意多边形”制作。线条开始的位置单击左键，然后在结束的位置再次单击左键，按 Esc 键就出现了一条直线。然后单击右键出现快捷菜单，选择“编辑顶点”，可将顶点调整到合适的位置。

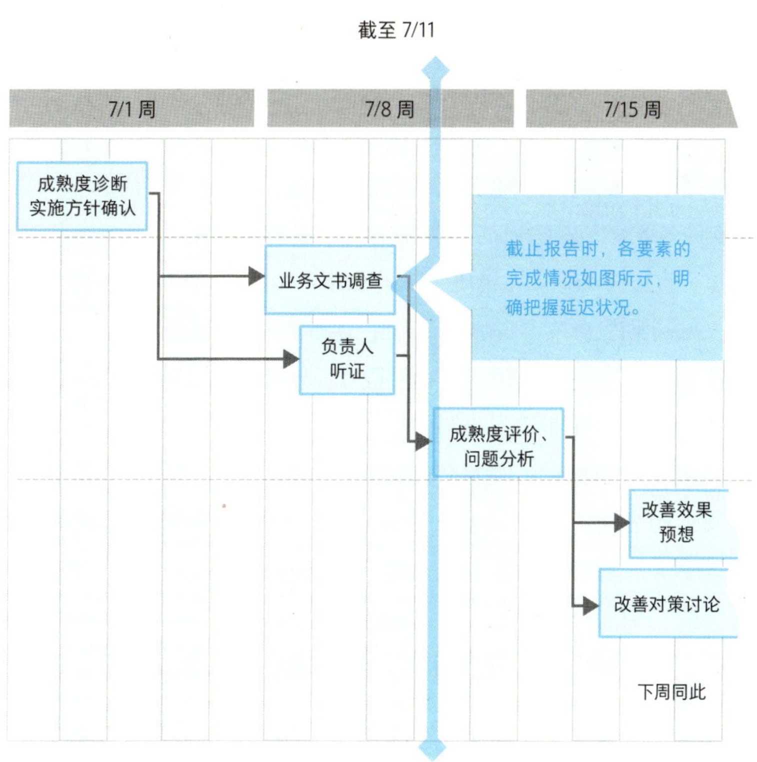

速成法34

Skeleton
Draft
Fix

示意图表⑧
图解反复流程

所谓循环图就是有多项活动并且逐一产生影响的示意图表。适用于整理不断重复的流程。在说明周期性的工作和长期开展的改善工作时经常使用。

假设，X公司要评定营业支持系统强化后的效果。效果评定并非一次就能完成，而是要定期测评从而掌握长期的系统使用效果。因此，需要制定按月测评营业、营业的业务效率的测评流程。确定要循环的流程，用线条连接的各要素按圆形布局，只要这样就制成了循环图。

也可直接插入SmartArt图形，操作如下："插入"菜单—"插图"功能区的"SmartArt"命令—"循环"部分，选择合适的循环图形。

使用SmartArt 图形无法灵活地再设计循环图，因此想要对图表做复杂的加工，就要选用形状工具来制作。

制作循环图时需要注意循环的流程中是否含有不参与循环的要素。

我们经常可以看到这样的事例：在"计划→执行→检查→行动（PDCA循环）"中，"计划"这一要素只在首次循环中出现，第二次的循环只是反复"执行→检查→行动"这一流程。

在这种情况下，要在循环图的外部添加暂时参与循环的要素。如【图3-1-N】所示。

此外，箭头顺时针指向表示正循环，逆时针指向表示负循环，这样会方便读者理解。

图3-1-N　示例：循环图的制作及使用方法

下面的循环图，组合使用“文本框”“箭头”“环形箭头”“圆 / 椭圆”制作而成。将参与循环的要素沿着圆形分布，用环形箭头顺序连接各要素，调整要素位置直至箭头的环形弧度合适为止。

也可使用如下步骤制作循环图：“插入”菜单 —“插图”功能区的“SmartArt”命令 —“循环”部分 —“文本循环”。

在中间部分命名循环流程的主题，暂时参与循环的要素添加在图表外部。

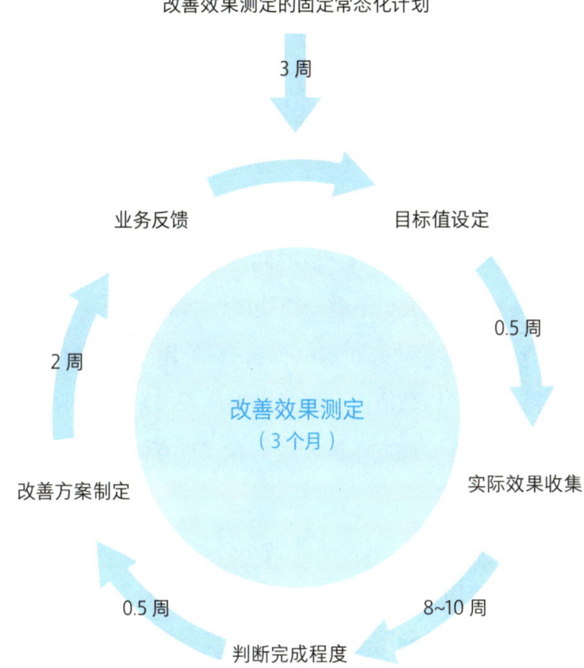

Skeleton
Draft
Fix

速成法35

使用 graph 图表图解统计信息

3 大类，9 小类

与善于整理概念信息的示意图表不同，graph图表擅长表现以数字为基础的统计信息。其中有3个大类，9个小类。

第一类是表现数值大小的“数量型”。利用长度和面积来表现对象数值的大小，通过比较大小，或排列顺序，或表示占比。该大类下有“柱形图”“饼图”“面积比率图”。

第二类是表现数值动态变化的“变化型”。相比数值的大小，更侧重突出数值产生的变化，通过展示一段时间内的数值变化可以把握变化的幅度或长期的发展趋势。该大类下有“折线图”“面积图”。

第三类是表现数值零散分布的“分布型”。用于表现在某种观点或某一范围内测量得到的平均数值点，通过掌握优点或缺点预估平均点的实际数值点，找到需要改善的地方。该大类下有“直方图”“散点图”“误差线图”[1]“雷达图”。

各图表的使用方法如【图3-1-O】所示，具体操作详见图中标记页码。

各个图表都是使用Excel的图表功能制作的，但是由于无法用Excel③面积比率图，所以要灵活运用图形工具。并且，为了提高可读性，没有特殊的需要尽量不要使用3D图表。

1 即带有误差线的“折线图”。——译者注

图3-1-O　9种基本的graph图表及其作用

根据使用目的不同，分为以下 9 个基本类型。

图解目的	适用类型	
表现数值大小	① 柱形图 (P.140)	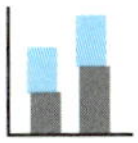 数量型
表现少量要素的占比情况	② 饼图 (P.143)	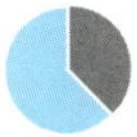 数量型
表现多个要素的比率	③ 面积比率图 (P.145)	 数量型
表现沿时间推进要素的变化	④ 线图 (P.148)	 变化型
表现沿时间推进总量的变化	⑤ 面积图 (P.150)	 变化型
表现量的零散分布	⑥ 直方图 (P.152)	 分布型
表现要素间的关系	⑦ 散点图 (P.154)	 分布型
表现平均值、最大值和最小值	⑧ 误差线图 (P.156)	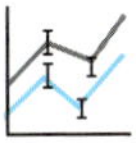 分布型
从多个角度表现与标准值的差异	⑨ 雷达图 (P.158)	 分布型

速成法36

Skeleton Draft Fix

graph 图表①
图解大小

柱形图就是沿轴排列的要素量的大小的柱形图表，易于把握数量规模的大小。

假设利用增强营业支持系统，X公司要分年度整理预期的成本削减效果。使用柱形图的话，能够明确看出削减的数量逐渐增长的趋势，如【图3-1-P】所示。

在柱形图中，也可以表示各要素的数值，但是这样一来会显示不必要的信息，因此在PowerPoint或Word资料中插入图表时，可以在报告中说明数据，避免由多余信息造成的理解干扰。

此外，想要展现图表中的变化时，可插入“系列线”。如果在一张图表中的要素数量过多，会降低商务文本可读性，因此将要素数量控制在5个以下为宜。

条形图实质上是柱形图横向沿轴排列的表现形式。在纵向沿轴排列时，如果项目名（此处为C2—G2）过长，会降低美观度，因此横向沿轴排列更为合适。如果有多个名称超过10个字的项目时，选用横向沿轴排列的条形图。

另外，在柱形图中也有多种特殊样式。其中被称为“瀑布图”的样式，在做要素的差异分析时最为有效。详见【图3-1-Q】（142页）。

图3-1-P　示例：柱形图的制作及使用方法

在 Excel 中使用“堆积柱形图”功能制作下图的柱形图后，同时也使用了形状工具中的“文本框”。

数据区域为源数据表中的 B2—G6，图例项（系列）标签为 B3—B6，水平（分类）轴标签为 C2—G2。

在第 7 行后要增加新的系列且将数据区域扩大到该行时，要添加新的柱形图的要素和图例。另外，在 H 列后增加新的分类且将数据区域扩大到该列时要再添加柱形。

柱形图中的“系列线”，可按如下步骤插入：“布局”菜单—“分析”功能区的—“折线”命令—选择“系列线”。

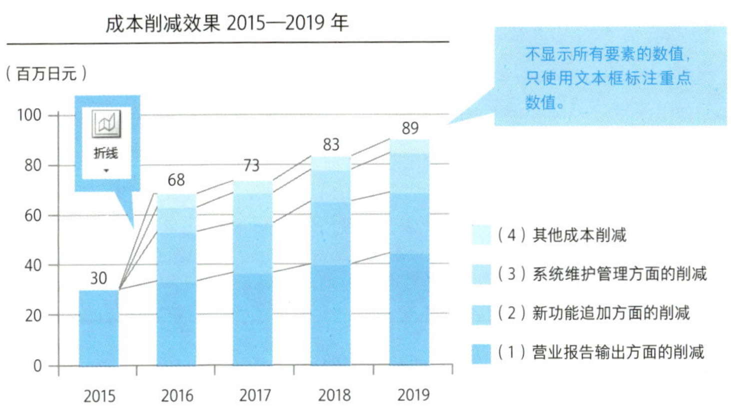

源数据表

	A	B	C	D	E	F	G
1							（百万日元）
2		成本削减效果	2015	2016	2017	2018	2019
3		（1）营业报告输出方面的削减	30	33	36	40	44
4		（2）新功能追加方面的削减	0	20	20	25	25
5		（3）系统维护管理方面的削减	0	10	12	13	15
6		（4）其他成本削减	0	5	5	5	5

图3-1-Q　示例：柱形图的制作及使用方法（瀑布图）

在 Excel 中用“堆积柱形图”功能制作下图的柱形图后，双击数据—弹出“设置数据点格式”窗口—将“系列选项”下的“系列重叠”设置为 0%，再使用形状工具中的“文本框”。这种柱形图被称为“瀑布图”（waterfall graph）。

需要重点突出的地方可以在“格式”菜单中设置这部分的背景和文字的颜色。

但是在这样的图表中无法呈现下降趋势的要素。虽然可以为各个要素单独制作柱形图再进行排列，但如果要制作专门瀑布图，因此推荐使用形状工具中的“矩形”。

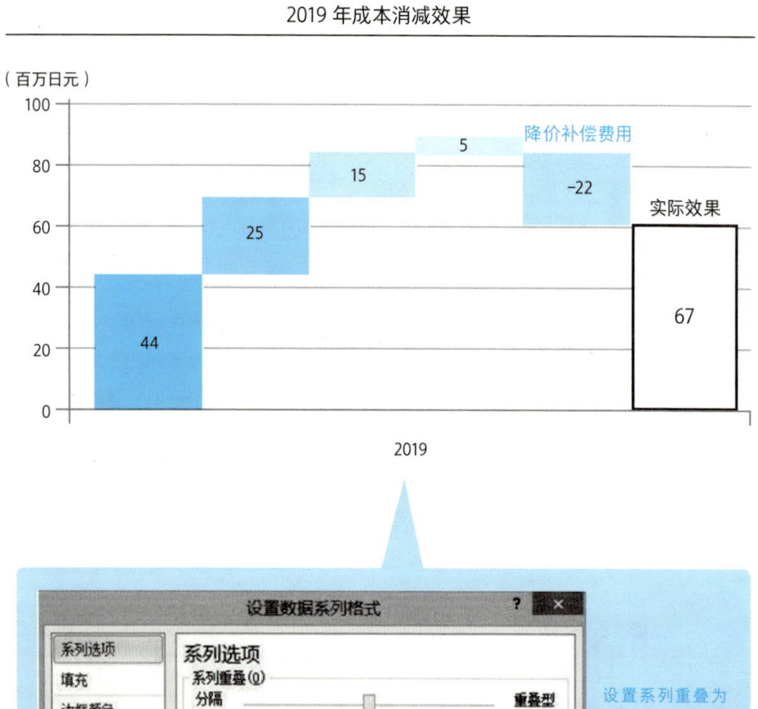

速成法37

Skeleton
Draft
Fix

graph 图表②

按顺序图解占比大小

饼图就是在一个圆内用扇形表现各要素占比的图表，适用于表示少量要素在同一个时间点的比例分配。可以找出分析对象中所占比例较大的几个要素，然后比较这几个要素。

假设在面向X公司提供营业支持带来的成本削减效果中，我们想要重点检验其中效果最明显的3个部分。

根据效果明显的程度来排列，将这些数据做成饼图，图中会包括效果最为明显的3个部分，能够直观地把握各要素的规模和占比大小。如【图3-1-R】。

要使饼图的要素占比按照由大到小的顺序排列，就要在源数据表中使用“排列与筛选”做降序排列，这样在生成饼图的时候，图表中的扇形就可以按照面积从大到小的顺序排列。

用于同样目的的还有一种图表叫作“圆环图”。就是在饼图中间留有空白，图表整体呈环状，在表示图表的总体构成时使用。可自由调整中央空白部分的大小，图中文字的数量也应随之增减。

其他饼图的变化样式也有很多，但是很少有用武之地。

图3-1-R　示例：饼图的制作及使用方法

下面的饼图是使用Excel选择“二维饼图”中的“饼图”制作而成。选择“圆环图”的图表类型，中央部分会出现空白的圆圈。

因为数据区域是单一列表，指定源数据表中的G3—G8。选中B2—G8区域，选择“开始”菜单—“编辑”功能区的“排列和筛选”功能，将数值按大小顺序排列。单击G列项目的筛选按钮，选择“降序”。表格的各行项目名称顺序会随之改变，反映在饼图的扇形排列上。

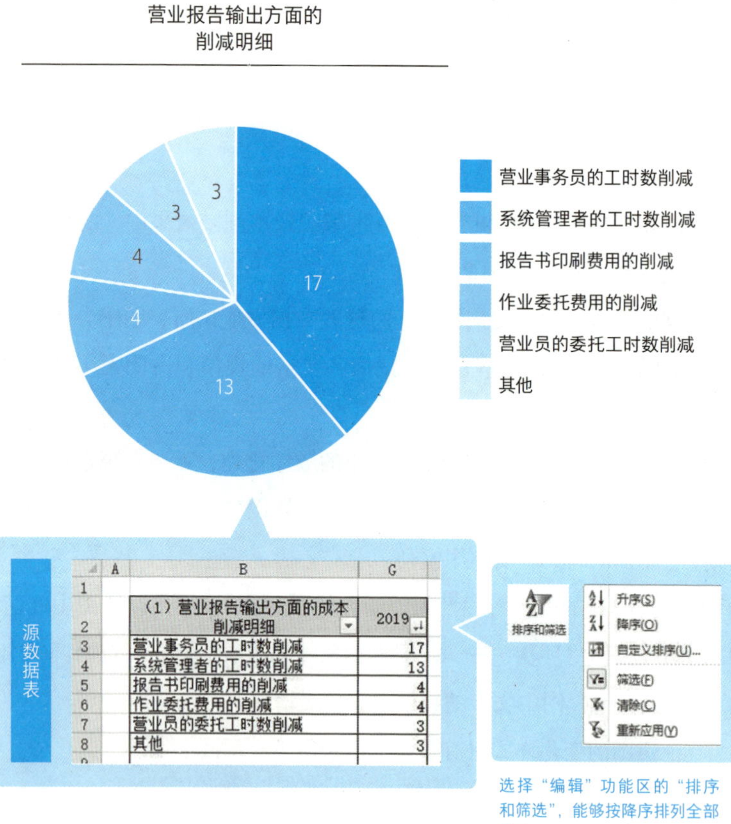

	A	B	G
1			
2		（1）营业报告输出方面的成本削减明细	2019
3		营业事务员的工时数削减	17
4		系统管理者的工时数削减	13
5		报告书印刷费用的削减	4
6		作业委托费用的削减	4
7		营业员的委托工时数削减	3
8		其他	3

选择“编辑”功能区的“排序和筛选”，能够按降序排列全部项目。

速成法38

Skeleton Draft Fix

graph 图表③
图解全部要素的占比

表现多个要素的占比情况 ▶ ③面积比率图　数量型 / 变化型 / 分布型　分布型

面积比率图就是按照所占比率将各要素排列在大小不同的四边形中的图表，适用于要素数量较多的情况。与饼图作用相同，可以找出分析对象中占比例较大的几个要素，然后比较这几个要素所占的比例。

假设，我们想要知道营业事务支持系统在X公司全部的IT成本中的所占的比例，该支持系统中也包含成本削减对象。

首先必需的是制作一张源数据表。该表需要将与分析的观点直接相关的要素分成几大类，每个大分类下再对各要素的成本做出细致的分类。在这个案例中，把“系统”作为大分类，每个大分类下需包含“劳务费用”“产品费用”“设备费用”等要素。此时能够计算出各要素在全部成本中所占的比例及面积图中对应的长和宽，如【图3-1-S】所示。

图3-1-S　生成面积比率图的源数据表

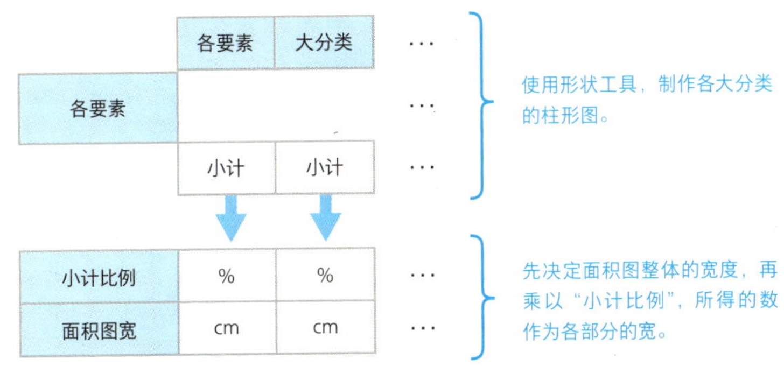

接下来使用形状工具来制作各个系统的柱形图。将代表各要素的矩形的长设置为0.1cm的倍数，能够避免麻烦的计算。

完成后的柱形图根据各个系统的高（即矩形的长）会有所差异，因此要统一这些柱形图的高，需要如下操作。

- **全选图表中的要素，单击右键选择“组合”。**
- **对所有柱形图做相同的操作。**
- **统一图表的高度与预想中面积图的高度。**
- **根据源数据表中的“柱形图宽度”调整各柱形图。**
- **缩小调整后的柱形图间的距离，使之成为一个矩形。**

按照此步骤可制作完成面积图，如【图3-1-T】。

在面积图需要注意的是，即便是同一数值，所呈现的形状也并不完全相同。比如说，营业支持系统、A系统、B系统的产品费用都为300万日元，但是在这个面积图中，很容易使读者产生：“真的都是300万吗？”这样的疑问。

为避免受到这样的质疑，在制作面积图时，切记要标明各要素的数值。

对于想要重点强调的要素，可以通过设置背景色、字体及线型等格式来突出讨论的重点。

图3-1-T 示例：面积图的制作及使用方法

下面的面积图是在 Excel 的源数据表的基础上，使用形状工具中的“文本框”“直线”“矩形”制作而成。

将代表各个要素的矩形长度设置为 0.1cm 的倍数，将这些矩形组合为整体，每一个柱形都做相同设置。

将所有组合完成的柱形图调整为统一高度，参考源数据表调整各图表宽度，最后缩小图表间隔并紧密排列，完成面积图。

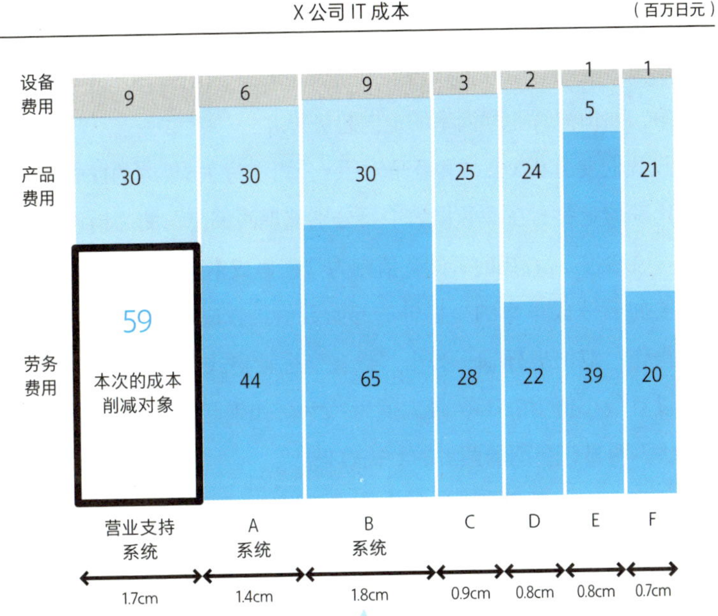

源数据表

	营业支持系统	A系统	B系统	C系统	D系统	E系统	F系统	
劳务费用	59	44	65	28	22	39	20	
产品费用	30	30	30	25	24	5	21	
设备费用	9	6	9	3	2	1	1	
合计	98	80	104	48	48	45	42	
分类别小计%	21%	17%	22%	12%	10%	10%	9%	100%
柱形图宽cm	1.7	1.4	1.8	0.9	0.8	0.8	0.7	8

速成法39

Skeleton graph 图表④

Draft

Fix

图解随时间产生的变化

折线图就是用直线连接每一个时间段的数据而形成的有起伏特征的图表，适用于表现随着时间的推进要素所发生的变化，从中**分析对象要素的变化倾向**，如预测营业利润率的走向趋势等。

假设我们要分析X公司和竞争对手Y公司在过去5年内的IT成本与营业收入的比率的走势。在源数据表中要分别整理两家公司的“销售收入”和“IT成本”数据，后者比前者的数值则为“销售成本率[1]”。

想要将营业成本率的坐标轴的起始数值设置成从0.5%到1.2%。可进行如下操作：双击坐标轴—弹出“设置坐标轴格式”窗口—在“坐标轴”选项下设置最小值为0.5%，最大值为1.2%。如果起始数值设置为0%，折线的起伏不明显，会削弱两者的对比效果。

为了避免对方对要素的数值大小产生误解，在刻度被省略的情况下，要在坐标轴上标记省略记号。可使用形状工具操作，但最好是在填充颜色与图表背景颜色调相同的文本框中输入“=（等于号）”。

为辅助折线图的理解，有时也会借助柱形图来表现各折点的量。如【图3-1-U】，如果只有营业成本率的折线，就只能得出X公司业绩恶化的趋势。如果加上各年度的营业收入，就能够说明“虽然销售成本率一路走高，但同时也伴随着营业收入的增加”这一情况。

为了图表的整洁，**要调整刻度的主、次坐标轴的最小值和最大值，将折线图放在柱形图的上方。**

1 此处的“销售成本率”中的成本特指 IT 成本。

图3-1-U 示例：折线图的制作及使用方法

下面的折线图，在使用 Excel 中的“折线图”和“簇状柱形图”的基础上，再添加了形状工具中的“文本框”。

作为数据的范围，用折线表现源数据表中的销售成本率（D5—H5，D8—H8），用柱形图表现销售收入（D3—H3，D6—H6）。可以通过“图表类型更改”选项改变图表的类型。对柱形图中 X 公司的数据点进行如下设置：双击选定柱形—弹出“设置数据点格式”窗口—将“系列选项”下的“系列重叠”设置为 50%—选择系列绘制在“次坐标轴”。

为了使折线出现在柱形图的上方，要将折线图所在的主坐标轴的起始数值设置为 0.5%，使用文本框制作省略记号（=）和 0%。

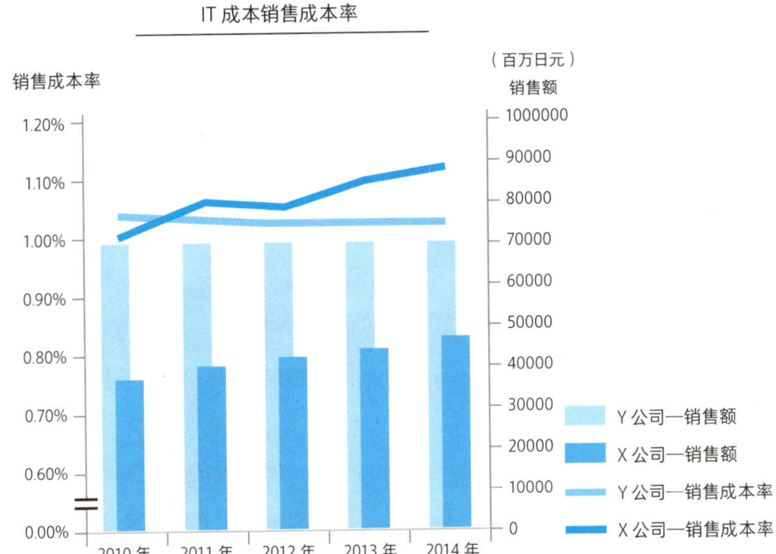

源数据表

	A	B	C	D	E	F	G	H
1								
2				2010年	2011年	2012年	2013年	2014年
3		X公司	X公司-销售额	36300	38500	41100	43300	46300
4			X公司-IT成本	362	406	431	473	515
5			X公司-销售成本率	1.00%	1.05%	1.05%	1.09%	1.11%
6		Y公司	Y公司-销售额	69000	69500	70100	70150	70090
7			Y公司-IT成本	712	713	715	715	716
8			Y公司-销售成本率	1.03%	1.03%	1.02%	1.02%	1.02%
9								

速成法40

Skeleton
Draft
Fix

graph 图表⑤

图解量的变化

表现沿时间推进总量的变化

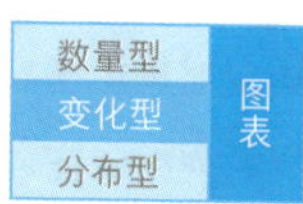

面积图就是用直线连接每个时间段的数据而形成的有起伏特征的图表，适用于表现随着时间的推进总量发生变化的数据。在设置上限的前提下，分析变化倾向，如测定系统资源的利用率等。

假设，在X公司的营业支持系统中，要使用外接硬盘来保存面向顾客的台账数据，我们要预测该硬盘的容量。此时就要使用面积图，如【图3-1-V】所示，可知，硬盘按当前的使用情况继续使用的话，8月至9月之间就会达到容量上限，到时硬盘将无法使用。

用水平线表示上限值，水平线与面积图产生的交点处就是达到上限值的时间点。通过明示这一信息，既可以提前讨论必须做出应对措施的期限；关于面积图中各要素，也能得出“台账数据”和“顾客数据”会增加的这一结论。

在这幅图表中，为了强调增加量的趋势，使用量的刻度标记中有省略的部分。但是，想要突出“台账数据”在使用量中占比大，不省略刻度标记会更好。

使用面积图能够说明趋势和量这两方面变化，推荐大家在突出量的大小并想要分析讨论时标注刻度。

在面积图系列中，有“百分百堆积面积图”的类型。看起来像③面积比率图，不过横轴中的距离是等距的。在总量是100%的情况下确认使用率的趋势变化时，面积图能够满足这一需求。

图3-1-V　示例：面积图的制作及使用方法

下面的面积图，在 Excel 中使用“堆积面积图”生成图表的基础上，使用形状工具中的“文本框”“直线”“矩形”制作而成。

数据范围为源数据表中的 C3—N6，图例项（系列）标签为 B3—B6，水平（分类）轴标签为 C2—N2。

上限水平用直线表示，与面积图的交点向下延长作垂直于横轴的直线，与横轴相交。将刻度起始数值设置为 400，使用文本框制作省略记号和 0，用与背景色调相同的四边形制作省略条。

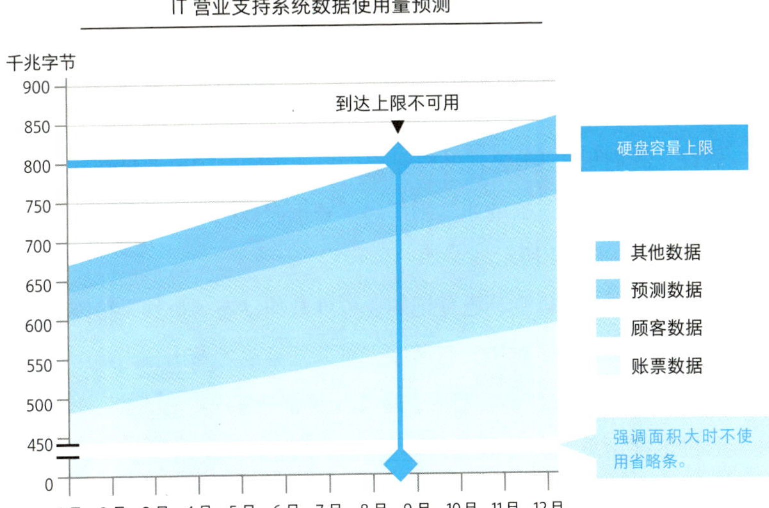

源数据表

	A	B	C	D	E	F	G	H	I	J	K	L	M	N	O
1													（千兆字节）		
2		营业支持系统数据		1月	2月	3月	4月	5月	6月	7月	8月	9月	10月	11月	12月
3		账票数据		480	490	500	510	520	530	540	550	560	570	580	590
4		顾客数据		120	122	124	128	134	136	141	145	149	153	157	161
5		预测数据		31	31	32	33	34	34	35	36	37	38	39	40
6		其他数据		40	42	44	46	48	50	52	54	56	58	60	62

速成法41

Skeleton
Draft
Fix

graph 图表⑥ 直方图

直方图就是用柱形图表示不同层级的要素数量分布的图表，适用于表现数量的零散分布。使用直方图易于把握要素数量的分布，如用户数量的零散分布等。

假设，我们想知道X公司的营业支持系统中的一个营业员在一周内登记的业绩。我们基于过去的业绩制作出了登记次数的分布表，并生成了直方图，如【图3-1-W】所示。

使用直方图就可以立刻已登记的业务件数的动态。虽然是很简单的直方图，但是因为突出了集中分布区域，可以很容易地看出作为标准的一组数据。

通过单纯用总业务件数÷营业员人数掌握系统使用趋势的话，会误认为“3~4件”是集中分布区域，但使用直方图的话，我们会得出“0~2件”“4~6件”两部分是集中分布区域。

直方图也可以通过分析工具来制作。首先需要安装工具库，可以支持其他的统计处理，也可用于稍微复杂的数据分析（参照下图）。

分析工具库的安装操作如下：单击“文件”菜单下的“选项”—弹出“Excel选项”窗口—单击“加载项”—选择“分析工具库”（单击下方的“转到”按钮）。

图3-1-W 示例：直方图的制作及使用方法

下面的直方图，在使用 Excel “堆积柱形图”生成图表的基础上，使用形状工具“文本框”“直线”“矩形”制作而成。

数据区域为源数据表中的 C3—C12，图例项（系列）标签为 C2，水平（分类）轴标签为 B3—B12。

在柱形图中做如下操作：双击选定柱形—弹出“设置数据点格式”窗口—将“系列选项”下的“分类间距”设置为 0%。柱形和柱形就会连在一起，直方图便制作完成。

各登记业务件数对应的营业员数量

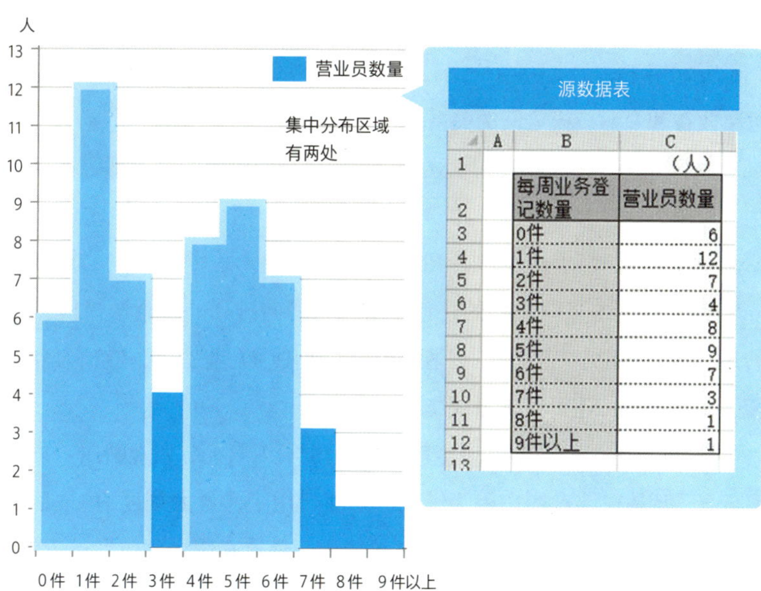

	A	B	C
1			（人）
2		每周业务登记数量	营业员数量
3		0件	6
4		1件	12
5		2件	7
6		3件	4
7		4件	8
8		5件	9
9		6件	7
10		7件	3
11		8件	1
12		9件以上	1
13			

单击“文件”菜单下的“选项”—弹出“Excel 选项”窗口—单击“加载项”—选择“分析工具库”（单击下方的“转到”按钮）。

Excel 选项

常规
公式
校对
保存
语言
高级
自定义功能区
快速访问工具栏
加载项

查看和管理 Microsoft Office 加载项。

加载项

名称	位置	类型
活动应用程序加载项		
分析工具库	E:\...\Office14\Library\Analysis\ANALYS32.XLL	Excel 加载项
非活动应用程序加载项		
Microsoft Actions Pane 3		XML 扩展包
标签打印向导	E:\...fice14\Library\Label Print\labelprint.xlam	Excel 加载项
分析工具库 - VBA	E:\...fice14\Library\Analysis\ATPVBAEN.XLAM	Excel 加载项

速成法42

Skeleton
Draft
Fix

graph 图表⑦

图解零散量的关系

散点图就是用点将数据表示在表上的图表，适用于表现各要素之间的关系，常用于从要素的零散分布中发现基于特定标准的趋势，比如说研究订单收益和金额规模之间的关系。

假设我们要把去年IT系统开发订单中成交和取消的订单都记录在图表中，该图表由“金额规模”和“营业活动费用”两个坐标轴构成。

用散点图表示的话，如【图3-1-X】。

源数据表中竖向排列的是订单名称，横向排列的是金额规模、营业费用、成交和取消等项目。在散点图中，纵轴为营业费用，横轴为金额规模，用不同的标记形状表示成交和取消。

源数据表中，有订单9（金额规模：134百万日元，营业费用：15百万日元），但是在散点图中因为纵轴（营业费用）的最大刻度为9（百万日元），因此订单9不予在图中标记。这是由于该点在图中的位置过于偏离，标注的话会使散点图难以反映趋势走向。

对于散点图中的数据来说，有时也会出现不能作为统计参考的异常数值。需要把数字作为说服对方的依据时，比起严谨地从数值上做判断，可以合理地排除一些脱离标准的数值，简洁明了地展示结论。

图3-1-X 示例：散点图的制作及使用方法

下面的散点图，在 Excel 上制作“仅带数据标记的散点图”图表的基础上，使用形状工具的“文本框”“直线”“直角三角形”“矩形”制作而成。

作为数据区域，成交标记为源数据表中的 C3—D19，图例项（系列）标签为 E2，水平（分类）轴标签为 C3—C19。取消标记为源数据表中的 C20—D33，图例项（系列）标签为 F2，水平（分类）轴标签为 C20—C33。

为明显反映趋势，需要用半透明的三角形覆盖取消订单的可能性较大的区域。

去年的工厂系统开发订单

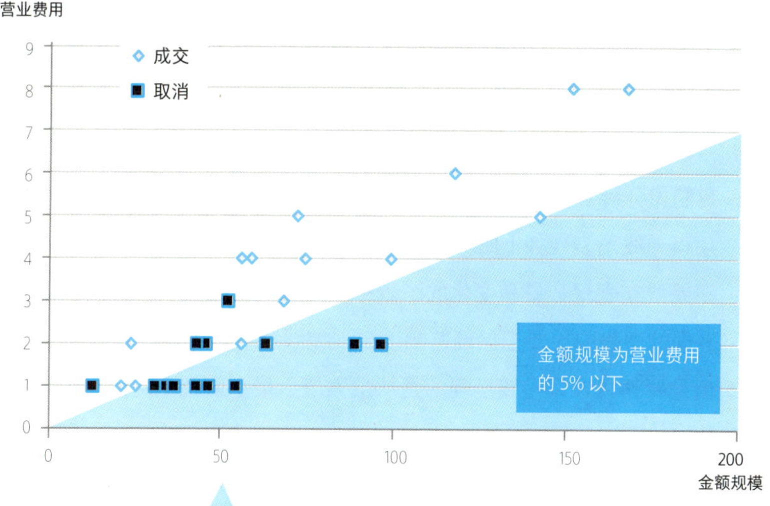

元数据表

	A	B	C	D	E	F
1					（百万日元）	
2		订单名称	金额规模	营业费用	结果	
3					成交	取消
4		订单2	56	4	Y	
5		订单3	23	2	Y	
6		订单5	142	5	Y	
7		订单7	62	2	Y	
8		订单9	134	15	Y	
9		订单13	25	1	Y	
32		订单25	103	16		Y
33		订单26	43	1		Y

源数据表中，按照颜色的区分顺序（此表中为成交 / 取消）分类后，将其作为散点图上的系统来设置，可以分颜色标记图表。

速成法43

Skeleton
Draft
Fix

graph 图表⑧

图解最值间的数值范围

误差线图就是在表现数量、变化、分布的图表中添加误差线的图表，适用于表现平均值、最大值和最小值，常用于把握在统计结果中最好和最坏的情况。

假设在观察有关IT系统开发中的成交订单的金额规模和营业费用的趋势，我们想分析营业费用在平均、最高和最低水平时的情况。

用误差线图表现如【图3-1-Y】所示。

误差线在表现数量和变化的图表中均可使用。想要在将平均值作为要素来表现的图表中想要把握偏差幅度，误差线就可以派上用场了。

但是要注意，误差线呈现的是从最大值、最小值及平均值中类推出的偏差倾向。

在这个例子中，金额规模为0~50的范围内，平均值最接近最小值，我们可以看出有超过半数订单的营业费用率在4.0%~5.8%。另一方面，在金额规模为101~105的范围内，数据的分布非常分散，因此该范围内的平均值并不能作为参考。

此外，如果有必要准确地把握统计数据的分布，可以使用“股价图”（由于这种图表在商务文本中使用的频率较低，在本书中不予详细讲解）。

图3-1-Y　示例：误差线折线图的制作及使用方法

下面的误差线图是在 Excel 上使用“堆积柱形图”和“折线”制作而成。

数据区域为源数据表中的 C4—C7，负错误值为 F4—F7，正错误值为 G2—G7，图例项（系列）标签为 C2，水平（分类）轴标签为 B4—B7。

误差范围的设置如下：选中图表—单击“布局”菜单—选中“分析”功能区的“误差线”命令—单击下拉菜单中的“其他误差线选项”—选择“误差量”区域中的“自定义”—单击“指定值”，可设置负错误值和正错误值。

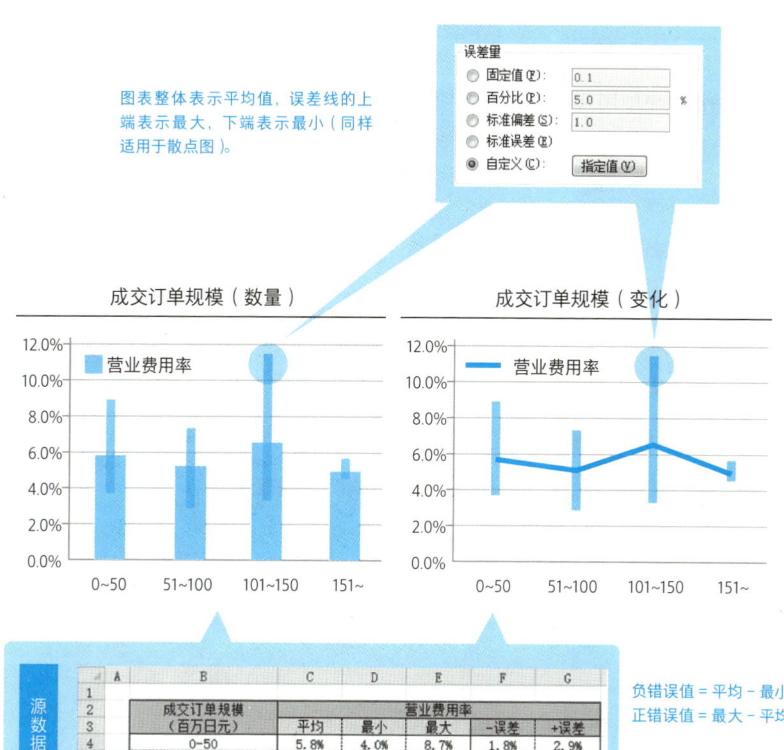

	A	B	C	D	E	F	G
1							
2		成交订单规模（百万日元）	营业费用率				
3			平均	最小	最大	-误差	+误差
4		0-50	5.8%	4.0%	8.7%	1.8%	2.9%
5		51-100	5.2%	3.2%	7.1%	2.0%	1.9%
6		101-150	6.6%	3.5%	11.2%	3.1%	4.6%
7		151-	5.0%	4.8%	5.3%	0.2%	0.3%

速成法44

Skeleton
Draft
Fix

graph 图表⑨

利用图解多角度评价

雷达图就是用线连接多个评价轴中达到标准的点构成的图表，从多个角度表现与标准值之间的差异，常用于分析从得分表得到的指标数值的测定结果。

假设我们要调查关于X公司销售活动的顾客满意度。已经从调查中获得了多个观点，评价分数为从差到好（1—5分）5个档次，统计回收的回答就是各个方面的评分。

评分结果用雷达图表示，效果如【图3-1-Z】所示。

给多个问题的统计结果汇总打分时，并不是从总结完毕的调查结果中直接生成雷达图，而是要制作雷达图所参照的源数据表。

统计调查结果的数据是为了要算出源数据表中的评价项目和数值。要计算同一个评价项目中数值的总和，使用“SUMIF函数”；统计该数值的个数，则使用“COUNTIF函数”。

图中 G3 单元格：

```
=COUNTIF($D$3:$D$32,$F3)
```

图中 H3 单元格：

```
=SUMIF($D$3:$D$32,$F3,$C$3:$C$32)
```

公式中的“$”（绝对参照）单元格的值是固定的，除此以外（相对参照）的单元格随着被复制粘贴到的位置不同数值也会发生变化，利用这些公式复制粘贴到其他单元格内，就能够正确得出所需数据。

图3-1-Z 示例：雷达图的制作及使用方法

下面的雷达图，使用 Excel 的“雷达图”图表制作而成。

数据区域为源数据表中的 I3—I9，图例项（系列）标签为 I2，水平（分类）轴标签为 F4—F9。

这些数据使用“个数统计”（G3—G9，使用 COUNTIF 函数）和“总计值”（H3—H9，使用 SUMIF 函数）计算得出。上述两个值以 C3—D12 调查结果中的“分数”和“评价项目”为根据做成。

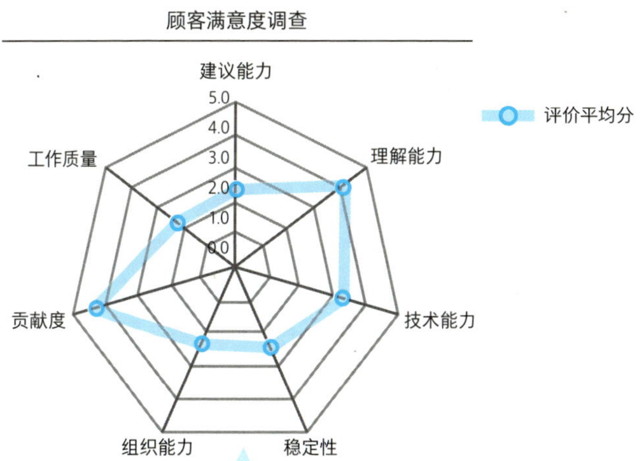

顾客满意度调查

源数据表

	A	B	C	D	E	F	G	H	I
1									
2		提问	得分	评价项目		评价项目	个数	合计值	评价平均分
3		Q1	3	理解能力		建议能力	7	16	2.3
4		Q2	2	建议能力		理解能力	5	20	4
5		Q3	3	技术能力		技术能力	6	20	3.3
6		Q4	2	建议能力		稳定性	2	5	2.5
7		Q5	4	贡献度		组织能力	3	7	2.3
8		Q6	3	稳定性		贡献度	3	13	4.3
9		Q7	2	建议能力		工作质量	4	9	2.3
31		Q29	3	组织能力					
32		Q30	4	理解能力					

个数使用 COUNTIF 函数计算 D 列中各评价项目的个数。

合计值使用 SUMIF 函数计算 D 列的某项目所对应 C 列的数值的总和。

评价平均分 = 个数 / 合计值。

Ⅲ-1 总结

闭门造车导致失败

预算书（作业费用）

这一次引进系统要实际安装批量处理和在线处理，开发工时长要由难度和功能数量决定。只开发必要功能需要 3800 万日元，开发全部功能需要 5900 万日元。

开发工时数（难度 × 规模）

※A：3人月、B：2人月、C：1人月

大量自动处理（批量）	（必要）控制取得处理	C × 5 = 5人月
	（必要）营业额数据取得处理	C × 1 = 1人月
	（必要）台账数据生成处理	B × 3 = 6人月
用户处理（在线）	（必要）台账检索页面	A × 2 = 6人月
	（不必要）权限设置页面	B × 5 = 10 人月

※必要功能不能分离开发

开发上述全部功能：

5900 万日元　※1 人月单价为 100 万日元

设计工时数：开发工时数的 40%　：11 人 / 月

开发工时数：见上表　：28 人 / 月

测试工时数：开发工时数的 70%　：20 人 / 月

只开发必要功能：

3800 万日元　※1 人月单价为 100 万日元

设计工时数：开发工时数的 40%　：7 人 / 月

开发工时数：见上表　：18 人 / 月

测试工时数：开发工时数的 70%　：13 人 / 月

只用文字资料来传达信息，难以说清内容。

速成良法获得成功

预算书（作业费用）

这一次引入系统要实际安装批量处理和在线处理，开发工时数由难度和功能数量决定。只开发必要功能需要 1300 万日元，全部开发需要 5900 万日元 *2。

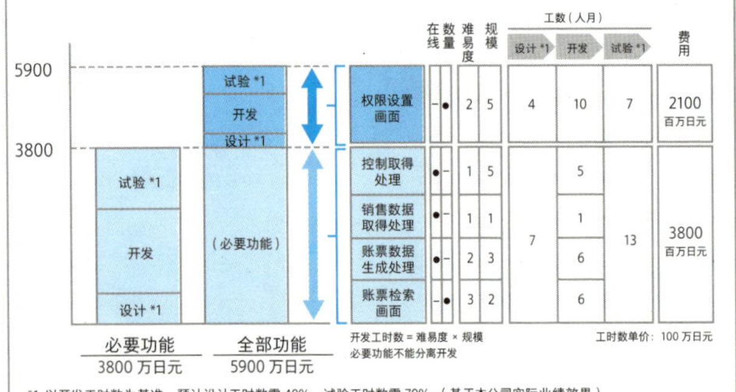

*1. 以开发工时数为基准，预计设计工时数需 40%，试验工时数需 70%。（基于本公司实际业绩效果）

*2. 在该费用的基础上，产品购入费用另行计算

金额使用强调数量的柱形图，工时数等明细内容使用体现必要数字的矩阵图。

19～38

速成法25 区分使用示意图表和graph图表

只凭文字难以说明的部分要依靠图表来传达。在图表中，有通过视觉判断的概念性的示意图表和通过数据判断的统计性的graph图表这两大类。要根据不同目的区分使用这两种图表。

速成法26 使用示意图表图解信息

分为纵横型、关系型、时间系列3个大类。

速成法27 示意图表①：图解优先顺序 （纵横型：象限图）

展示各区域内要素的优先顺序。

速成法28 示意图表②：图解一览信息 （纵横型：矩阵图）

排列规则：横行要素不重复，纵列要素为同类。

速成法29 示意图表③：图解逻辑结构（关系型：层次结构图）

适用于将要素细致分为明确易懂的单位的过程。

速成法30 示意图表④：图解分组 （关系型：集合图）

提取多个分组中有交集的要素，使用集合图来讨论这些要素。

速成法31 示意图表⑤：图解要素关系 （关系型：集合图）

说明信息传递、系统运行以及各功能相互作用的关系时，能够充分理解其中的关联性。

速成法32 示意图表⑥：图解阶段变化 （时间系列：阶段图）

沿时间轴，把握对象阶段性的变化（增长、扩大、发展等）。

速成法33 示意图表⑦：按照时间，图解顺序 （时间系列：流程图）

主要用于顺序结构的流程图、甘特图、日程进度等。

速成法34 示意图表⑧：图解反复流程 （时间系列：循环图）

在说明周期性的事项及长期项目中暂时进行的改善活动时使用。

速成法35 使用graph图表图解统计信息

分为数量型、变化型、分布型3个大类。

速成法36 graph图表① 图解大小（数量型：柱形图）

从视觉上把握数量规模的大小。

速成法37 graph图表② 按顺序图解占比大小（数量型：饼图）

作为分析对象的数据数量较多时，特定选取其中重要的几个数据作为要素来比较。

速成法38 graph图表③ 图解全部要素的占比（数量型：面积比率图）

作为分析对象的数据数量较多时，特定选取其中重要的几个数据作为要素来比较。

速成法39 graph图表④ 图解随时间产生的变化（变化型：折线图）

分析对象要素的变化倾向。

速成法40 graph图表⑤ 图解量的变化（变化型：面积图）

在设置上限的前提下，分析变化倾向。

速成法41 graph图表⑥ 图解量的零散分布（分布型：直方图）

把握要素的数量的集中分布。

速成法42 graph图表⑦ 图解零散量的关系（分布型：散点图）

从要素的零散分布中发现有一个特定标准的趋势。

速成法43 graph图表⑧ 图解最值间的数值范围（分布型：误差线图）

把握在统计结果中最好和最坏的情况。

速成法44 graph图表⑨ 图解多角度评价（分布型：雷达图）

分析由得分表得到的指标数值的测定结果。

Column

制作图表需注意：使用三维图表只是制作者的自我满足

在用 Excel 制作的图表中，有三维图表。这样有着 3D 外观的图表，与简单的平面柱形图不同，有纵深的立体感，制作者也许会因此有新鲜感。但是，读者却并不这么认为。

比如，看了下面的三维图，你有什么感觉呢？

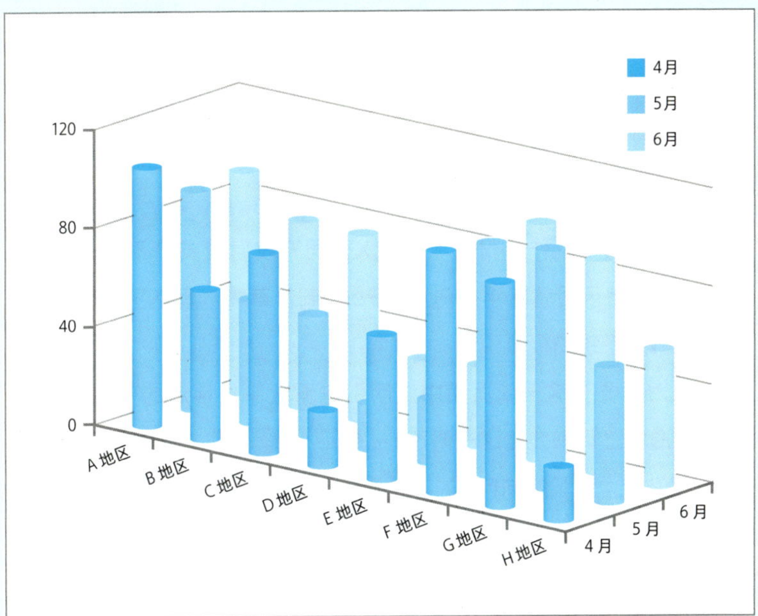

简而言之就是觉得难以分辨吧。就算不特意从纵、横、纵深三方面来表现，纵轴、横轴分别为数值和月份，用折线图也能很容易地表现各区域的规模和趋势走向。

你做的三维图表也是如此，看着上面的图表，也许你能感受到读者看到你的图表时的复杂心情。过于花哨反而会给人留下不好的影响，因此没有必要使用三维图表。想要使对方理解，就尽力使自己的图表达到这样一个目标：用最简洁的设计传递最多的信息。

第 2 节　使用形状和线条时设定统一的规则

学习目标：速成法45—54

借鉴失败案例

商务场合中使用的很多资料都要在听取读者的意见后反复地修改。因此，在制作草稿的阶段，我们要探索出一种能够便于多次修改的制作方法。

特别是PowerPoint资料，有时需要频繁地修改资料中的形状。不经思考就随意使用形状，在更新时也会造成时间和精力的浪费，修改一份PowerPoint资料相当于重新制作。

我们来看一个失败的案例。

课长命令S制作一份关于面向X公司开发营业支持系统的提案书。S接到指示后就着手用PowerPoint制作草稿。现在正在制作的页面是引进系统的概要说明。

因为想要在这一张页面中注明引进营业系统前后的变化，S决定使用形状工具来突显这一对比。

几天后，课长来询问S的工作进展。S就将刚刚做好的系统概要说明拿给课长。

大致浏览了几页后，课长提出了修改意见："提案中里没有提及IT部门系统管理员的内容，把这个补充进去吧。"就在S要修改时，课长看到他修改的样子就立刻指出：

"S，在连接形状之间的关系和矩形这些地方时，为什么要用直线呢？如果有其他内容需要补充，光是调整位置就要花很多时间。还有，为什么这里的形状用的是矩形，那里的就用成了圆角矩形呢？其他人如果看了这份提案书会产生混乱，你最好全部重做一下。"

这样的失败是由于S无视各形状的含义随意组合造成的。S在制作提案书时也许是有这样的想法：

- **不用特别在意形状所表达的含义和信息。**
- **只要大体上差不多，改变形状时麻烦一点也没关系。**

当读者看到有新的形状出现时，往往会联想到信息发生了改变，在这样的情况下随意选择组合形状，修改时会耗费大量的精力。结果，就会产生如【图3-2-A】的问题。

为了避免这样的失败，我们需要知道关于形状的一些规则。

图3-2-A 形状和线条使用不当的类型

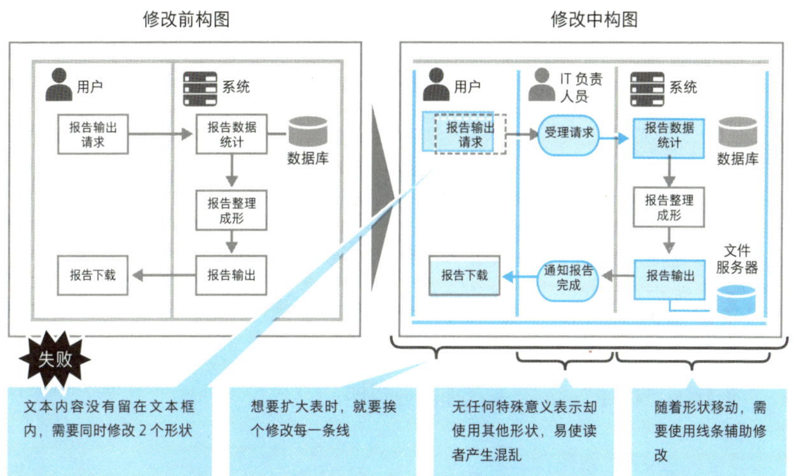

速成法45

Skeleton
Draft
Fix

形状的使用规则

利用读者对形状的联想

读者对于形状会产生一些联想，利用好这一点就能够使用形状来引导读者的思路。

比如说，出现某个特定的形状时，对方会推测“这个形状是这个意思啊”，如果读者推测的内容与我们的意图一致，即使没有说明，对方也可以理解我们要传达的信息。因此，使用适合的形状，可以减少说明的时间，将将节省下来的时间用于补充议论环节。

在制作商务文本中常用的形状有“多边形”“线、箭头”“括号”“空心图”“标注”等5种类型。

形状①“多边形” 表示信息或概念。
形状②“线、箭头” 表示关系指向及关系性强弱。
形状③“括号” 表示要素的集合关系。
形状④“空心图” 表示时间的经过及状态的变化。
形状⑤“标注” 表示理由或说明。

各个形状类型又可以进一步分为具体的形状。大家可以参照【图3-2-B】所示的页码，学习具体的使用方法。

可利用PowerPoint、Word、Excel中“插入”菜单下的“形状”工具插入这些形状。形状工具中可供选择的形状如【图3-2-C】所示。

图3-2-B 5种形状类型

根据目的不同，区分使用以下 5 种形状类型。

各形状类型中包含多种形状，根据种类不同，对方产生的联想也会有所差异。“箭头标注”用于表示因果关系，因此把它归类于“空心图”而非“标注”大类下。

除此之外也有在流程图中经常使用到的形状，如【图 3-1-L】（134 页）所示。

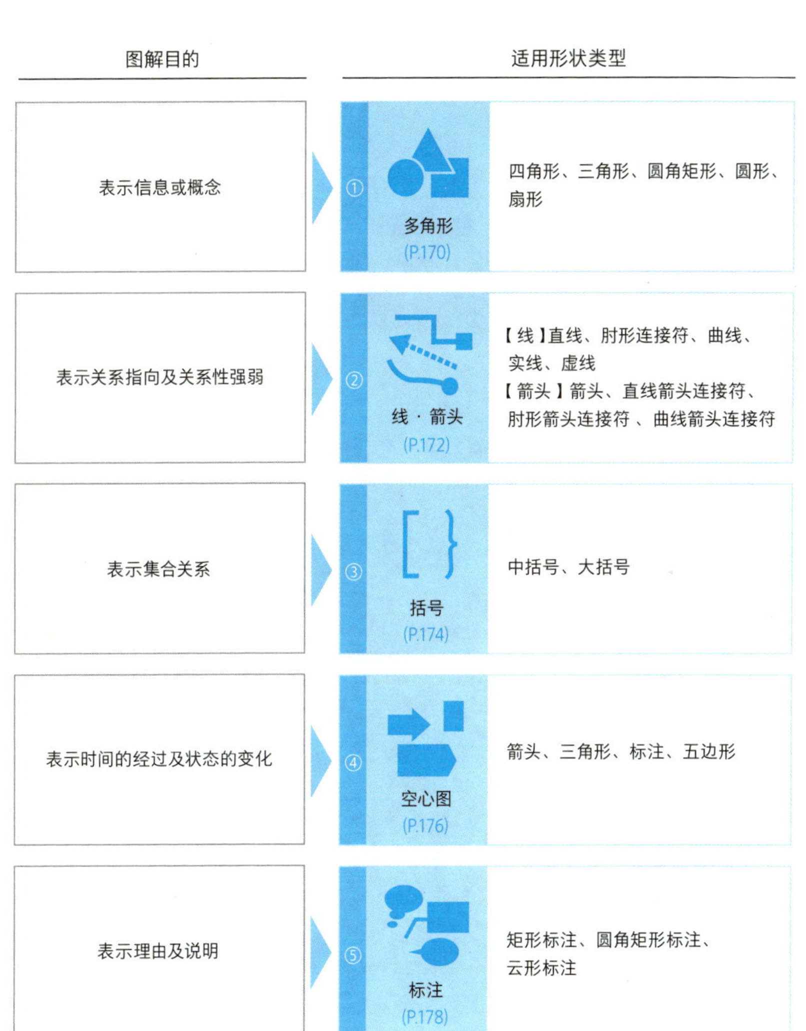

图3-2-C　形状工具中的形状一览

将形状工具中可供选择的形状与【图 3-2-B】中的类型相匹配，如下图所示。

除了这里列举的形状，在其他的速成法中已经讲解过“任意多边形”“文本框”“流程图”等形状，在本节中不予具体列举说明。

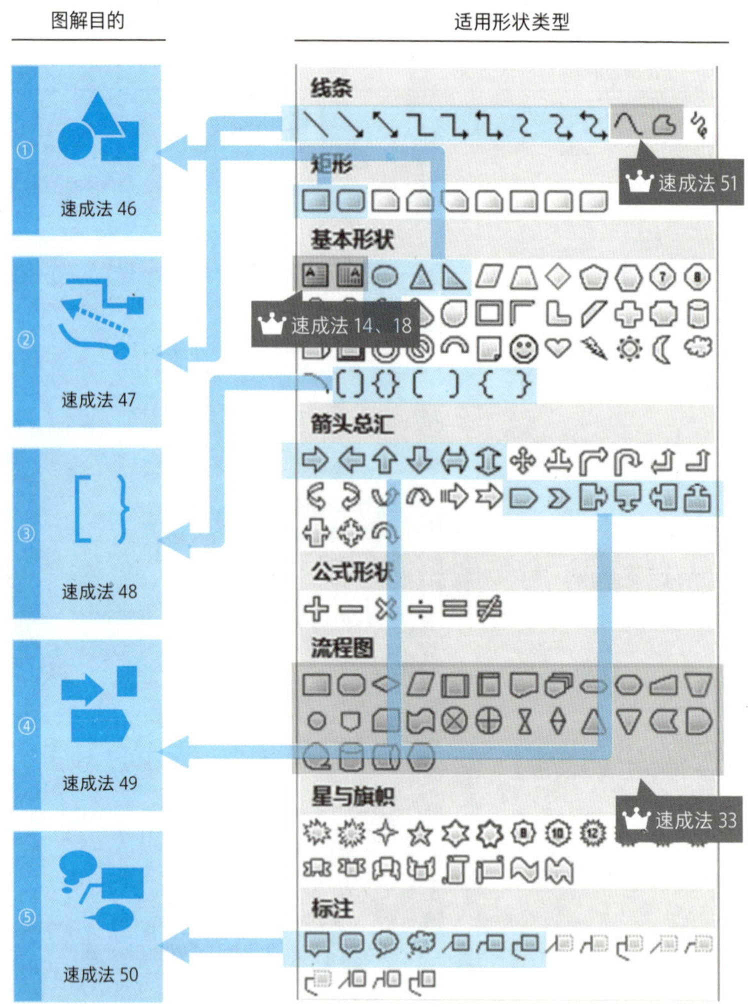

另外，在PowerPoint中，因为形状的使用频率很高，因此在“开始”菜单下的“绘图”功能区就可以选择插入形状。

形状工具中的很多形状在资料开始的地方就会出现。但是资料中的形状数量过多，也会分散读者的注意力，反而很难集中讨论我们想要强调的信息点。

为了防止这样的问题出现，最根本的解决方法是在制作商务文本的过程中避免使用多种形状。因此，在本书中一定程度上限制了形状的使用。

先从下面不使用的形状谈起。

线：不使用“自由曲线”。自由曲线做成的形状可由“任意多边形”代替。

矩形：不使用“同侧圆角矩形”或“对角圆角矩形”。都用一般的“圆角矩形”代替。

基本形状：“平行四边形”“柱形”“折角形”等有时会用在流程图中，并且“云形”有时也会用于“网络”等的联想。没有必要使用除此以外的形状。

箭头总汇：我们只使用指示直线方向的空心箭头，其他形式的箭头用四边形和箭头的组合来代替。

公式形状、星与旗帜：“爆炸形1、2”偶尔在流程图中使用，其他图表中基本不会用到这两种形状。

标注：如果使用的标注种类过多会给对方留下杂乱的印象，因此不使用“线形标注（带强调线）”。

速成法46

Skeleton
Draft
Fix

形状①
图解信息或概念

表示信息或概念	① 多角形	四角形、三角形、圆角矩形、圆形、扇形

多边形常用于表示信息或概念。各形状表示的形象请参照下面的说明和【图3-2-D】。

矩形是由形状工具中的“矩形”制作而成。因为矩形的外观棱角分明，适合于表示具体的观点和事实。根据形状部分所占的空间大小选用正方形或长方形。选择长宽比为1:1.5的长方形，看起来会更加舒服。

三角形由形状工具中的“等腰三角形”“直角三角形”制作。通过加宽或拉高左右对称的“等腰三角形”可以变成正三角形。适合于表示量的增加或减少、集中或扩大、组织模型或上下关系、进度日程的目标地点或重要节点。

圆角矩形由形状工具中的“圆角矩形”制作而成。因为圆角会给人柔和的印象，因此适合于表示相比矩形更为抽象的概念或主观的意见、推测等。

圆形、扇形由形状工具中的“椭圆”制作而成。因为整个形状都是由一条曲线连接而成，因此适合于表示高度抽象、确定事项少的信息。抽象程度较小就使用圆角矩形，较高则使用圆形。根据形状部分所占的空间大小选择圆或椭圆。短轴:长轴为1:1.5的椭圆更具稳定感。另外，扇形还可以表示比例。

图3-2-D　多边形的联想形象及使用方法

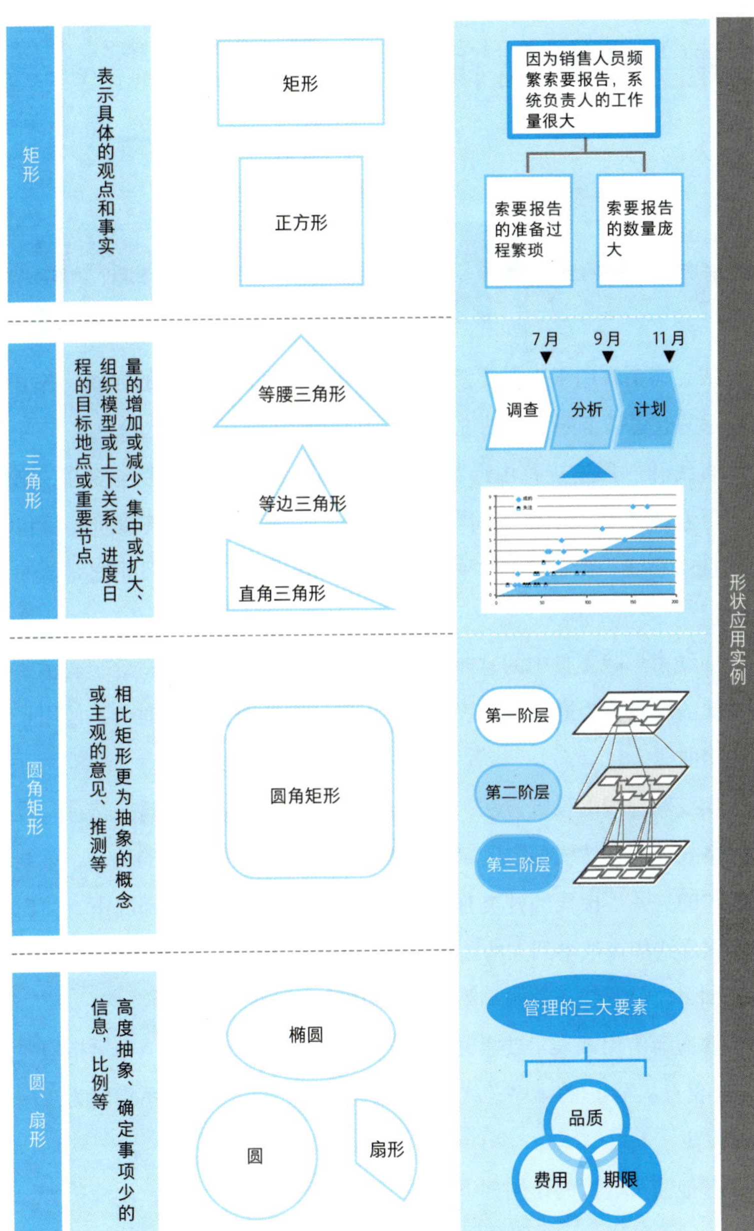

速成法47

Skeleton
Draft
Fix

形状②
图解关系指向和关系性强弱

表示关系指向及关系性强弱	② 线・箭头	【线】直线、肘形连接符、曲线、实线、虚线 【箭头】箭头、直线箭头连接符、肘形箭头连接符、曲线箭头连接符

线、箭头常用于表示要素间的关系得指向性及关系性的强弱。各形状所表示的意思请参照下面的说明和【图3-2-E】。

直线和肘形连接符由形状工具中的“直线”和“肘形连接符”制作而成。直线适合表示要素间明确的关系，如果使用肘形连接符连接位于同侧且中心线一致的要素，线条会产生不自然的凹凸，因此这时要使用“直线”。

曲线由形状工具中的“曲线”制作。柔和的线条弧度适合于表示要素间微弱的关系，为避免被图表中其他形状的线条遮挡，有时会不使用直线而选用曲线。

实线和虚线的设置方法：选中直线、曲线或肘形连接符—选择“设置形状格式”—在“线型”区域内设置线型。实线表示持续的关系，虚线表示暂时的关系。虚线的种类有很多，在有多种相互关系的情况下，使用时可按照虚线的点从小到大的顺序使用。

如果要设置线条的两端箭头，有5种箭头类型可供选择。

普通箭头用来表示要素间关系的方向性。箭头从要素A连接指向要素B，代表着从A到B的顺序；线条两端都有箭头，则代表关系指向为双向且同时发生。

其他箭头类型的作用如下：开放型箭头——影响弱，燕尾箭头——影响强；钻石形箭头——强关联，圆型箭头——较强关联。

图3-2-E 线条、箭头的联想形象及使用方法

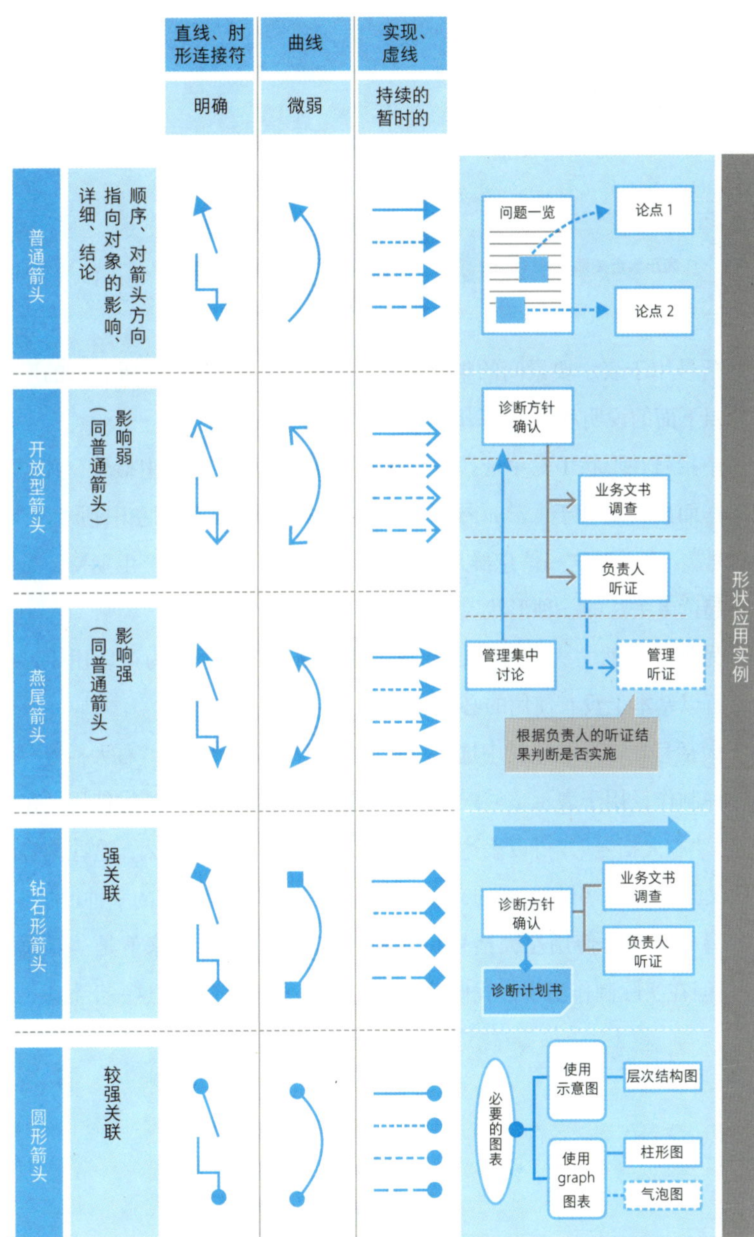

速成法48

Skeleton
Draft
Fix

形状③
图解集合关系

括号用于表示要素间的集合关系（包含关系）。各形状所表示的形象请参照下面的说明和【图3-2-F】。

中括号在形状工具中选择“双括号”“左中括号”“右中括号”其中一种制作而成，适合于汇总括号内的要素内容。通过使用“左中括号”“右中括号”，表示“这一信息群是表示什么意思”，容易让人产生期待，是容易唤起读者关注的一种形状。

另外，虽然“大括号”也有易于理解的优点，但因为可以用矩形代替，所以基本上没有使用的必要。

大括号在该形状工具中选择“双大括号”“左大括号”“右大括号”其中一种制作，用于表示括号内与括号外要素的包含关系。通过使用“左大括号”“右大括号”，可以表达“这个要素的详细内容是什么，这些内容的本质又是什么”，引起读者的兴趣，也是能够起到强调作用的一种形状。

另外，组合使用左大括号和右大括号时，有时看起来就是“双大括号”，但在实际制作当中，我们基本上不选用“双大括号”这一形状。

图3-2-F　括号的联想形象及使用方法

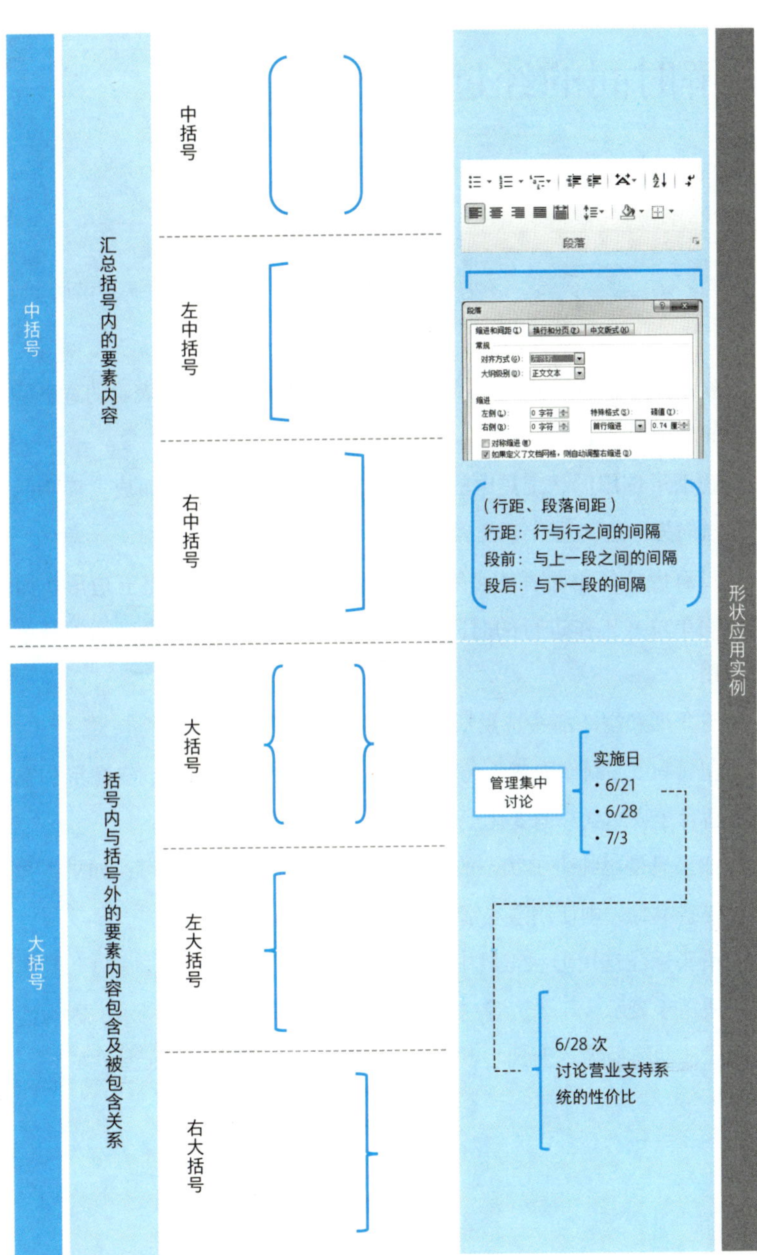

速成法49

Skeleton
Draft
Fix

形状④
图解时间的经过及状态的变化

表示时间的经过及状态的变化	④ 空心图	箭头、三角形、标注、五边形

空心图用于表示时间的经过及状态的变化。各形状所表示的意思请参照下面的说明及【图3-2-G】。

箭羽形选用形状工具中的“五边形”“燕尾型”制作而成。箭头通过一边指向另一边，适合于表示时间的单位和经过。

没有区分使用两者的必要。如果同时使用，那么就把五边形作为大的时间单位或工作进行的时间推移，可以把燕尾型作为下面的细分单元来使用。

三角形和空心箭头选用形状工具中的“等腰三角形”“空心箭头（上、下、左、右）”制作而成。与箭羽形表示时间的变化相反，三角形和空心箭头适合于表示状态的变化或者一方对另一方的动作。

如果只是单纯表示状态的变化，则使用等腰三角形即可；如果要强调变化要素本身，则使用空心箭头。

箭头标注选用形状工具中的“箭头标注（上、下、左、右）”制作而成。适用于表示有具体内容的结果。如速成法14（69页）所示，因为读者的视线移动路径为左上到右下，因此基本上不使用“箭头标注（左）”。

图3-2-G 空心图的联想形象及使用方法

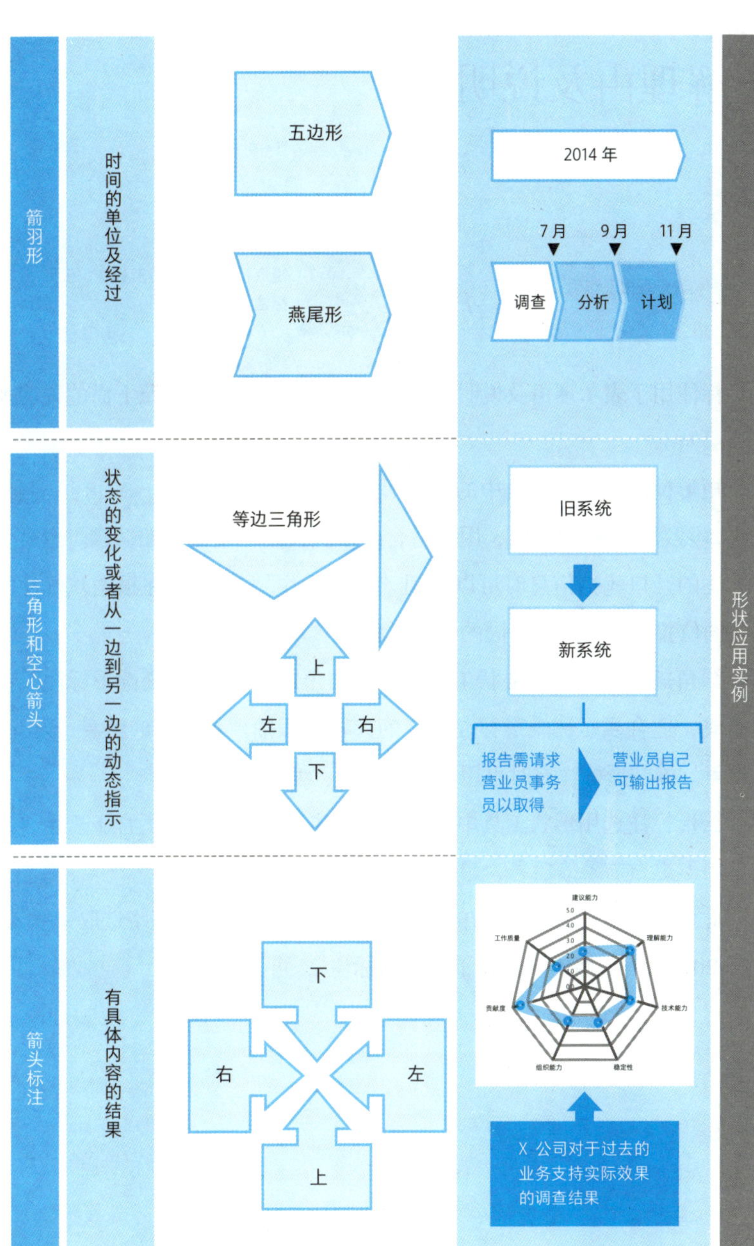

速成法50

Skeleton 形状⑤
Draft
Fix

图解理由及说明

表示理由及说明	⑤ 标注	矩形标注、圆角矩形标注、云形标注

标注用于表示理由及说明。各形状所表示的形象请参照下面的说明及【图3-2-H】。

矩形标注用形状工具中的“矩形标注”“线形标注（1、2、3）”制作而成，因为外形棱角分明，因此适合表示具体的理由或追加信息。想避免被标注的开口遮挡信息时可以使用“线形标注”。线形标注根据被标注的对象的位置来选用线条不同的标注形状。

圆角矩形标注选用形状工具中的“圆角矩形标注”“椭圆形标注”制作而成，适合表示比矩形标注指向的内容更加抽象且模糊的信息、意见、推测等。椭圆形标注有时也用于指示记号、编号等。

云形标注选用形状工具中的“云形标注”制作而成，适合于表示相比圆角矩形更为抽象的信息、想象、臆测及心理活动等。

此外，在Office2007以前的版本中，该形状需要通过网络选取来插入，Office2010以后的版本中内置了“云形标注”，可直接使用。

图3-2-H 标注的联想形象及使用方法

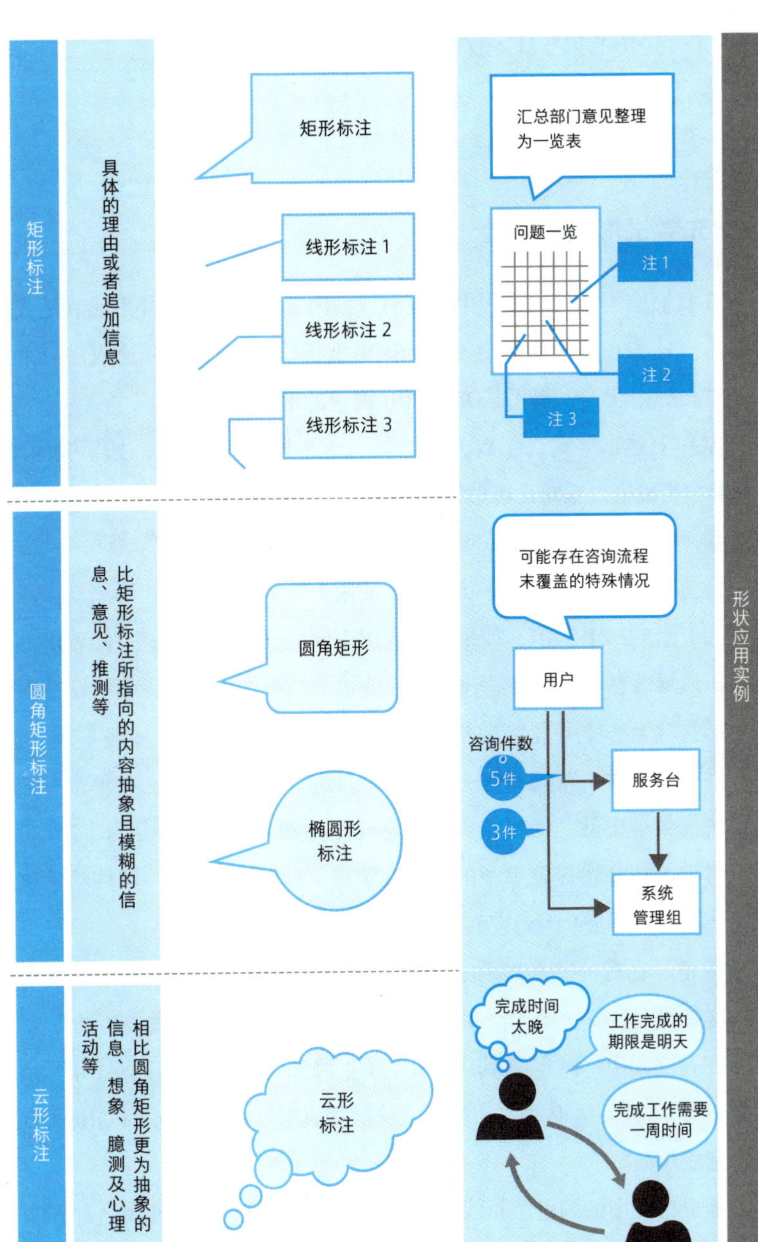

♛ 速成法51

Skeleton
Draft
Fix

制作不规则形状

首先尝试形状的组合

在我们使用形状的过程中，有时软件内置的规则形状并不能满足我们的需求。比如在速成法33中使用的闪电型折线（132页）和速成法41中使用的“凸型图”等，都不是Office2010内置的形状。

制作上述形状时，①首先要尝试“单个形状的组合”，如果有困难，②再看是否能通过编辑已有形状的顶点来达到目的，如果仍然有难度，③可以使用“任意多边形”。

在方法①中，凸型的形状可组合使用大的矩形和小的矩形来制作。但是，如【图3-2-I】所示，如果各形状用不同的颜色填充，就只能看出是简单的矩形堆叠在一起。在速成法41中使用的凸型的内部并无框线，在制作这种形状时无法使用这个方法，这时就需要使用方法②。

在方法②中，首先制作一个矩形，再进行如下操作：选中单击右键—选择快捷菜单中的“编辑顶点”—移动光标到矩形边上至变为十字形时，单击右键—选择快捷菜单中的“添加顶点”。添加顶点后，可移动各顶点位置。最后，添加4个顶点就制作出了凸型图。

但是，也有一些形状看上去根本无法想到要以哪种形状为基础来制作，这是我们就要使用方法③，使用“任意多边形”的直线勾边的方法。

在方法③中，制作凸型时要引一条直线来勾边，最后让直线和开始的地方相连，按Esc键返回，凸型图就绘制完成了。此外，也可以用8条直线组合完成凸型图。

速成法33中的闪电型折线不能使用方法②制作，只能使用这种方法。

图3-2-I　制作不规则形状的3种方法

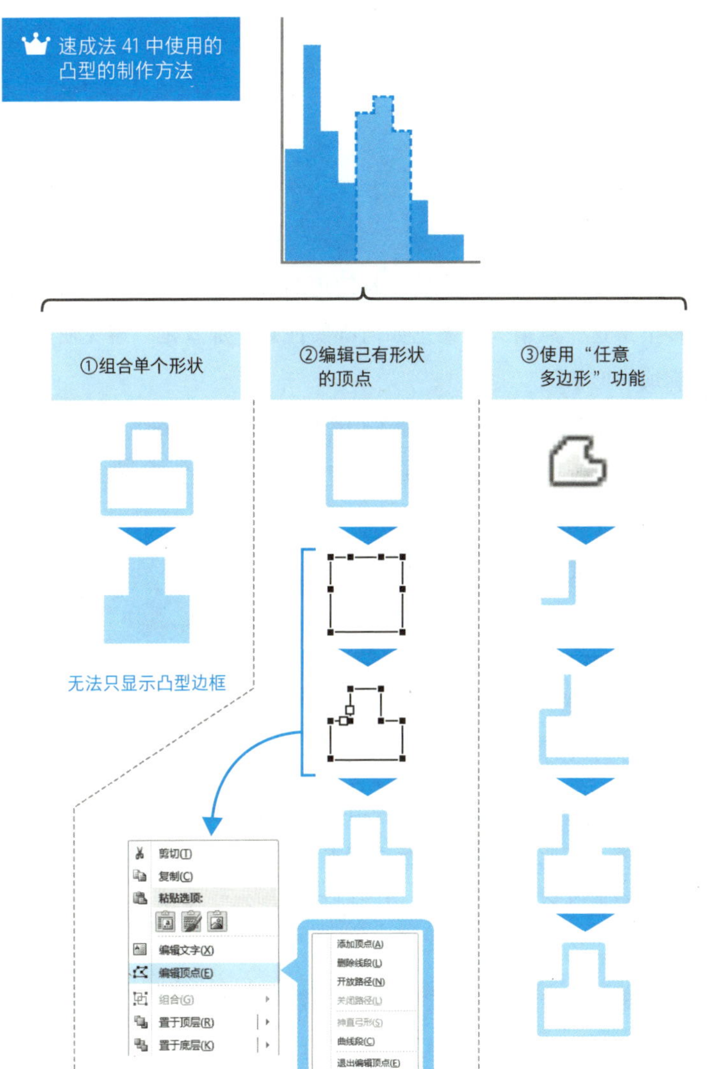

速成法52

Skeleton
Draft
Fix

使用便于修改的形状

两个注意点

大家一定在熟练运用形状工具的道路上历经了许多挑战与挫折。但是，接下来这一点请大家无论如何都要注意。那就是“避免使用在修改时很麻烦的形状”。

如果使用了这样的形状，那不仅影响周围人的工作效率，我们自己也会因这种毫无效率的工作感到厌烦，这样的后果是在更新资料时产生错误从而直接导致质量低下。

特别希望大家注意以下两点：

① 不要用多条直线组合绘制形状。

② 不要使用“文本框+形状”的方式制作包含文字的形状。

在这两点上“犯规”的话，会增加很多不必要的修改工作。

比如说，用4条“直线”做长宽来制作一个矩形，那在移动矩形时，长宽也需要逐条移动。但是使用“肘形连接符”连接的话，就可以整体移动。

制作矩阵图时同样如此。不要将直线排列为格状，要使用矩形来排列成矩阵，在 扩大缩小图形时可以避免产生多余的负担。

在制作包含文字的形状时，如果让形状和文本框重合，那么在移动形状的过程中还要移动文本框，会增加一倍的修改时间。因此，直接在形状中插入文字能够减少工作量。

另外，选中已做好的形状群单击右键，可选择“组合”，将其合并为一个整体来修改。

图3-2-J 修改费时与不费时的形状

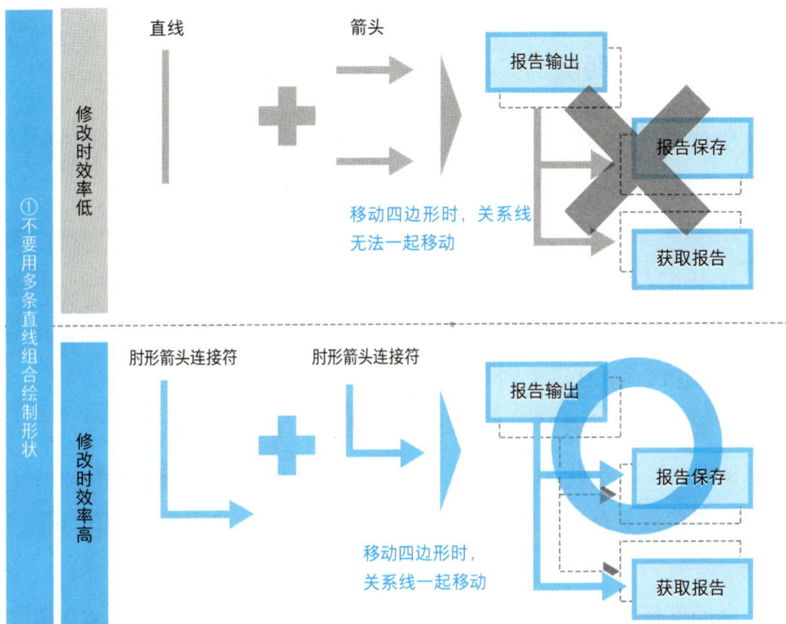

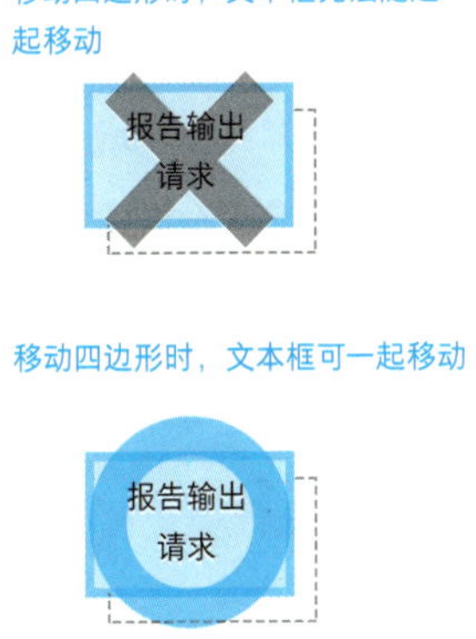

其他
组合使用四边形制作矩阵图

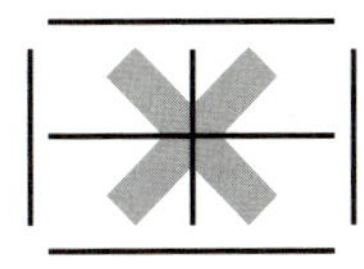

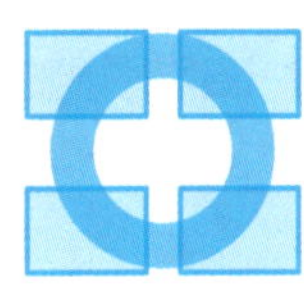

速成法53

Skeleton
Draft
Fix

设置重叠形状的顺序与透明度

正确设置透明度

所有的形状都要按照次序叠放，也包括文本框。需要叠放的信息一定要出现在资料的同一个页面或同一张幻灯片中，才能做到形状的重叠。

调整某一层次的上下叠放次序有4种选项，选中想要操作的对象，选择“置于顶层/置于底层”可以轻松改变叠放次序。选择“上移一层/下移一层”可以只移动一层，因此在多个形状重叠在一起的时候，经常会有无论移动多少次也无法调整到合适层次的情况。

设置形状的透明度，然后再与形状的上下层次相结合，很多种方法可以使形状层次分明。比如说，在矩阵图上添加多个标注来补充信息，在已有的形状或文章下面铺上有填充颜色的矩形，这样也能够清楚地传达信息。

透明度是可以分别设置“填充色”和“线条”的，因此即使将透明度设置为100%，也不会完全看不见形状。而且形状内的文本框不能设置透明度，即便改变了填充色或线条的透明度，文字的颜色也不会改变。

给相互重叠的形状设置透明度的话，只需要增加或减少重叠部分的透明度。因此，在各形状排成一行的情况下，设置透明度会产生色差，从而影响美观度。

一般透明度设置默认为0%，如果不设置会影响美观度，那么可以只在这种情况时调整透明度。

图3-2-K　形状层次及透明度的设置

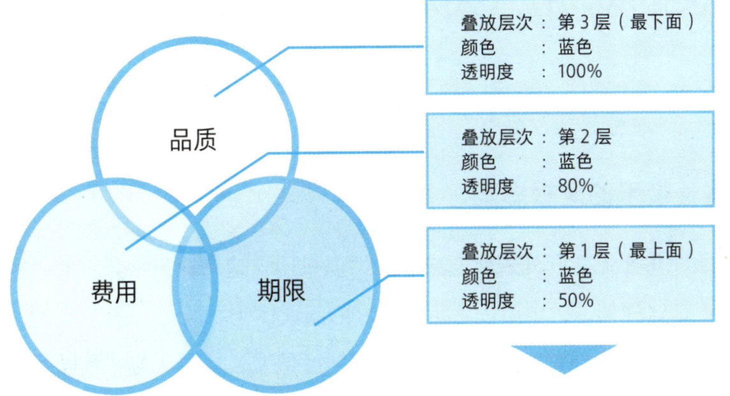

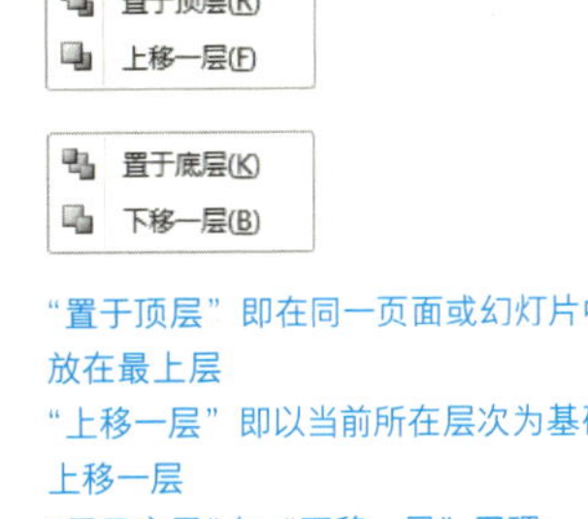

“置于顶层”即在同一页面或幻灯片中放在最上层

“上移一层”即以当前所在层次为基础上移一层

“置于底层”与“下移一层”同理

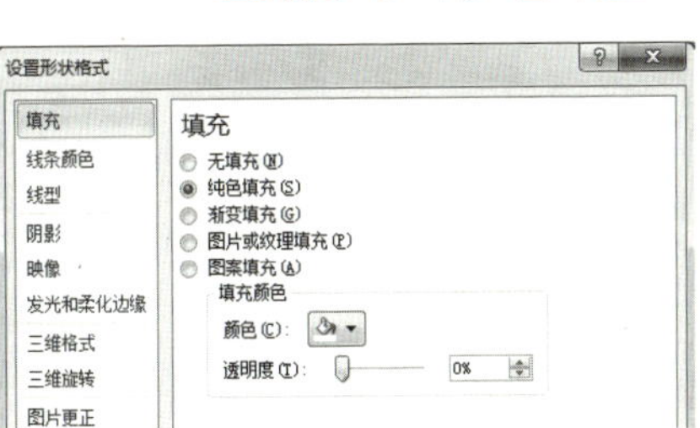

速成法54

Skeleton
Draft
Fix

形状的对齐、大小及更改

偏差带来的消极影响

明明想要形状的外观看起来一致，但只用眼睛来看，总会产生一些偏差。正是这种偏差，会给读者带来不好的阅读体验。

如果总是能够看到商务文本中的形状有偏差，从而认为“看样子就马马虎虎，想必内容也不过如此”的人不在少数。因此，即便是只有寥寥数处，也会格外显眼，分散读者的注意力。

形状间的偏差，可以通过“对齐”“大小”“更改”来调整。

对齐可进行如下设置：选中形状—“开始”菜单—绘图功能区的“排列”选项—“放置对象”栏目下“对齐”选项，即可选择各种对齐方式。在对齐形状时，不是手动对齐，而是选中全部形状，选择某种对齐方式，使其靠近某一侧对齐。

大小更改进行如下设置：选中形状—“格式”菜单—设置大小功能区的“高度”和“宽度”数值（cm）。不改变形状的缩放比例而只调整大小时，单击大小功能区右下方的按钮，勾选“锁定纵横比”。

形状更改可进行如下设置：选中形状—“开始”菜单—插入形状功能区的“编辑形状”—选择“更改形状”，可以指定想要使用的形状。使用该功能，可以将矩形更改为同一格式的任意形状。

不改变形状，只复制格式时可以使用格式刷。需进行如下设置：选中形状—“开始”菜单—剪贴板功能区的“格式刷”按钮，即进入格式复制模式，然后点击其他形状，复制格式。

这些功能的使用频率高，多次切换窗口上方的功能区多有不便，因此我们要把它们添加到快速访问工具栏中。

快速访问工具栏的设置：展开窗口上方的功能区，右键单击出现快捷菜单，选择“自定义快速访问工具栏”。各功能的排列如【图3-2-L】所示。

图3-2-L　形状设置中常用功能

设置快速访问工具栏，使用功能会更方便。

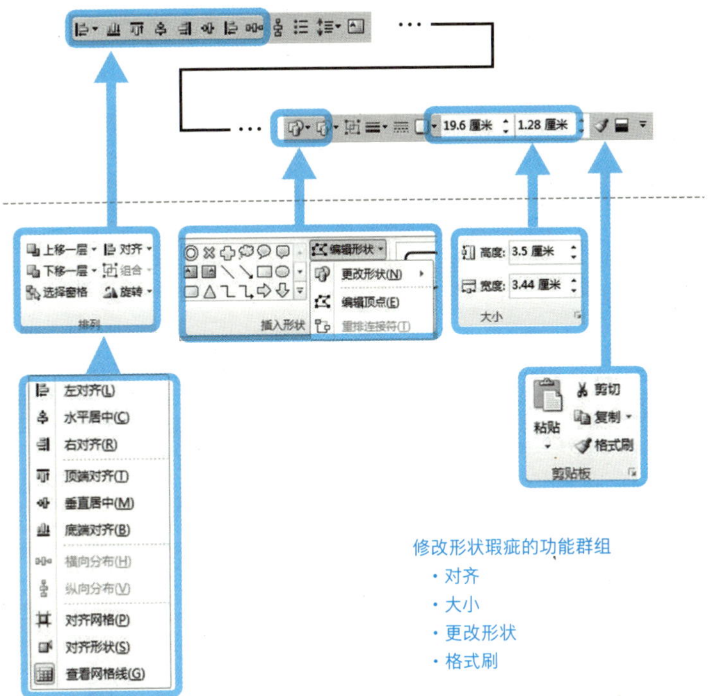

Ⅲ-2 总结

闭门造车导致失败

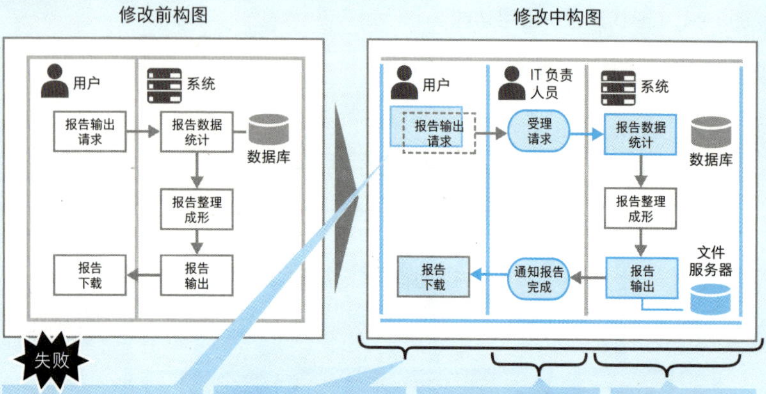

修改前构图

修改中构图

文本内容没有输入形状内，需要同时移动2个形状。

扩大表时，线条组合发生错乱，条条重组的工作繁琐无用。

无任何特殊意义表示却使用其他形状，容易使读者感到难以理解。

随着形状移动，需要使用线条辅助修改。

速成良法获得成功

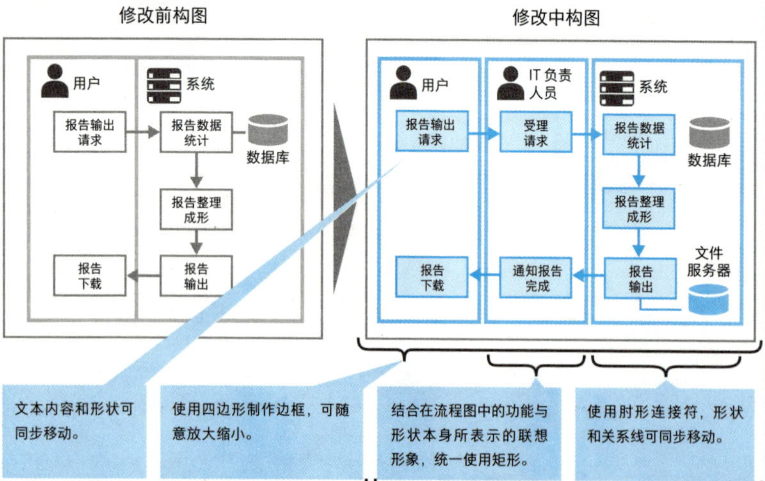

修改前构图

修改中构图

文本内容和形状可同步移动。

使用四边形制作边框，可随意放大缩小。

结合在流程图中的功能与形状本身所表示的联想形象，统一使用矩形。

使用肘形连接符，形状和关系线可同步移动。

52

45~54

速成法45 形状的使用规则

利用读者对于形状的联想，直观地表示信息。

速成法46 形状① 图解信息或概念

矩形：具体的、事实。

三角形：上下关系、目标、重要时间节点。

圆角矩形：抽象的概念、推测。

圆：模糊、概念。

扇形：比例。

速成法47 形状② 图解关系指向及关系性强弱

直线、肘形连接符：明确的关系。

曲线：微弱的关系。

实线：持续的关系。

虚线：暂时的关系。

普通箭头：一般性相关。

开放型箭头：影响弱。

燕尾箭头：影响强。

钻石形箭头：强关联。

圆型箭头：较强关联。

速成法48 形状③ 图解集合关系

中括号：汇总括号内的要素内容。

大括号：括号内与括号外要素内容的包含关系。

速成法49 形状④ 图解时间的经过及状态的变化

箭羽形：时间的单位及经过。

三角形、空心箭头：状态的变化。

箭头标注：被标注内容的结果。

速成法50　形状⑤ 图解理由及说明

矩形标注、线形标注：具体的理由或者追加信息。

圆角矩形标注、椭圆形标注：意见、推测。

云形标注：推测、想法。

速成法51　不规则形状的制作

①形状组合。

②编辑顶点。

③使用“任意多边形”制作不规则形状。

速成法52　使用方便修改的形状

速成法53　设置重叠形状的顺序与透明度

速成法54　形状的对齐、大小及更改

第 3 节 使用方便阅读的颜色

学习目标：速成法55—59

借鉴失败案例

在报告会和研讨会上使用投影仪来展示的商务文本中，有很多色彩丰富的资料。这样的资料在光线昏暗的环境下展示时效果虽然不错，但是在办公室冷光灯的环境下观看时，过度鲜艳的颜色会导致观看者无法专注地看内容。

其后果就是读者不会认真阅读，即使阅读了，也会因为商务文本中使用的颜色，而对内容产生偏见。这样一来我们的努力都付诸流水了。

我们来看一个失败的案例。

课长让S制作一份关于面向X公司营业支持系统开发的提案书。接到指示后，S用PowerPoint着手制作草稿。当前正在制作该系统的概要说明页，S为了突出重要功能，需要调整该部分的颜色。

课长来询问S提案书的制作进度。S刚好完成配色部分，向课长进行说明。

听了S的说明后，课长问道："我明白了这份提案的内容，但是为什么要使用这么多种颜色呢？而且这些颜色过于鲜艳，看起来不太舒服，这个只要使用形状工具的标准色就可以了。"

"虽然你给每个功能的作用都设置了不同的颜色，但是这种区分真的有必要吗？我们想要突出的是各个功能发挥作用的过程吧。所以只要强调一下这部分内容就可以了。"

"我并不是只凭借外观来判断，但是这种格式的提案书总会让人觉得内容也应该没什么可取之处。除了用色之外的地方，也全部修改一下吧？”

这次的失败主要是由于没有考虑颜色对提案书整体的影响，只是凭着个人喜好来设置颜色导致的。可能有如下原因：

- **没有意识到颜色带给读者的感觉。**
- **只要内容没问题，读者并不会特别在意字体的颜色。**

颜色有助于读者理解内容并适当引导理解的方向，但是如果没有正确使用，也会让对方产生误解。

比如说，用红色表示男厕所、用蓝色表示女厕所时，很多人会将前者默认为“女厕所”，后者为“男厕所”。

同样，在商务文本中不能正确使用颜色，也会使读者产生相似的误解。为了强调积极的信息我们用红色表示，与此相对，使用蓝色表示消极的信息。但是也有很多人可能会把红色部分误解为消极的信息。

不仅如此，据说5%的男性和0.2%的女性色觉辨别力较弱。这样的读者可能无法分清红色和绿色、黄色和黄绿色等颜色，因此即便使用区别明显的颜色，有时也很难传达商务文本中所要强调的信息。

而且，如果不做特殊的设置，直接进行黑白打印的话，版面显示的都是灰色。即便是对在色觉辨别上没有困难的人来说，也会带来理解上的阻碍。

为了避免如【图3-3-A】所示的用色不当的问题，我们接下来一起学习在制作商务文本中配色的方法吧。

图3-3-A　用色不当的类型

有些不同的颜色，在黑白印刷版资料中颜色显示相同

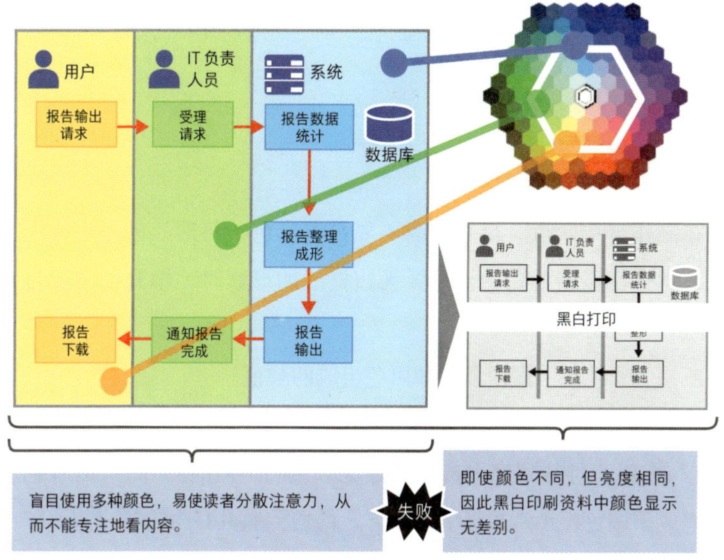

盲目使用多种颜色，易使读者分散注意力，从而不能专注地看内容。

失败

即使颜色不同，但亮度相同，因此黑白印刷资料中颜色显示无差别。

对于颜色分辨困难的人来说，他们看到的原色与实际颜色是完全不同的。

红和绿、黄和黄绿看起来属于同一色系，应避免同时使用

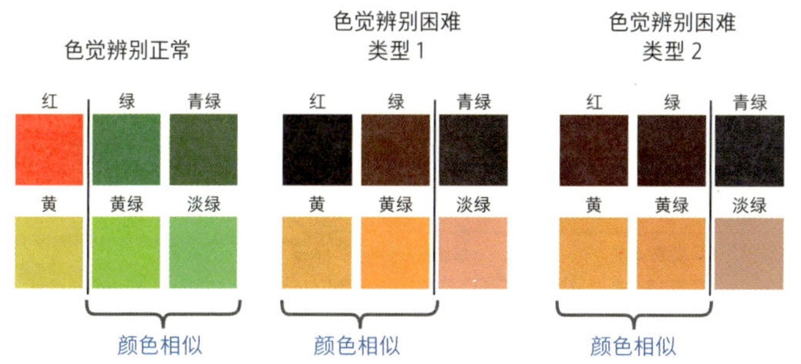

Skeleton
Draft
Fix

速成法55

刚开始制作时不设置彩色

活用灰度

在制作草稿阶段，最开始时不要设置彩色，将形状的框线设置为无彩色、填充色设置为白色。想要无边框线的形状时，填充色设置为无彩色系。

所谓无彩色系，即由白色和黑色组成的颜色。

右键单击形状，在“设置形状格式”中可设置线条或填充颜色。单击“颜色”按钮，可从列表中选择“其他颜色”，弹出窗口中可以看到灰度等级，位于调色板（六边形）的下方，由白到黑共17个阶梯组成，如【图3-3-A】所示。这就是无彩色系。

开始使用无彩色系时，选择17个阶梯中的第4阶梯来制作，如【图3-3-B】所示，在边框线和填充色对比不明显的情况下，可随意选择颜色的组合。

图3-3-B　使用无彩色系的形状

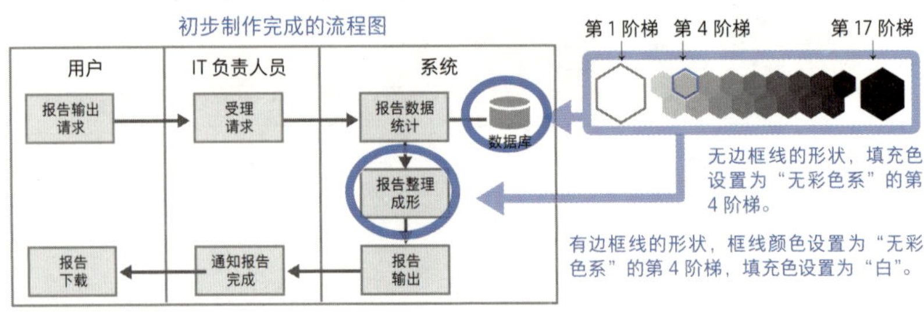

速成法56

Skeleton
Draft
Fix

确定色系：强调色、基本色和极浅色

共计使用 5 种颜色

商务文本中使用的颜色，除速成法55列举的无彩色系中的2种之外，还有从彩色系选择的3种“强调色”“基本色”“极浅色”，共计5种颜色，如【图3-3-C】所示。

强调色	只限于对特别需要强调的地方使用。
基本色	用于标题、需要强调的地方。
极浅色	用于轻微强调。
无彩色 · 明	为方便阅读而对某些地方着色。
无彩色 · 暗	用于无彩色中需要强调的地方。

通过选定同一色系中不同亮度的颜色，可从颜色中推测内容，如【图3-3-C】所示。此外，使用除此以外的颜色，也要选择在黑白印刷时能够明显看出明暗程度的颜色。

图3-3-C 色调、饱和度、亮度的设置范围

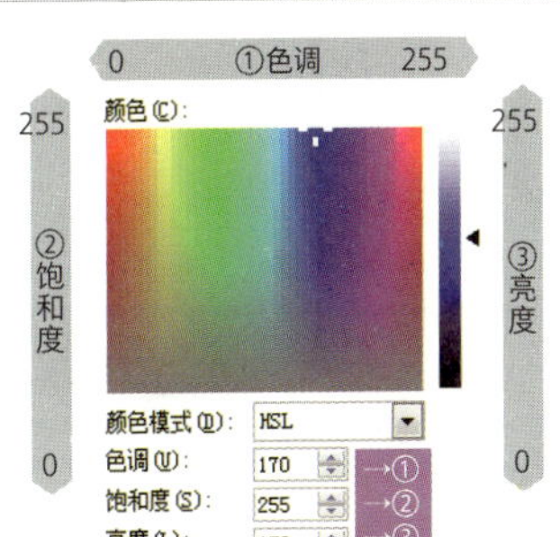

操作步骤如下：右键单击形状—选择“其他（轮廓或填充）颜色”—“自定义”选项卡—切换颜色模式为 HSL，可设置色调，饱和度和亮度。

数值指定范围为0—255。当②值为0时，①为任何值颜色都为无彩色。

图3-3-D　强调色、基本色、极浅色的组合

开始时选择“强调色”，如果③亮度的值为128，使用任何颜色都可以。在亮度的值的基础上增加该值（128）的一半（+64）为“基本色”，再增加64的一半（+32）为“极浅色”。

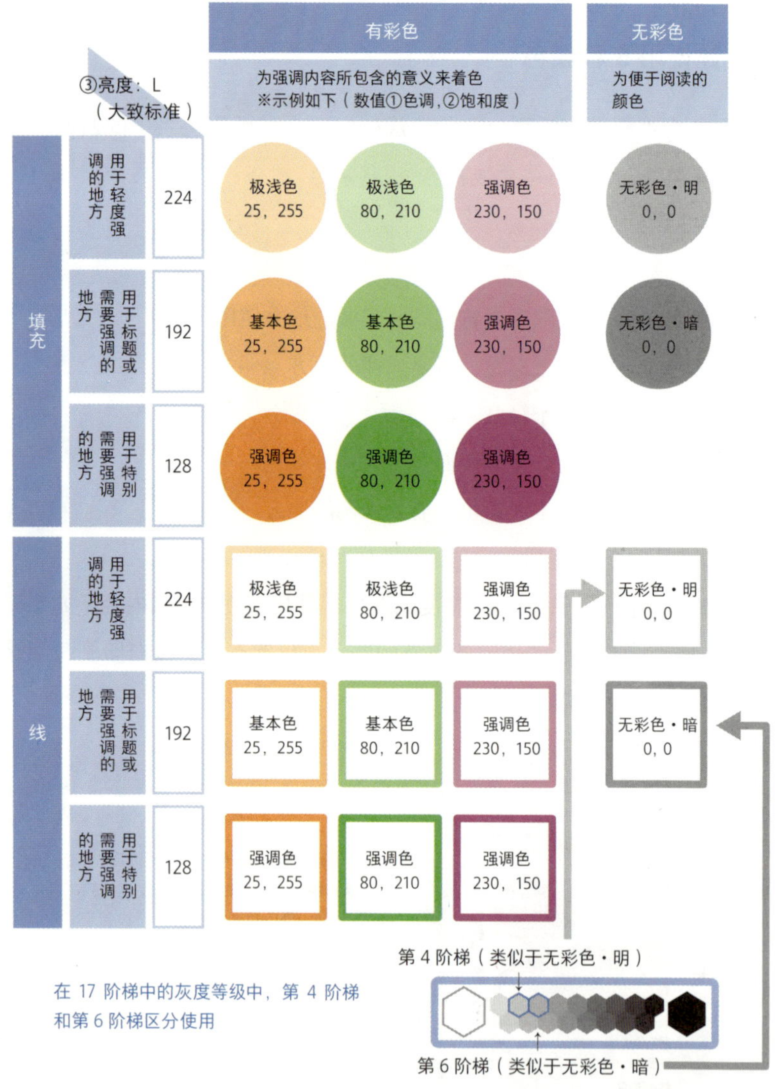

速成法57

Skeleton
Draft
Fix

根据展示对象区别使用色系

考虑到展示对象的主题颜色和要求

每个人喜欢的颜色都不一样。但是，我们在制作商务文本的过程中，应该抛开对方的个人喜好，选择适合的色系。

选择色系可通过【图3-3-E】所示的流程图，经过2个阶段，从3种类型中选择。

第一阶段的判断要点为“读者所属的组织是否有专属的主题颜色”。

比如说在银行这一行业中，瑞穗银行的企业色为蓝色、三菱东京日联银行为红色、三井住友银行为绿色。这些企业的内部资料中，页眉部分都统一使用企业标准色。

对于拥有企业色的组织或在公司标志上使用特定颜色的组织，将该颜色运用在商务文本中，能够因为是熟悉颜色而让对方产生亲切感。

因为一开始对资料有了亲切感，进而对内容也抱有好感的人也是很多的。因此，如果对方组织有主题颜色，要将该颜色作为商务文本的主要色系。

第二阶段的判断要点为“商务文本的内容想要激发对方的感情还是诱导对方做出理性思考”。

如果需要调动对方的干劲，则选用容易产生积极情绪的暖色系，能够较好地激发读者的积极性。

图3-3-E　选择适合对方的色系

对方组织的主题颜色为冷色系时，强调色的亮度的值不是设置为 128，而是 64。基本色和极浅色的值不变，分别设置为 192、224。

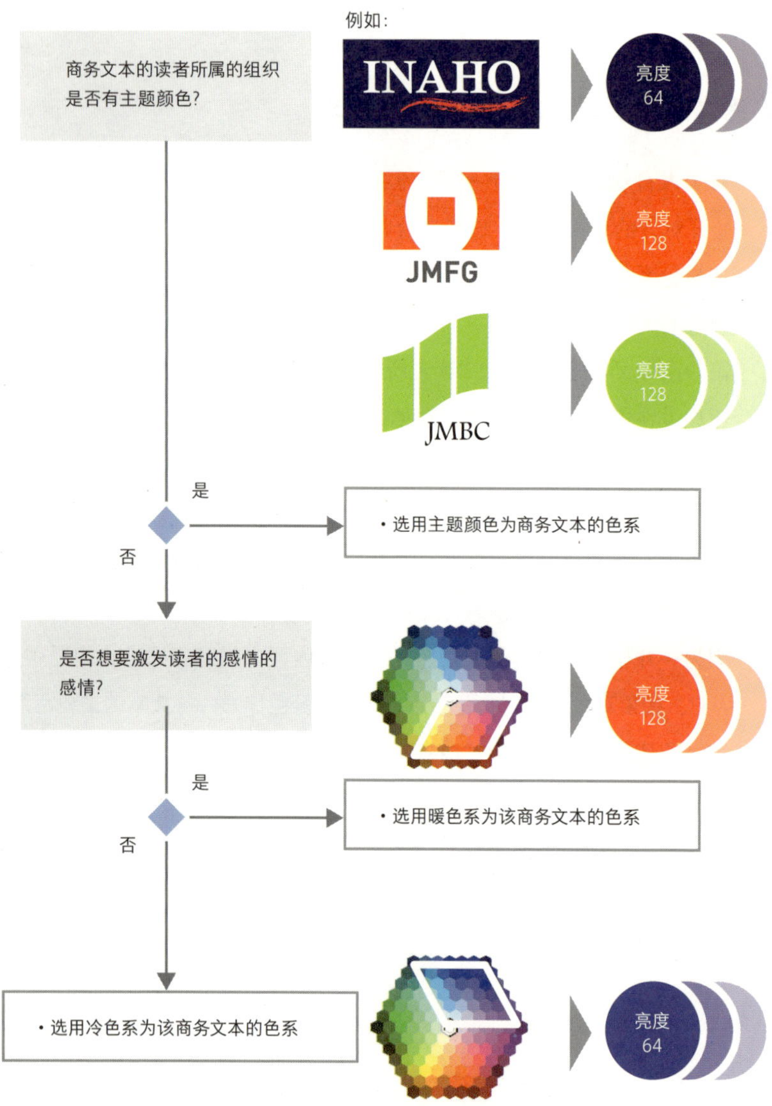

如果需要让读者做出理性思考，则选用容易保持冷静情绪的冷色系，引导读者做出客观判断。

商务文本中使用的颜色不仅适用于形状或由形状组成的示意图，用Excel做成的图表也应选用适合的颜色。

比如，速成法35—44中列举的各个图表，就是阶梯性地调整某一色系的基本色的亮度。

想要特别突出的地方使用强调色，其余地方就在基本色到极浅色的范围内阶梯性地调整亮度即可。这样的商务文本外观整洁，并能够更加自然地引起读者的关注。

图表的用色设置如下：右键单击需要着色的地方—弹出“设置数据系列格式”窗口—选择“填充”，即可设置想要的颜色。与形状的颜色设置方法完全相同。

顺便，在颜色设置中还有“透明度”和“渐变填充”。

“透明度”的设置规则如速成法53（184页）：一般透明度设置默认为0%，只在不设置就会影响美观度时才设置透明度。

透明度的设置也有一些规则。比如说在示意图或图表上添加补充信息时，透明度一律设置为20%，虽然添加的形状看起来会像背景一样，但也能充分向读者传递信息。

另一方面，如果是有大范围重叠的形状，透明度设置为50%以上从而使读者无法看到下面的信息，读者会产生有重要信息被隐藏的感觉。

“渐变填充”基本上没有使用的必要。但是想要使用的话，仅限于下面两种情况：强调数量大或强调立体感。

选择“填充”中的“渐变填充”选项，可以从“类型”“方向”“渐变光圈”3个地方来进行设置。为了使用已选定的色系，不选择“预设颜色”。

“类型”指定为“线性”，可根据个人喜好随意选择方向。渐变光圈设置为2个，要尽可能地选择同色系且亮度相近的2种颜色。过于复杂的话会影响商务文本的美观度。具体可参考【图3-3-F】。

图3-3-F　渐变填充的设置

如果使用差别非常大的两种颜色做渐变填充，即使是同色系，颜色搭配也会显得很突兀。选择几乎没有明显区别的两种颜色做渐变填充，才是最佳选择。

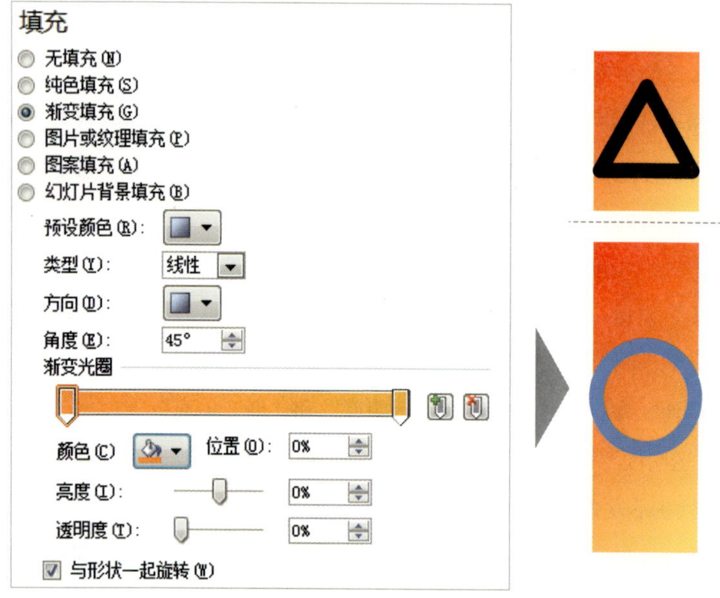

速成法58

使用图案填充，减少颜色数量

颜色组合及图案填充选择的注意事项

同一色系中的强调色、基本色、极浅色再加上黑色和白色，有时候会总觉得只有这些还远远不够。这时，虽然也可以使用不同明暗度的其他颜色，但是颜色数量过多会显得过于花哨不美观，最重要的是在黑白印刷时无法明确分辨这些颜色。为避免出现这些问题，就在颜色的填充方式上做些调整来区分这些颜色。

颜色的图案填充，选择“填充”中的“图案填充”来设置。在图案填充的选项中可以设置前景色和背景色，虽说任何2种颜色都可以随意组合，但是更好的颜色组合还是要选择同一色系中存在明暗度差的2种颜色。

同时使用色系中的基本色和极浅色填充图案，无论彩色或黑白印刷，颜色差异都有明显的区别。

在图案填充的预设图案中，最具辨识度的是“斜线”。有上、下对角线和横、竖4种方向及3种粗细种类，但是为了增强分辨程度，我们只使用最粗和最细的线条。

图案的种类增加，背景区分难度也会增强，因此，尽量避免使用斜线以外的其他图案。

此外，如果想给图表中对相邻要素填充不同的颜色，可以使用纯色填充并按照明暗度排列。但使用图案填充再交替使用类似于基本色和极浅色，也能够使商务文本看起来更加美观。

图3-3-G　填充图案的选择和使用

填充图案的设置如【图 3-3-F】所示，从“填充”中选择“填充图案”，设置前景色和背景色。该两种颜色越是属于相同色系阅读难度越低，选择完全不同的两种颜色的话严重影响美观度。

同色系的类型

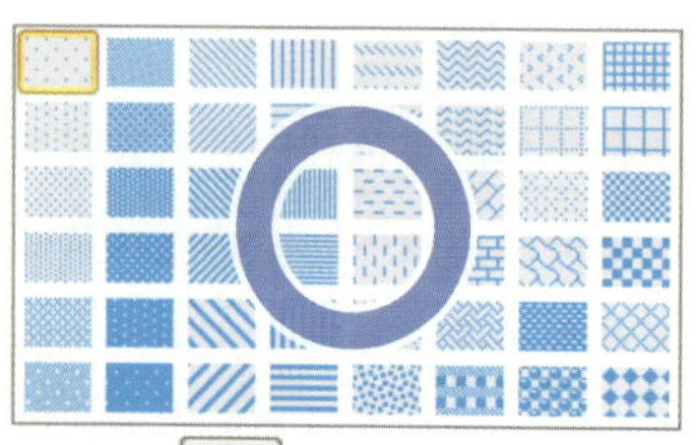

同色系的颜色搭配便于阅读，即使黑白印刷也可区分。

不同色系的类型

不同色系的颜色搭配美观度差，黑白印刷的效果也难以清楚辨别。

分别填充相邻要素时，相邻的区域使用相似的亮度，会增加阅读难度。

在分类填充类型的基础上区别亮度排列，即使使用同色系的颜色也容易区分。

速成法59

Skeleton
Draft
Fix

在 Excel 表格中根据项目内容选择颜色

首先将单元格全部设置为白色

需要我们熟练运用填充颜色的不仅是形状、示意图和图表。在图表的源数据Excel表格中，也需要区分使用颜色，既方便阅读，又易于修改。

首先，点击位于Excel窗口左上方的行和列的起点处的△，全选单元格，将填充色设置为白色。背景的单元格框线也会消失，工作表整体上看起来更舒服。

接下来，将列大致按项目内容分类，并为给每一类设置不同的填充色。比如在【图3-3-H】中，相同内容设置为灰色系、软件为绿色系、硬件为橙色系。在各自的分类内，给必要的信息项目做细致的分类，颜色设置为从最高层级向下逐渐变浅。第1层级为强调色，第2层级为基本色，第3层级为极浅色，这是区分度很高的颜色设置。

并且，在Excel中，还可以按照“①手动输入数字的单元格”和“②根据函数自动算出的单元格”对单元格做分类，对于这些单元格，我们可以设置一些固定的使用规则，这样使用Excel表格时会更加方便。

具体来说，将①手动输入单元格设置为白色，②自动计算单元格设置为浅黄色，利用这样的形式，可修改和不可修改的单元格就能够一目了然。因此，除制作者以外的人想要变更Excel表格，也能够非常快速地辨别出无法修改的自动计算单元格了。

我之所以推荐用浅黄色，是因为将即使这样的Excel表格打印出来，其颜色也浅到可以不被对方察觉。

因为打印好的资料上并不会显示出颜色，所以不会对说明造成任何干扰。

图3-3-H　Excel表格的列项目颜色区分

对于横向排列很长的 Excel 表格，通过给每一列中的项目设置不同的颜色，能够容易把握表格整体信息构成。

并且，通过使用颜色区分手动输入单元格和自动计算单元格，也能够了解当前项目是否可以修改。

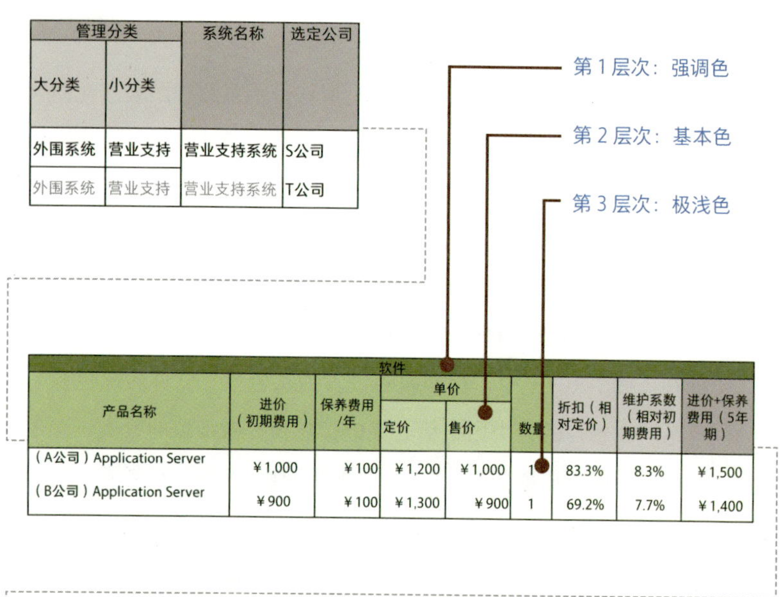

管理分类		系统名称	选定公司
大分类	小分类		
外围系统	营业支持	营业支持系统	S公司
外围系统	营业支持	营业支持系统	T公司

软件								
产品名称	进价（初期费用）	保养费用/年	单价		数量	折扣（相对定价）	维护系数（相对初期费用）	进价+保养费用（5年期）
			定价	售价				
（A公司）Application Server	¥1,000	¥100	¥1,200	¥1,000	1	83.3%	8.3%	¥1,500
（B公司）Application Server	¥900	¥100	¥1,300	¥900	1	69.2%	7.7%	¥1,400

硬件								
产品名称	进价（初期费用）	保养费用/年	单价		数量	折扣（相对定价）	维护系数（相对初期费用）	进价+保养费用（5年期）
			定价	售价				
刀片式服务器×21台 PC×2台	¥12,000	¥1,200	¥15,000	¥12,000	1	80.0%	8.0%	¥18,000
刀片式服务器×21台 开发PC×3台	¥15,000	¥1,450	¥19,000	¥15,000	1	78.9%	7.6%	¥22,250

本表格目的在于将 S 公司和 T 公司对于某系统的预算，从软件和硬件方面分别进行比较，因此横向排列各项目内容。

Ⅲ-3 总结

闭门造车导致失败

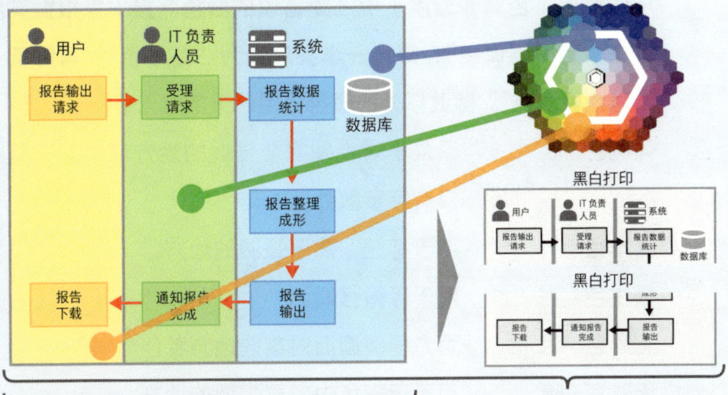

用户　IT 负责人员　系统

报告输出请求 → 受理请求 → 报告数据统计　数据库

报告整理成形

报告输出 → 通知报告完成 → 报告下载

黑白打印

用户　IT 负责人员　系统

报告输出请求 → 受理请求 → 报告数据统计　数据库

黑白打印

报告输出 → 通知报告完成 → 报告下载

商务文本中出现的颜色过多，易使阅读者分散注意力，从而不能集中于内容

失败

即使不同颜色，但将它们设置成相同亮度，因此黑白印刷版资料中颜色显示无差别

速成良法获得成功

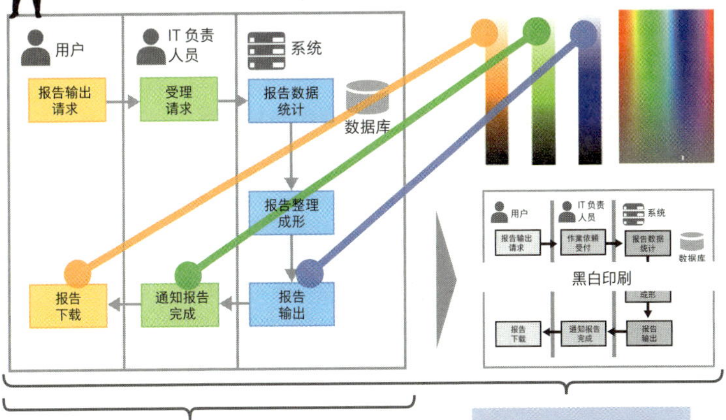

用户　IT 负责人员　系统

报告输出请求 → 受理请求 → 报告数据统计　数据库

报告整理成形

报告输出 → 通知报告完成 → 报告下载

用户　IT 负责人员　系统

报告输出请求 → 作業依頼受付 → 报告数据统计　数据库

黑白印刷

成形

报告输出 → 通知报告完成 → 报告下载

将背景色统一设置为白色，只在需要提醒的地方使用极浅色　56 57 58 59

使用了同样亮度的颜色，即使读者改变了背景颜色类型，也可以区分内容　55

速成法55　开始制作时不使用彩色

开始制作页面时不使用多种颜色，弄清楚需要强调和填色的部分。

速成法56　确定色系：强调色、基本色及极浅色

从调色板（色调×彩度）中选择喜欢的颜色。接下来根据亮度首先决定“强调色”，降低一半亮度值为“基本色”，再降低一半为“极浅色”。除此以外的颜色使用背景色或无彩色系。

强调色	只限于对特别需要强调的地方使用。一页中只有寥寥数处。
基本色	用于标题、需要强调的地方。
极浅色	用于轻微强调。
无彩色·明	为方便阅读而对某些地方着色。
无彩色·暗	用于无彩色中需要强调的地方。

速成法57　根据展示对象区别使用色系

如果对方组织有主题颜色，应将该颜色作为商务文本的色系。没有企业标准色可参照的话，可根据需要选用容易激发积极情绪的暖色系，或是保持冷静情绪的冷色系。

速成法58　使用图案填充，减少颜色数量

使用图案填充，可用单一颜色表示多种内容。

速成法59　在Excel表格中根据项目内容选择颜色

全体：全选单元格，设置填充色为白色。

列项目：设置第1层为强调色，第2层为基本色，第3层为极浅色。

单元格：手动输入单元格设置为白色，自动计算单元格设置为浅黄色。

定稿制作

润色加工成为有吸引力的商务文本

1 加强内容的说服力

2 优化印刷版资料的美观度

3 调整电子版资料的形式

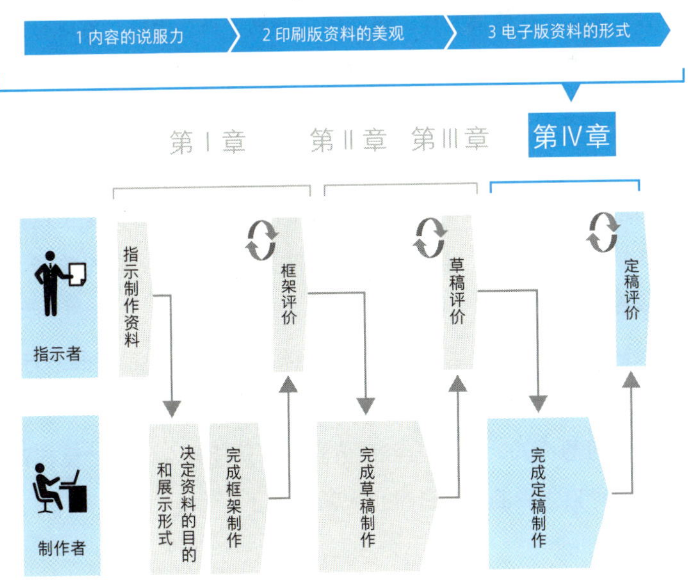

第1节　增强内容的说服力

学习目标：速成法60—63

借鉴失败案例

我们常常会想把全部内容都放在商务文本里，然后直接给对方阅读。但是，如果我们再次阅读，就会发现我们在制作时没有注意到的地方。

对这些问题置之不理的话，就会使读者认为这份商务文本内容太肤浅，还需要再次讨论。

让我们来看一个失败的案例。

课长让S制作一份面向X公司营业支持系统开发的提案书。接到指示后，S使用PowerPoint完成了提案书的草稿。按照平时的流程，在这阶段应该请课长做出评价，但是因为S忙于其他工作，就完全忘记了要询求课长的意见。

S想着反正在草稿制作的过程中也得到了多次指导，就这样直接给对方展示应该也没关系吧，就这样到了召开提案书报告会的日子。

按照预定计划，在报告会上X公司的负责人就应该采纳提案内容，然而出乎意料的是，负责人提出了非常尖锐的问题。

“提案中的本公司和竞争对手公司的销售额比较数据是出自哪里呢？数据来源也没有，其他页面中居然又出现了不一样的数据。这份资料真的可信吗？”

“还有，图表的数字也很模糊，网格线过多，看起来很不方便。这样的话难免会让我觉得其他内容肯定也有不完善的地方。”

结果可想而知，提案内容也被驳回，只能再次仔细检查核对提案内容，导致之后的工作进度也大幅延后了。

这次的失败是由于忽视了提案书整体的一致性而导致对方不信任造成的。

S可能是基于下面的想法制作提案书的：

- **大部分内容正确的话，有的地方存在不足也没关系**
- **读者能够正确理解我的观点和主张**

盲目乐观的人常常会抱有“只要不犯大错，即使有一些小瑕疵，读者也能够理解”这样错误的想法。但是，如【图4-1-A】所示，并不是所有的读者都能正确了解我们强调的信息。

为避免这样的情况发生，我们接下来学习增强说服力的速成法。

图4-1-A　未成功增强说服力的失败类型

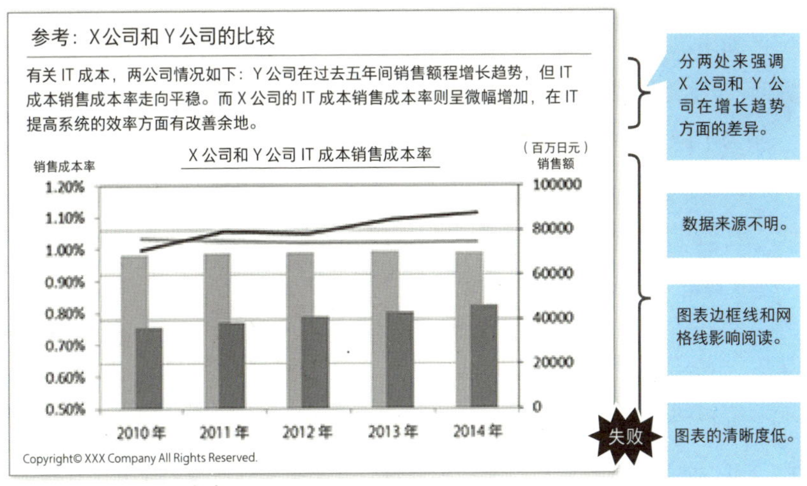

速成法60

Skeleton
Draft
Fix

强调重点：加粗着色

引起注意：强调外观表现，明示主张

如果是在某种程度上已经完成的商务文本，只要强调“希望对方关注的地方”，就能够将对方的注意力引到我们希望他关注的信息上。

假设，我们要使用面积图来说明营业支持系统的劳务费用总额，以及在全部费用中所占比例。

如果单纯地制作面积图，我们想要强调的地方就会被淹没在其他要素中。对方在专心寻找数据时，我们说的话就完全成了耳旁风，不会在对方记忆中留下任何印象。

如果这样的事情在会议中多次出现，仅是反复说明内容就浪费了大量时间，因此也无法更加深入地讨论，从而使对方理解和接受我们的主张。

为了避免这样的情况发生，有效的方法是：在想要引起注意的地方，“强调表达方式”+“明示主张”。

在面积图的例子中，如【图4-2-B】所示，仅在想要强调的地方加粗和加黑框线，并将数字的字体设置为“Arial Brack”来达到强调目的。

并且，在这个要素中要明确写出“总成本的12.5%”这一想要强调的内容。

不仅可以直接写出想要强调的主张，在想要强调图表中的数字增减时，可以使用箭头。这样一来，即使没有文字也能够迅速向对方传达数字变化的趋势。

另外，在强调文本内容时也有需要注意的地方。

文本中需要强调的地方，大致可以分为强调目的和强调对象两种类型。

因此，想要通过加粗或设置颜色来突出文本中的重点部分，要尽可能

将该部分整合在一起，分为“目标文本和对象”。

通过这样的方式，想要强调的要点就不会在分散在文本各处，如【图4-1-C】所示，更加能够强调重点。

图4-1-B 图表中强调要点的方法

即使容易被淹没在图表中的信息，只要强调外观表现并用文字明示主张，对方也能够瞬间理解我们想要传达的信息。

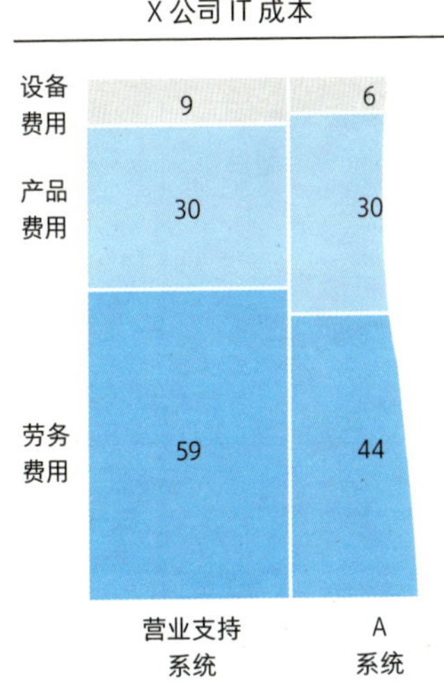

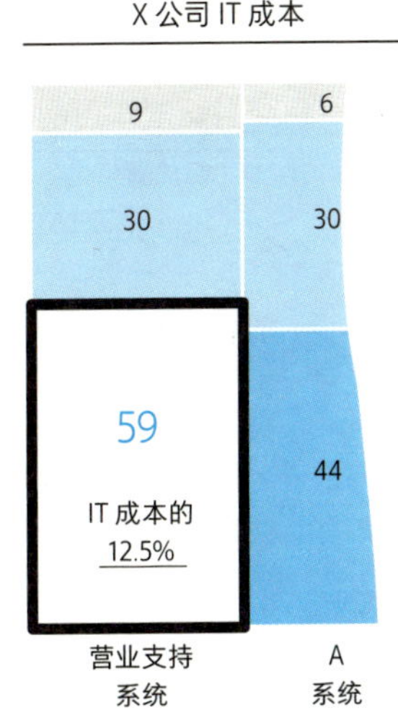

图4-1-C　文本中强调要点的方法

营业支持系统在 X 公司的 IT 成本中所占比例

目的部分

仅劳务费用一项就占到 IT 成本的 12.5%，对 IT 成本影响甚大。

对象部分

为压缩这部分的成本，就有必要取消不需要的系统

目的部分

开发作业并精查成本。

对象部分

对象

因为在 X 公司的 IT 成本中占比过大，因此需要压缩营业支持系统部分的成本。其中要对所占比例特别大的劳务费用（12.5%）部分的成本进行精查，来取消不必要的系统开发作业。

目的

速成法61

用“增强型图元文件”的形式粘贴图表

存储容量小的贴图形式

在商务文本中使用不同格式的图表时，要在粘贴图表时选择“增强型图元文件”的形式。

因为增强型图元文件包含矢量信息和位图信息，粘贴后的文字和图像的清晰度都更高，只需要占用很小的存储容量。

另一方面，使用Excel做成的表格或图表，可以利用“Microsoft Office图形对象”粘贴到PowerPoint或Word中，同时也可以直接修改图表。

比增强型图元文件的存储容量更大，因无法改变文字大小而在扩大和缩小图表时影响美观度，这些也是Microsoft Office图形对象的不足之处。因此除非有“不合适用增强型图元文件”的条件限制，否则一般来说不推荐使用该形式。

图4-1-D　图表的选择性粘贴

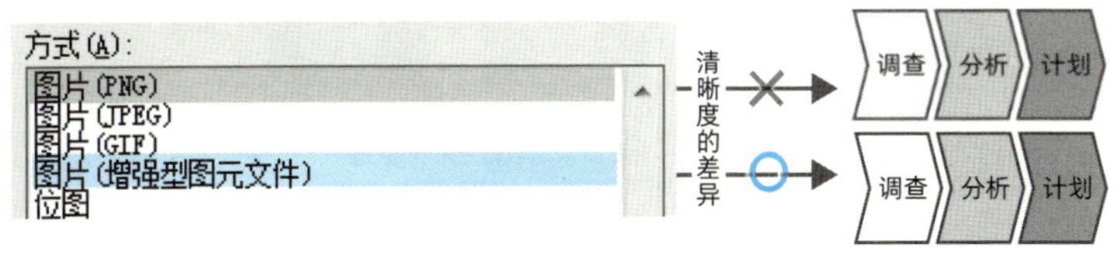

速成法62

Skeleton
Draft
Fix

清除图表的边框线和网格线

删去多余要素，突出引起强调的部分

在用Excel做成的图表中，默认会有边框线和网格线。但是，边框线的存在影响了外观，网格线间隔过窄的话读者就无法将视线集中于数据，如此一来，读者无法马上读取重要的信息。

因此，可以通过清除边框线或扩大网格线的间距来解决这一问题。弱化线条造成的压迫感，让读者集中注意力。如果网格线过于靠近图表形状的话，也可以清除网格线。图表外观简洁的话，更容易将注意力聚集到关键部分。

图4-1-E　清除边框线和网格线

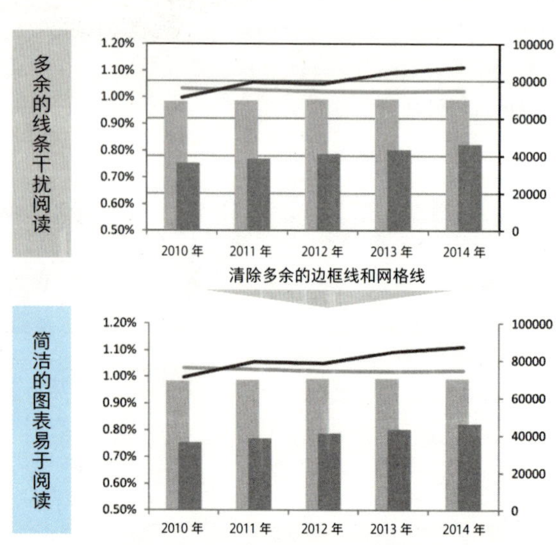

Skeleton
Draft
Fix

速成法63

注明图表数据来源

保证商务文本的可信度

出处不明的数据是没有可信性的，使用这样的数据也会影响商务文本的可信程度，无法得到对方的认同。

因此，如果文中出现的事实或数据是会直接影响对方判断的内容和图表，一定要注明来源。数据来源可直接标注在图表的上方或下方，也可以使用脚注的形式说明。

图4-1-F　示例：注明来源

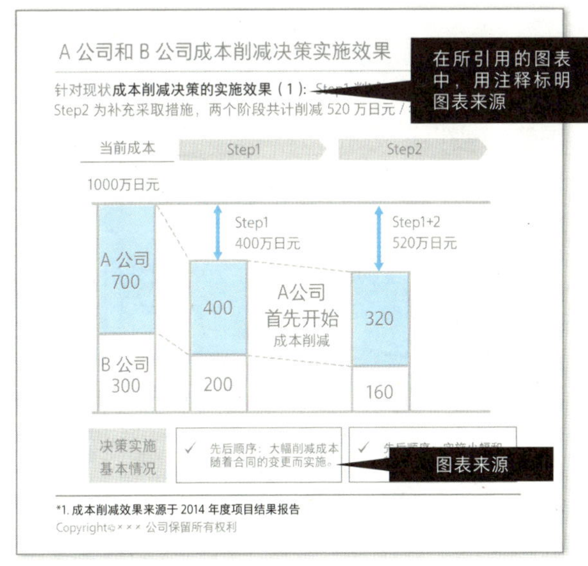

Ⅳ-1 总结

闭门造车导致失败

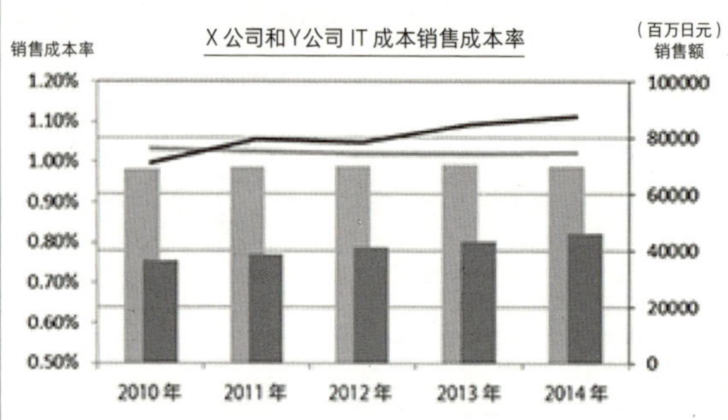

失败

分成两处来强调 X 公司和 Y 公司在增长趋势方面的差异。

数据来源不明。

图表边框线和网格线影响阅读。

图表的清晰度低。

速成良法获得成功

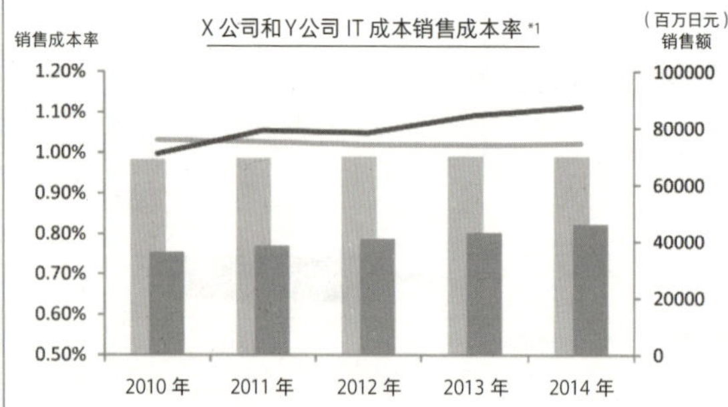

60

61

62

63

将文章中的重点内容整合在一处，起到强调效果。简洁的图表美观方便阅读，注明数据来源提高可信度。

速成法60 强调重点：加粗着色

在图表中想要引起注意的地方，“强调表达方式” + “明示主张”。分类整合文本的“目的部分”和“对象部分”，来集中强调内容。强调数字将其字体设置为“Arial Brack”。

速成法61 图表图片以“增强型图元文件”的形式粘贴

用“增强型图元文件”的形式粘贴图表，能够调整图片尺寸且保证清晰度。

速成法62 清除图表的边框线和网格线

清除框线，扩大主要网格线间距或直接清除，能够减轻网格线带来的视觉压迫感。

速成法63 注明图表数据来源

如果商务文本中的事实内容或含数值的图表会影响对方做出判断，一定要注明出处。

第 2 节　优化印刷版资料的美观度

学习目标：速成法64—67

借鉴失败案例

如果是看着显示屏制作商务文本的话，我们经常只着眼于电脑屏幕上的显示是否美观，无法预料到只有在印刷后才会发现的一些问题。

让我们来看一个失败的案例。

课长让S制作一份关于面向X公司营业支持系统开发的提案书。接到指示后，S使用PowerPoint制作了提案书的草稿。因为这份提案书需要使用投影仪放映，为了节约纸张，S就没有考虑要分发纸质商务文本。

在报告日当天，课长和S前往X公司，立刻开始准备使用投影仪放映。但是，X公司的部长表示，希望能够边听报告边记录笔记，所以S赶忙借用X公司的打印机来打印提案书。

S本以为因为电脑屏幕上看着提案书的排版都很干净利落，打印出来也应该没有什么问题。但是就在S给参会者分发纸质资料后，准备开始报告会时，刚才提出要求的部长却突然提出了一些意见。

“这份提案书里多余的框线太多，看起来很困难啊。而且Excel资料中的表格突然中断，不知道具体的内容是什么。这么大的一张Excel表格用A4纸打印，这么小的文字也看不清啊。这样也无法讨论表格的内容，这部分的内容就留到下次再讨论吧。”

结果可想而知，提案内容一旦被驳回，只能再次调整内容，其后果就是之后的工作进度也受到了影响。

这次的失败，主要是因为S虽然认为有需要纸质资料的可能性，但却没有确认纸质资料的印刷效果造成的。

S大概是出于下面这种想法制作提案书的：

- **电脑屏幕上显示正常的话，打印出来也不会有问题。**

事实上，电脑屏幕上的显示和实际打印出来的效果是不同的。如【图4-2-A】所示，字体大小产生了差异，黑白打印时，颜色也与预期大不相同，如果没有看到实物的话是无法发现的这些问题。

为了避免这样的问题，我们需要了解打印资料的速成法。

图4-2-A 纸质资料显示异常的类型

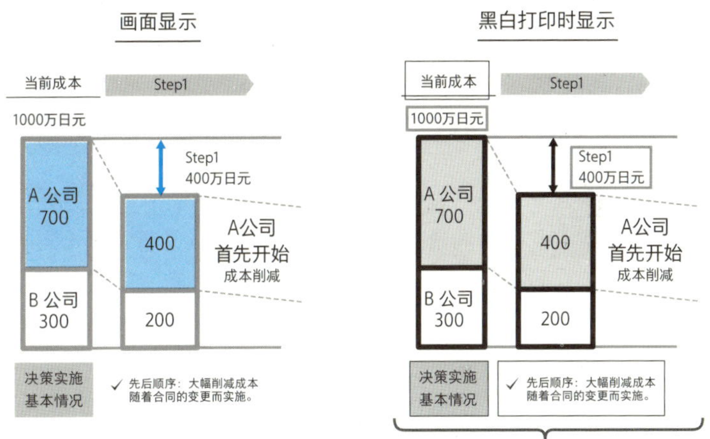

2个柱形图的外观差异显而易见。没有显示在电脑屏幕上的边框线会在黑白打印时显示出来。

速成法64

Skeleton
Draft
Fix

完整显示印刷版资料的文本内容

"换行"：保证效率和显示美观

与PowerPoint和Word不同，使用Excel制作商务文本时，电脑屏幕上呈现的文字承载宽幅与实际印刷时是完全不同的。因此，在表格内的文字排列非常紧凑的话，实际印刷时就会有显示不完整的情况。

如果逐个设置各行各列的长和宽，虽然能够消除这种问题，但是每当需要增加单元格内的文本内容时，就需要调整单元格。

因此，出于效率和美观的角度考虑，可以在Excel表格内已有文本的单元格的基础上再另外插入一行（Alt+Enter）。这样一来，就有了换行的余地，印刷时也不会出现文字被"吃掉"的问题。

另外，当单元格的右端只剩下3个字左右的空白时，这样的地方在印刷中最容易出错。因此需要另外插入一行来防止打印时出现显示不全的情况发生，此时有几处布局紧凑的地方就要另外插入几行，如【图4-2-B】所示。

图4-2-B　Excel表格印刷时产生的文本显示不全

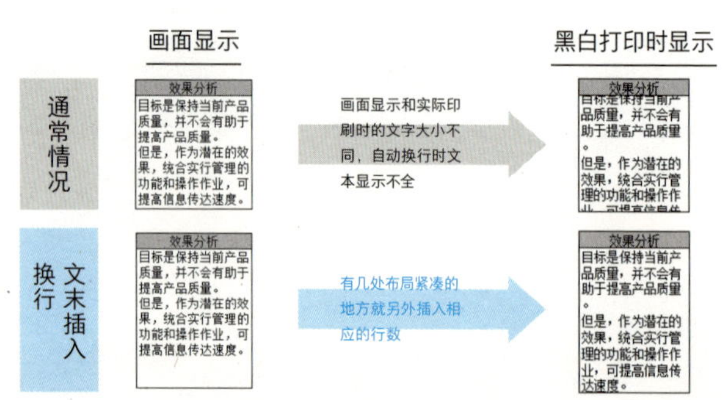

速成法65

Skeleton
Draft
Fix

设置灰度

防止纸质资料效果的“劣化”

在经常使用形状的PowerPoint资料中，为了不在黑白印刷时影响美观，可以设置灰度。

如果忘记设置灰度，黑白印刷资料时，就会遇到“文字由白变黑”“框线由不显眼的浅色变为粗重的黑色”等状况。这样一来，调整商务文本格式的努力就没有了意义。因此，切记要设置灰度，如【图4-2-C】所示。

图4-2-C　灰度的设置方法

操作方法如下：“视图”菜单—选择“颜色/灰度”功能区的“灰度”—设置幻灯片的灰度。接下来，全选画面内的要素形状—右键单击出现“快捷菜单”—选择“灰度设置”，可从中设置形状的灰度。

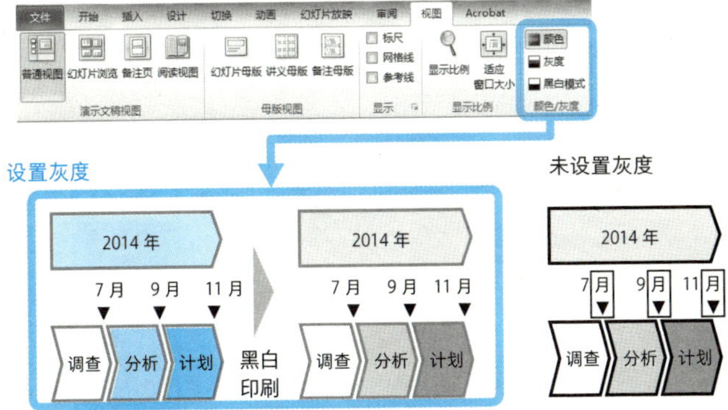

速成法66

Skeleton
Draft
Fix

调整页边距以便书写笔记或整理要点

预测读者行动，控制页边距

有很多人不带笔记本参加会议，而是记录在会议中分发的资料上直接记录。并且，在评价资料时，有些人直接在资料上做标注，再交给对方修改。

因此，有意识地在印刷版资料上适当增加页边距，方便对方做记录，也会对我们的商务文本产生积极的反馈。

反过来，最大限度地减小页边距以增加一张纸所承载的信息量也是可以的。页边距的调整方式如【图4-2-D】所示。

图4-2-D 页边距的调整方法

PowerPoint 页边距

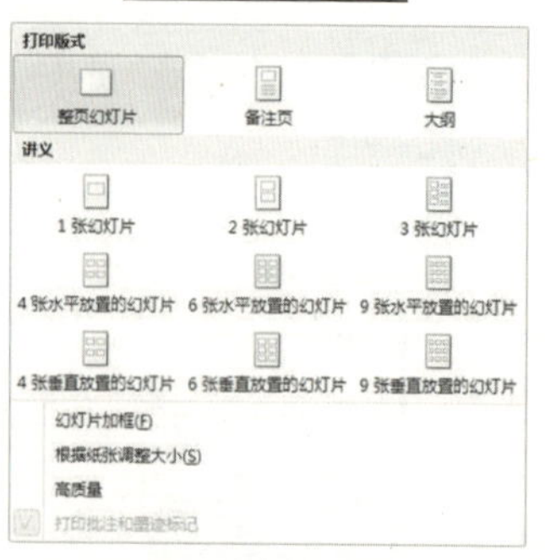

在 PowerPoint 中，可以设置一页纸上打印幻灯片的数量。
选择“根据纸张调整大小”，可缩小或放大打印范围。

Word 页边距　　Excel 页边距

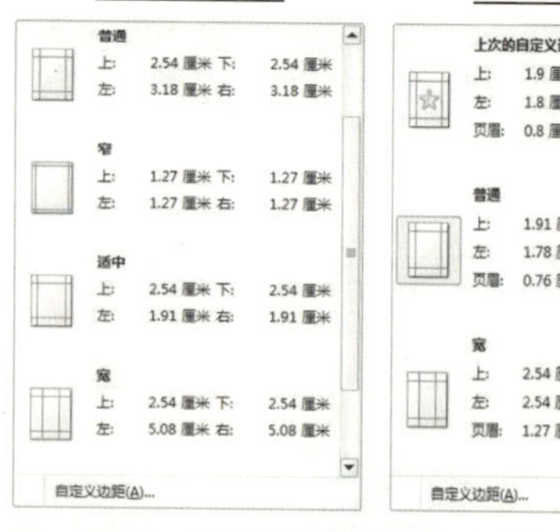

Word 和 Excel 可直接设置页边距。如果想尽量放大表格或文章内容，就要尽量缩小页边距。

Skeleton
Draft
Fix

速成法67

确认 Excel 的打印区域和尺寸大小

注意设置打印机的用纸尺寸

如果在Excel资料时，如果不事先设置打印区域，打印时就会出现仅放大表格的一部分或分页不恰当的情况。

因此，打印Excel资料时，要设置打印区域和打印标题，用纸尺寸也要和Excel表格的大小一致。如【图4-2-E】，设置各个项目。

图4-2-E　Excel打印范围及尺寸的设置方法

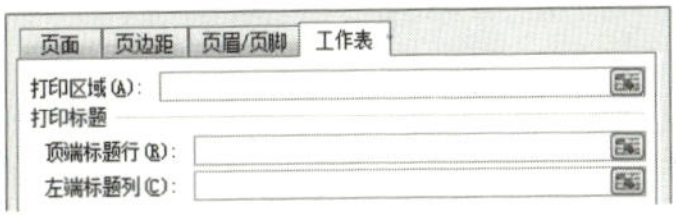

即使不指定打印区域，也可以从下面的打印设置中进行制定。

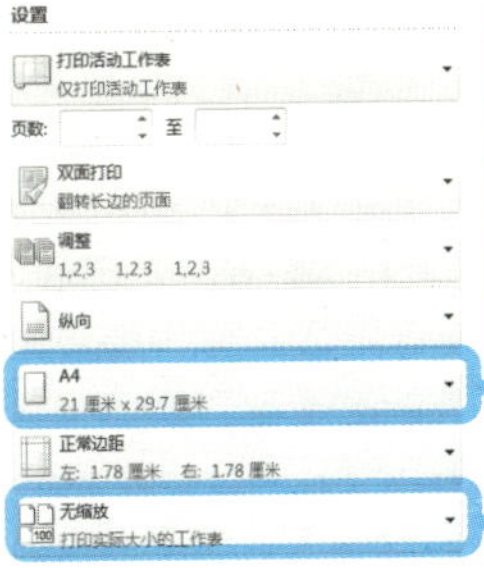

Excel 设置纸张尺寸为 A3 大小，但打印机中放置的是 A4 纸时，打印时原本 A3 大小的表格就会打印在 A4 纸张中，内容会显示不全。因此要确认 Excel 打印设置和打印机内的纸张大小是否一致。

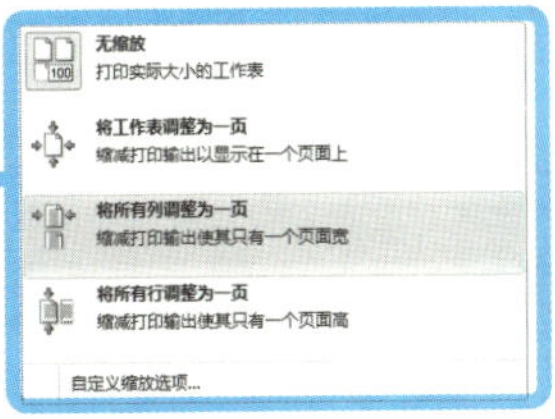

在 Excel 中选择“将全部列调整为一页”。即使增加行数，也能规整地另起一页。

Ⅳ-2 总结

闭门造车导致失败

画面显示

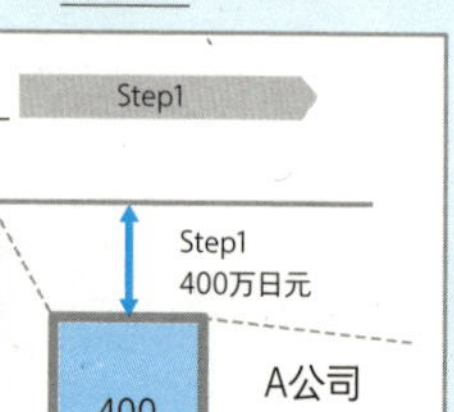

黑白打印时显示

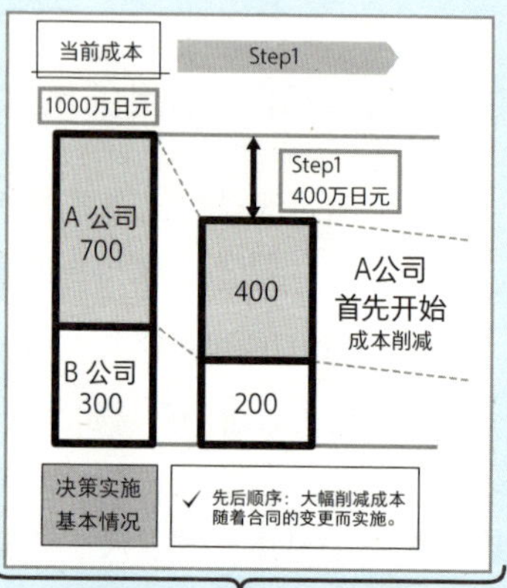

2 个柱形图的外观差异显而易见。没有显示在电脑屏幕上边框线会在黑白打印时显示出来。

速成良法获得成功

画面显示

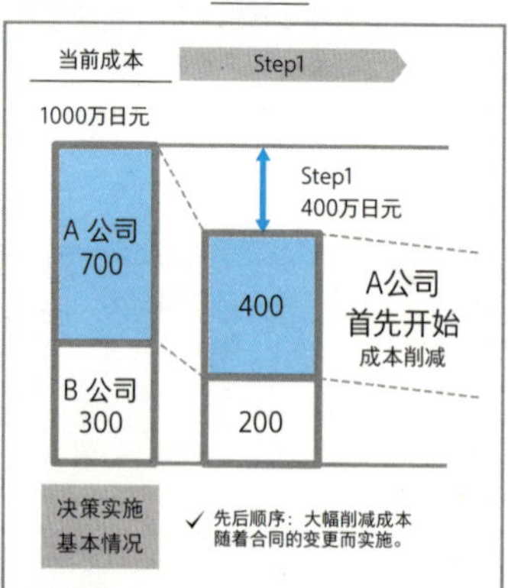

黑白打印时显示

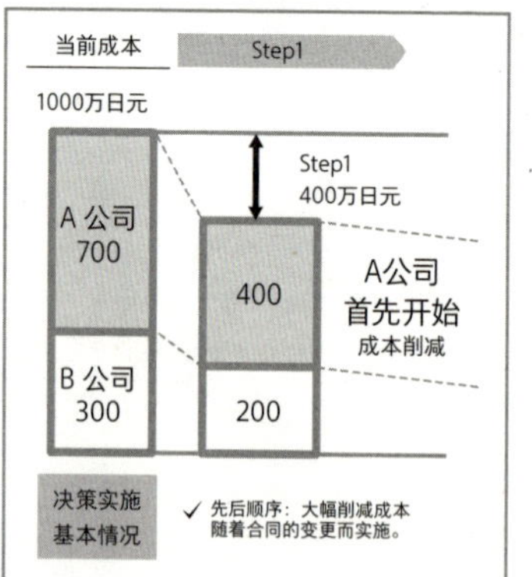

为透明边框线设置灰度，黑白印刷时也不会显示边框线，影响美观度。

速成法64 完整显示印刷版资料的文本内容

对Excel表格内全部输入文本的单元格，再另外插入一行（Alt+Enter）。只需要在句末靠近单元格右端的部分插入换行。

速成法65 设置灰度

对幻灯片内全部对象设置灰度，防止突出不必要的线条和黑白转换。

速成法66 调整页边距以便书写笔记或整理要点

提炼内容，调整上、下、左、右的边距以书写笔记或整理要点，或最大限度地减小页边距来增加1张纸所承载的信息量。

速成法67 确认Excel表格的打印范围和尺寸大小

打印Excel资料时，要设置打印区域和打印标题，在用纸尺寸上也要和Excel表格的大小保持一致。

第 3 节　调整电子版资料的形式

学习目标：速成法68—70

借鉴失败案例

使用投影仪放映的很顺利，纸质资料的效果也很好。这样一来制作商务文本就大功告成了吗？

并非如此，还有一件重要的事不能掉以轻心。如果忘记这件事，就功亏一篑了。

让我们来看一个失败的案例。

课长让S制作一份关于面向X公司营业支持系统开发的提案书。接到指示后，S使用PowerPoint完成了草稿。之前的报告会展很顺利，匆忙中印发的资料也没有出现任何问题。

报告会结束的第二天，X公司的负责人提出要求，“因为想在公司内和大家分享昨天报告会的资料，希望能发送电子版过来”。S立刻将文件发送给了X公司。

过了几天，S联络X公司的负责人来了解公司内的反馈情况，却受到了意想不到的打击。

“报告内容虽然不错，可是后面添加着其他公司的案例，应该是Y公司吧。这就是个大问题了，如果我们公司的信息也对外泄露就严重了，所以，我们这次的合作就到此为止吧”。

为了让提案内容更加易懂而介绍其他公司案例，确实使用了竞争对手Y公司的资料，但是S从来没有直接提到过公司名称。

但是，对方怎么就会知道该资料时Y公司的呢？

于是X公司的负责人直接告诉了S。

"因为属性信息写着"'Y公司问题一览'啊，我们部长看见了这个地方。"

这次的失败是由于S并没有检查电子版的资料是否包含敏感信息而直接发送给对方造成的。

S可能是出于这样的想法：

- **可见范围内没有问题的话，就这样把文件传送给对方也没问题**

但是，在电子版资料中，有不直接可见的属性信息等。如【图4-3-A】所示，如果不仔细确认的话是无法发现的。为了避免这样的严重的问题出现，我们必须掌握有关发送用的电子版资料的速成法。

图4-3-A　电子版资料形式错误的类型

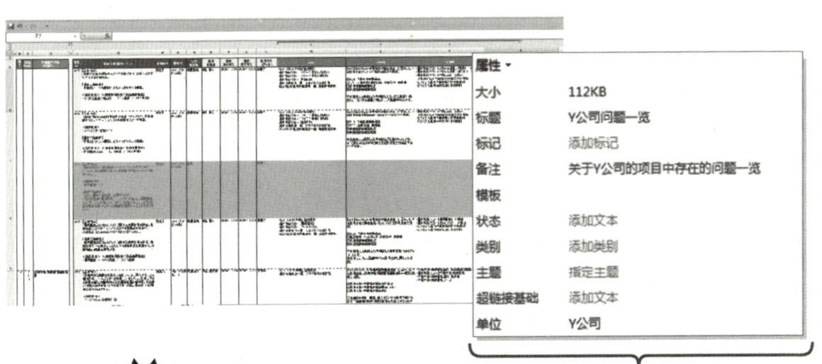

PowerPoint、Word、Excel 资料中如果事前被设置了不直接可见的属性内容，不加注意就发送文件的话，会有预期之外的重要内容残留。

速成法68

Skeleton
Draft
Fix

删除无用的幻灯片母版

防止信息泄露和文件格式过大

当资料以电子版的形式传送给对方时，在不直接可见的地方很可能存在着信息泄露的风险。其中一个就是幻灯片母版的内容。

假发送给X公司展示的提案书实际上是从提交给Z公司的提案书中的一部分化用而来。

乍看上去PowerPoint资料中并没有什么问题，但是打开幻灯片母版界面查看，以前用于Z公司的模板还残留在母版中。

如果没有注意到这一点，直接用PowerPoint的形式将文件发送给X公司的话，就会演变为危及企业信息安全的严重后果。

最坏的情况可能是受到本公司的处分，以及被对方公司禁止出入。因此，为防止信息泄露，有必要检查幻灯片母版。

另一方面，从实际操作的角度来讲检查幻灯片母版也是有必要的，就是为了不使文件格式过大。

明明幻灯片只有几页，但是却因为某种原因文件的容量达到了数MB，这样的PowerPoint资料可能是因为包含了大量不需要的幻灯片母版。

我以前接收过一份PowerPoint形式的提案书，虽然只有10页幻灯片，但是文件容量却达到了3MB。文件并没有插入很大的图片，让我觉得很不可思议。结果查看幻灯片母版的时候大吃一惊，足足有50多张幻灯片隐藏在其中。

删除幻灯片母版要使用幻灯片母版功能。将鼠标指针移到幻灯片母版上，就可以看出该母版用于第几张幻灯片。

没有被使用的母版会显示标注“任何幻灯片都不使用”，可按照

【图4-3-B】的方法删除。

图4-3-B　无用幻灯片母版的删除方法

操作方法如下：选择“视图”菜单—单击“母版视图”功能区的“幻灯片母版”选项，便可在窗口左侧一览商务文本中幻灯片母版的使用情况。

将鼠标指针移到各个幻灯片，被使用的会显示幻灯片编号，未被使用的则显示“任何幻灯片都不使用”，可以删除。

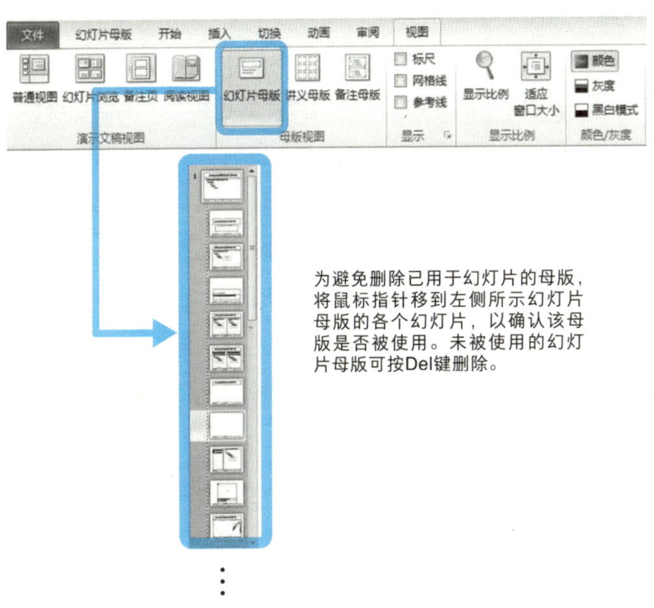

速成法69

Skeleton
Draft
Fix

清除无法直接可见的信息

注意页眉/页脚和属性信息

作为常见的隐藏信息的地方，前文提到了PowerPoint资料的幻灯片母版，Word和Excel资料也有共同之处，即①页眉/页脚和②属性信息。

① 页眉/页脚是在印刷时自动插入资料上方和下方的信息项目。其中，Word资料中的属性信息可以直接从显示屏上确认的，但是Excel资料中的页眉、页脚信息只有在印刷时才能看到，因此在看到印刷版资料后才能察觉到有错误的地方。

比如说，我们本来想要制作X公司的问题一览表，但是因为化用了之前用于Z公司的同一份文件，忘记删除公司名称这样的情况屡见不鲜。

② 属性信息是不显示在印刷版资料中的文件内部信息。但是在属性中包含下列项目。

“标题”“副标题”“标记”。

“公司”。

“管理者”“作者”“最后一次保存者”。

如果化用以前制作的文件，无论如何都无法想象到这些属性都已经被保存了下来。

假设对方想要一份其他公司的案例，我们提供了之前给竞争公司制作的机密信息，不过已经从中剔除了专有名词等内容。但是，属性信息中依然保存着竞争对手公司的名称或内部负责人的姓名等信息，这样就演变成了重大的信息泄露事件。

由此引发的信息泄露，在负责特定项目时会偶尔发生。失败的时候，吓得直冒冷汗是于事无补的。因此要事先防范，删除相关信息，如【图4-3-C】所示。

图4-3-C　删除页眉/页脚、属性信息的方法

①页眉和页脚

“插入”菜单—“文本”功能区—“页眉和页脚”命令，确认其中值的设置。

“插入”菜单—“页眉”和“页脚”功能区—分别选择“页眉”和“页脚”命令，确认其中值的设置。

“页面布局”菜单—点击“页面设置”功能区的扩展按钮—选择“页眉和页脚”选项卡，确认其中值的设置。

②属性信息

无论何种展示形式，都可以用下面的方法删除属性信息。“文件”菜单—“信息”选项—选择“准备共享”部分的“检查问题”。

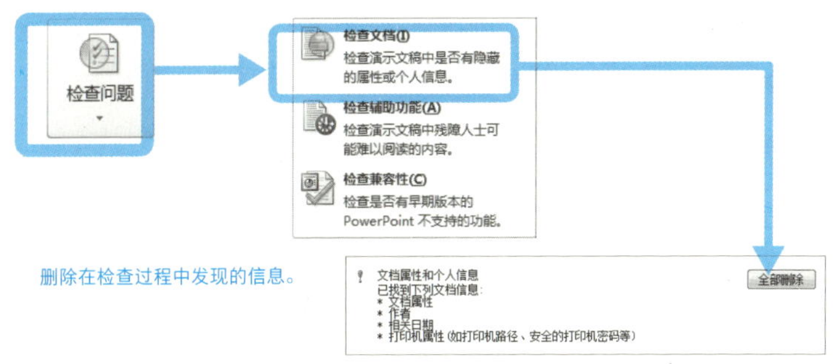

删除在检查过程中发现的信息。

♛ 速成法70

Skeleton
Draft
Fix

防止改写文件

PDF 格式或设置保护文档

在企业间的往来交流中，经常会有这样的需求：虽然有必要将信息传递给对方，但不想让对方改写文件内容。这时为防止文件被改写，可以设置文档保护或转化为PDF格式再传送给对方。

设置保护文档的方法如【图4-3-D】所示，PowerPoint、Word、Excel这些软件都可以从“文件”菜单中设置保护文档，但是根据文件形式的不同所要保护的内容有所不同。

无论是何种形式，都可以选择“标记为最终状态”，将其设置为只读文件来保存。如果只是想要一定程度上防止文件被改写，这样就可以达到目的了。

Word和Excel可以做更细致的改写保护，但是其中使用频率最高的还是Excel的权限设置。

在Excel中可以设置是否能够在单元格内输入内容。这样可以对方仅添加、修改一部分的内容，并不会触及到核心内容。

这样可以防止修改单张工作表和工作簿（文件内的全部工作表）中的内容。

用PowerPoint、Word、Excel制作的商务文本都可以转换为PDF格式。操作方法如下：选择“文件”菜单—选择“保存并发送”—选择“创建PDF/XPS文档”。

一旦更改文件格式，就无法重新找回本来的文件格式。因此，如果不想让对方修改文件内容，比起设置保护文档，PDF格式更为便捷且防护程度高。

但是，即使将商务文本转换为PDF格式，原文件中隐藏的文本内容还残留在其中。因此，不想将机密信息泄露给其他人时，保护前就要将隐藏的内容删除，再设置文件保护或转换为PDF格式，做好这一切预防工作后再将文件传送给对方。

图4-3-D　设置保护文档的方法

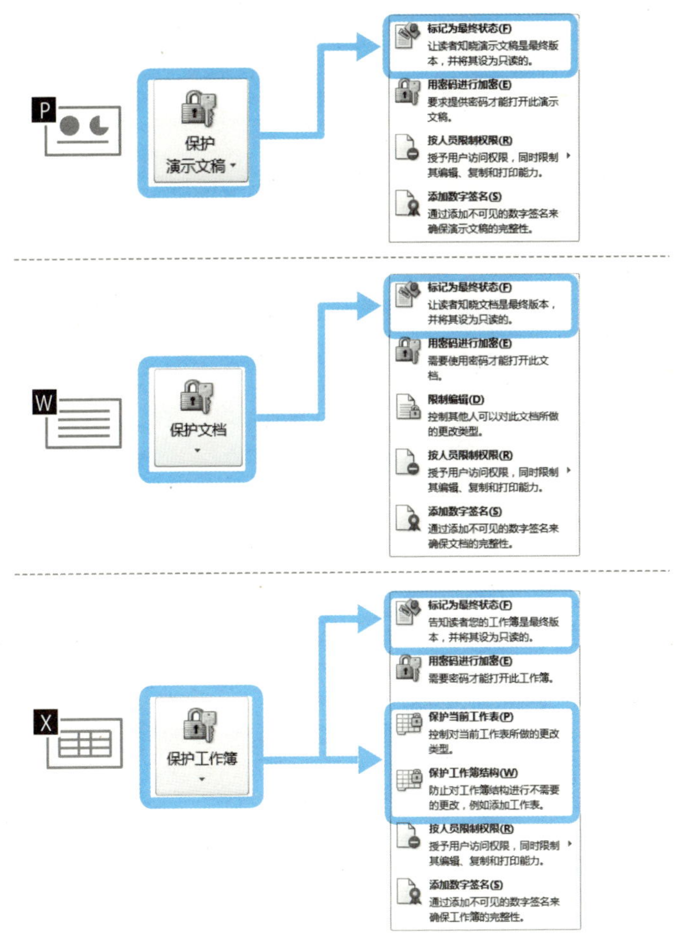

Ⅳ-2 总结

闭门造车导致失败

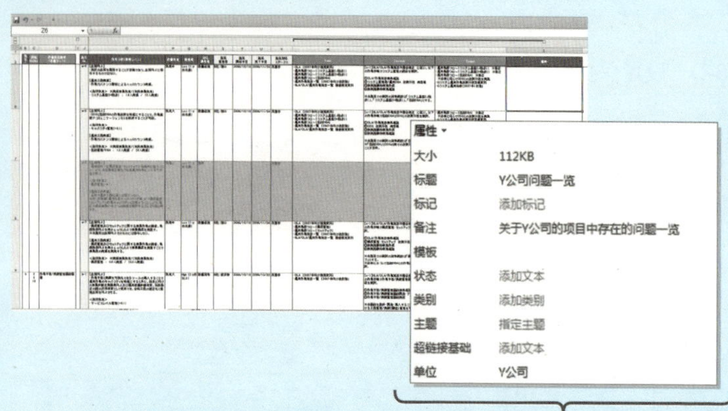

PowerPoint、Word、Excel 资料中如果事前被设置了不直接可见的属性内容，不加注意就发送文件的话，会有预期之外的重要内容残留。

速成良法获得成功

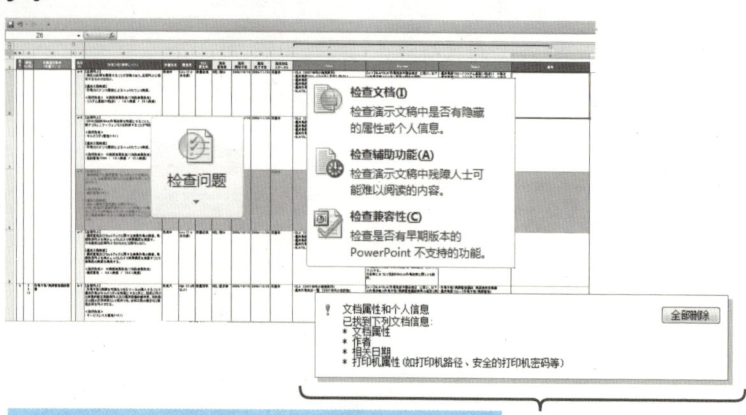

使用“检查问题”，检查文件全部的设置值，发现可能存在问题的地方。删除不能出现的属性信息，完成电子版资料的制作。

速成法68 删除无用的幻灯片母版

PowerPoint资料在删除不可用的幻灯片母版后才可对外传送。

速成法69 清除不直接可见的信息

确认页眉/页脚和属性信息中的内容，删去不可用的信息。

速成法70 防止改写文件

对于不想被改写内容的资料，应设置保护文档或将文件转换为PDF格式，改为只读文件后方可对外传送。

参考信息

制作外企咨询公司商务文本范例

1 制作外企咨询公司商务文本范例

2 熟练使用快速访问工具栏

3 咨询师常用的 Excel 函数

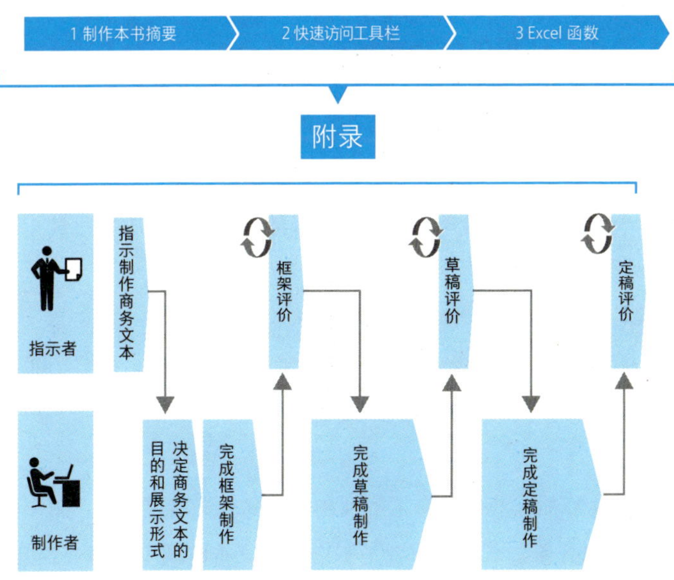

第 1 节　实践操作：制作本书摘要

使用本书的速成法制作第 I 章的摘要

灵活运用本书中介绍的速成法，详细说明了从框架到草稿，再到最终完成定稿的制作过程。

在本章中，希望大家可以参照本书第 I 章所示的制作框架的步骤，制作说明概要的资料。为了简化说明，使用PowerPoint制作PREP的P（主张）部分，然后再考虑接下来的内容。

Who：制作商务文本的初学者。

What：本书中第 I 章所示制作框架的步骤概要。

Why：大致掌握框架制作的步骤。

从这里开始，使用工作表来着手制作框架吧。

第 1 阶段：使用工作表大致对要素分类

第 I 章是关于“框架的制作方法”的章节，因此要求要清楚地展示框架制作的步骤。想进行简洁的说明就要使用图解方式，如果一开始不能掌握商务文本的全貌，就很容易遗漏一些信息。在这个例子中，首先要把握制作商务文本的整体流程。

因此，一开始要用工作表来整理信息。

使用Excel制作工作表。用表格形式整理信息的话，无论是谁都能理解想要说明的内容，是一种简单的表达形式。

阅读第 I 章后，我们就会了解到在制作商务文本过程中，制作商务文本的指示者和商务文本的制作者是制作商务文本的两个主体。也就是说，在商务文本的制作过程中，实施的主体不同，效果也会大不相同。

再者，各制作阶段之间存在先后关系，某个阶段没有完成就无法进入下一阶段。我们需要用工作表的形式整理这些步骤，如【附录图-1-A】所示。

附录图-1-A　第 1 章摘要报告的工作表

		作业名称		前提任务	负责人	任务概要
1		制作商务文本的指示			指示者	•指示制作者制作商务文本 •向制作者传达制作商务文本的前提事项
2		明确 Who、What、Why		1	制作者	•为使对方理解、说服对方，引导对方采取下一步行动。明确 Who（读者）、What（目的）、Why（理由）
3		读者的期待及理解度			制作者	•思考读者的特征，从对方的期待和理解程度来考虑“最具效果的展示方式”
4		推测能使对方理解的展示形式		1 3	制作者	•选择最容易说明的想要对方了解的信息和采取的行动的展示形式 •如有规定的形式，则按照规定。如果没有，按照是否适于① PowerPoint ② Excel 的顺序判断
5		决定商务文本展示形式		4	制作者	•按照①框架→②草稿→③定稿，三个阶段制作商务文本
6	1	制作框架	制作目录标题	5	制作者	•将内容按照目录层次＋概要说明层次的形式写在纸上
	2	制作框架	用 PREP 列举论点	6-1	制作者	•根据 PREP（主张－理由－事例－再次主张）组织目录，能够尽早消除读者因不理解内容产生的不满情绪
	3	制作框架	列举足具合理性的理由	6-1	制作者	•为不产生疑问和矛盾，列举合理的主张和理由
	4	制作框架	异议在最后提出	6-1	制作者	•与读者的观点完全不同时，说明情况后再提出自己的主张，能够减少对方的消极情绪。
	5	制作框架	用“2 个立场 ×6 种思路”模式展示提案	6-1	制作者	•对方有具体方案时提案立场为“强调客观性的专家立场”，否则，为“强调主观性的当事人立场” •说明逻辑有 6 种思路可采用 ※ 循序渐进确认型 / 列举事实论证型 / 灵光一闪创意型 / 不断试错型 /1 ＋ 1 ＝ 3 型 / 引导新思路型
	6	制作框架	书面整理框架	6-1	制作者	•框架制作从写到纸上开始，而不是直接使用电脑
7		评价框架		6	指示者	•请指示者检查评价框架，指出需要修改的地方或确认已修正过的地方
8		制作草稿		7	制作者	•按照框架制作大致内容
9		评价草稿		8	指示者	•请指示者检查评价草稿，指出需要修改的地方或确认已修正过的地方
10		制作定稿		9	制作者	•更新草稿，完成程度应为可向第三方展示的最终版本
11		评价定稿		10	指示者	•请指示者检查评价定稿，指出需要修改的地方或确认已修正过的地方

第 2 阶段：以工作表为基础制作框架结构

工作表适用于全面地整理信息，但是直接使用的话，会因信息量过于庞大，接受说明的一方也会不知道应该从哪里开始阅读。

因此，在报告书中要指定最希望对方了解明白的信息，为了说明这些信息来制作和设置框架结构的内容和格式。

如前文所述，基于“What”和工作表的内容，确定报告书的关键信息。最希望得到对方反馈的地方即为“制作框架结构的步骤”。因此要将【附录图-1-A】的#6–1~6直截了当地概括信息内容。

再有，把制作商务文本的全部过程用流程图表现出来，考虑框架结构在该流程中到底扮演着怎样的角色，要按照怎样的顺序说明，明确各要素的主次关系来制作框架结构。如【附录图-1-B】。

附录图-1-B　第 1 章摘要报告的框架结构

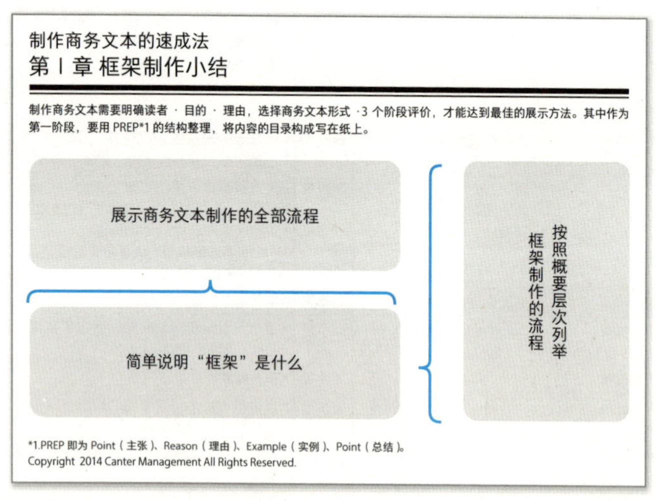

第 3 阶段：进一步细化框架结构的内容，制作草稿

具体写出框架结构中的各要素。用文字的形式在工作表中详细记录想要解释说明的部分，如何图解想要传达的信息是这一阶段需要考虑的重点。

比如说，我们要图解“制作商务文本的流程”的话，从接到指示到完成定稿，明确各任务的先后关系，就能够把握制作的全过程。

比起用图整理，有时用文字更能清楚地表达。为说明“列举结构框架制作步骤的概要层次”，用图解形式逐个说明步骤的话，那么这个页面就只是一个细小形状的堆积所了。

为了避免这样的事情发生，通过直接简洁地用文字概括，如【附录图-1-C】所示，能够达到图文布局平衡的页面构成。

附录图-1-C　第 1 章摘要报告的草稿

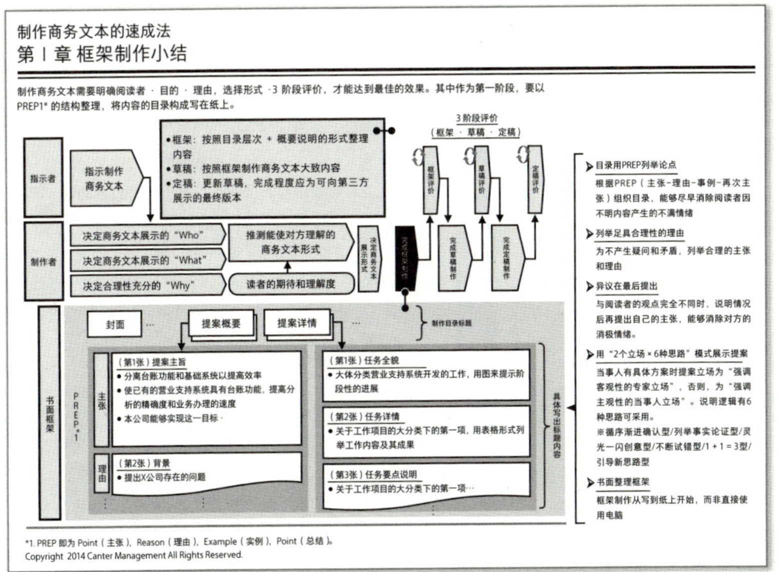

附录

第 4 阶段：加工修饰草稿外观，完成定稿

在草稿阶段，进行文字装饰、添加形状、配色设置等操作，最终就可以完成定稿。

在重要的地方使用强调色，对其所表示的含义做分类，然后使用无彩色和基本色来做区分，能够迅速分辨信息的重要程度。设置灰度的话，即使是纸质资料读者也能够通过颜色的深浅获取重要信息。

附录图-1-D　第 I 章摘要报告的定稿

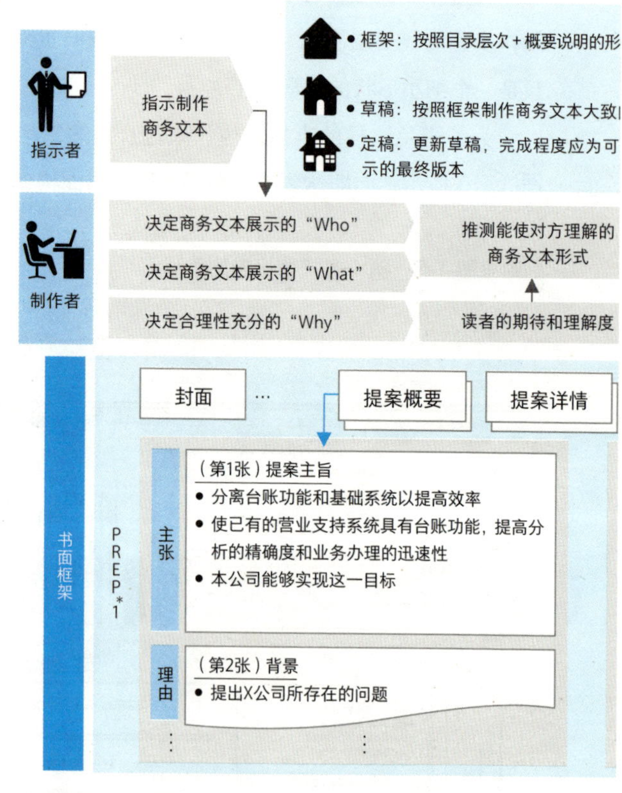

·3个阶段评价，才能达到最佳的效果。其中作为第一阶段，要以

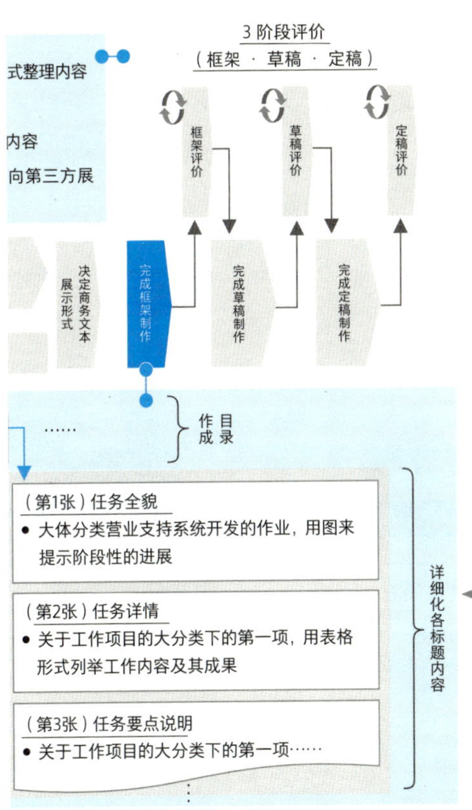

▶ **目录用PREP列举论点**

根据PREP（主张—理由—事例—再次主张）组织目录，能够尽早消除读者因不明内容产生的不满情绪

▶ **列举足具合理性的理由**

为不产生疑问和矛盾，列举合理的主张和理由

▶ **异议在最后提出**

与读者的观点完全不同时，说明情况后再提出自己的主张，能够避免激发对方的消极情绪。

▶ **用“2个立场 × 6种思路”模式展示提案**

当事人有具体方案时提案立场为“强调客观性的专家立场”，否则，为“强调主观性的当事人立场”。说明逻辑有6种思路可采用。

※循序渐进确认型/列举事实论证型/灵光一闪创意型/不断试错型/1 + 1 = 3型/引导新思路型

▶ **书面整理框架**

框架制作从写到纸上开始，而非直接使用电脑

第 2 节　熟练使用快速访问工具栏

提高制作效率的 10 种 PowerPoint 功能的集合

速成法54 “形状的对齐/大小/更改”（186页）中提到的快速访问工具栏，尤其在提高PowerPoint资料的制作效率方面效果显著。

之所以如此评价，是因为使用访问工具栏的话，就可以将功能区最小化，幻灯片的纵向高度的显示可增加数厘米，进而可以将比例尺提高到约1.2倍。

附录图-2-A　10种提高效率的PowerPoint功能

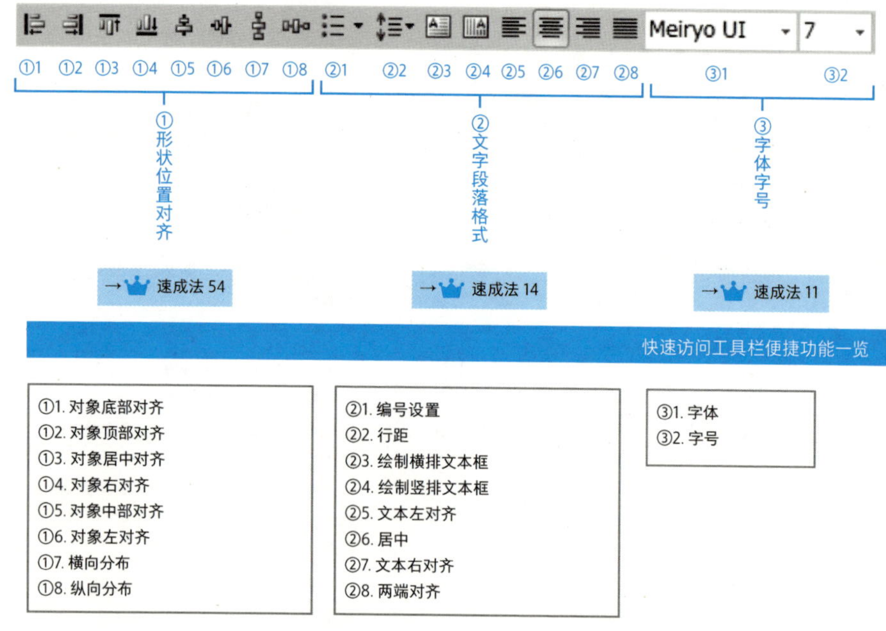

快速访问工具栏设置如下：在功能区范围内右键单击—出现快捷菜单—选择“自定义功能区”。通过使用工具访问栏，可以自由选择各个功能而无需切换功能区，即将最小化功能区也不会给制作商务文本带来任何不便。

下图所示快速访问工具栏，就是笔者实际使用自定义添加的画面。

为了实现形状和文字的平衡，要添加①形状对齐、②文字格式与布局功能按钮。

为进一步完善文字和形状的格式和内容，还要添加③字体设置、④颜色设置、⑤形状设置、⑥线条设置、⑦阴影设置、⑧形状尺寸、⑨格式复制设置、⑩灰度设置这些功能按钮。

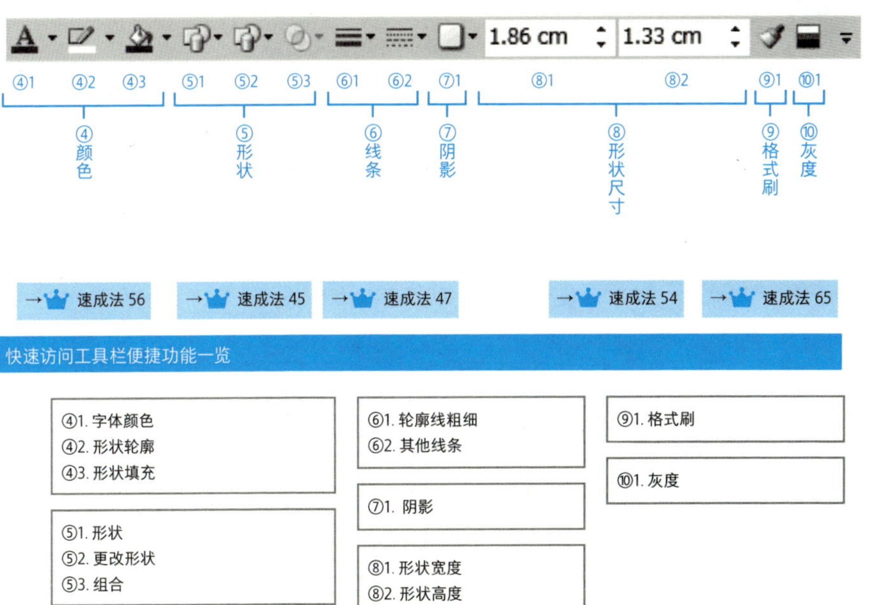

第 3 节　咨询师常用的 Excel 函数

Excel资料中如果使用函数，会大幅度提高制作效率。在这些函数中，使用频率非常高的是数值计算和条件判断这类的函数。平时需要制作大量商务文本的人，如果能够熟练使用这些函数，无论在制作还是更新时都能节省很多精力，高效完成工作。

在此，我将介绍给大家最常用的12个函数，这些函数可以单独使用，也可嵌到同一公式中配合使用，能够应对实际操作中绝大部分的计算。

没有必要记住全部函数。只要记住12个函数，我们使用Excel制作商务文本的速度就会提高几倍了。

类别	函数	说明
数值计算	MAX	显示指定单元格区域中的最大值
	MIN	显示指定单元格区域中的最小值
	SUM	对指定单元格区域中所有数值求和
	AVERAGE	计算指定单元格区域中所有数值的平均值
	COUNT	计算指定单元格区域中包含数据的单元格个数
	ROUND	按指定位数对某数值进行四舍五入
条件判断	IF	判断是否满足某条件
	COUNTIF	计算满足给定条件的单元格个数
	SUMIF	对满足给定条件的数值求和
	VLOOKUP	显示满足给定条件的值
	SUMPRODUCT	对满足多个给定条件的数值求和
	ISERROR	判断对象单元格的值是否错误

Excel函数①：MAX

【说明】

显示指定单元格区域中的最大值

【公式显示】

=MAX（对象范围）

范围指定标记为“起始单元格名称：结束单元格名称”

	A	B	C	D
1	队伍名称	得分		
2	A队	83		
3	B队	77		
4	C队	63		
5	D队	90		
6	E队	38		
7	F队	50		
8	合计	90		
9				

求该范围内的最大值

=MAX(B2:B7)

参数“范围（数值）”

【使用方法】

MAX 函数不仅能返回一组数值中的最大值，还能够在账簿和一览表中给各行的项目自动分配编号，十分方便。

在竖列开始位置（如 C1）先输入“0”，从下一行开始输入 MAX 公式 +1（=MAX($C$1：C1)+1），无论在表中还是表格上方插入行，都可自动显示行编号。

Excel函数②：MIN

【说明】

显示指定单元格区域中的最小值

【公式显示】

=MIN(对象范围)

	A	B	C	D
1	队伍名称	得分		
2	A队	83		
3	B队	77		
4	C队	63		
5	D队	90		
6	E队	38		
7	F队	50		
8	合计	38		
9				

求该范围内的最大值

=MIN(B2:B7)

参数“范围（数值）”

【使用方法】

MIN 函数没有特殊的使用方法，用于在整个工作表中检索最小值。

比如，如果定期有用相同形式输出的日志数据，将这些数据放在一个 Excel 文件中，以一次日志数据一张工作表的形式保存时，将函数的范围指定为“Sheet1!:Sheet3!C3”，就可以在名称为 Sheet1、Sheet2、Sheet3 的工作表中各自从 C3 单元格中检索出最小值。

该方法同样适用于 MAX 函数。

Excel函数③：SUM

【说明】

对指定单元格区域中所有数值求和

【公式显示】

=SUM（对象范围）

	A	B	C	D
1	队伍名称	得分		
2	A队	83		
3	B队	77		
4	C队	63		
5	D队	90		
6	E队	38		
7	F队	50		
8	合计	401		
9				

求该范围内的平均值

=SUM(B2:B7)

参数“范围（数值）”

【使用方法】

SUM 函数可以统计预算书的金额等表中的数据的总和，因此在计算总和时绝对会使用这个函数。只要指定计算范围就无需逐个选择单元格做加法计算，即使表格中插入行或列也会自动添加到计算结果中。

在计算总和时，需要计算一些有特定条件的数值，所以单纯用 SUM 计算时，对象单元格里的数值已经过某种计算的可能性也是很高的。

Excel函数④：AVERAGE

【说明】

计算指定单元格区域中所有数值的平均值

【公式显示】

AVERAGE（对象范围）

	A	B	C	D
1	队伍名称	得分		
2	A队	83		
3	B队	77		
4	C队	63		
5	D队	90		
6	E队	38		
7	F队	50		
8	合计	66.833333		
9				

求该范围内的平均值

= AVERAGE (B2：B7)

参数“范围（数值）”

【使用方法】

AVERAGE 函数在指定的单元格中能够显示对象范围内单元格的平均值，与 MAX 函数和 MIN 函数的结果共同使用，能够得出最大 / 最小 / 平均等基本的统计数值。

比如说，可以同时显示顾客对于新服务的满意度调查结果的最大 / 最小 / 平均值。

从分散的回答中要得出平均值（偏差值为 50）的话，需要使用求标准偏差的函数（STDEV）。

Excel函数⑤：COUNT

【说明】

计算指定单元格区域中包含数据的单元格个数

【公式显示】

=COUNT(对象范围)

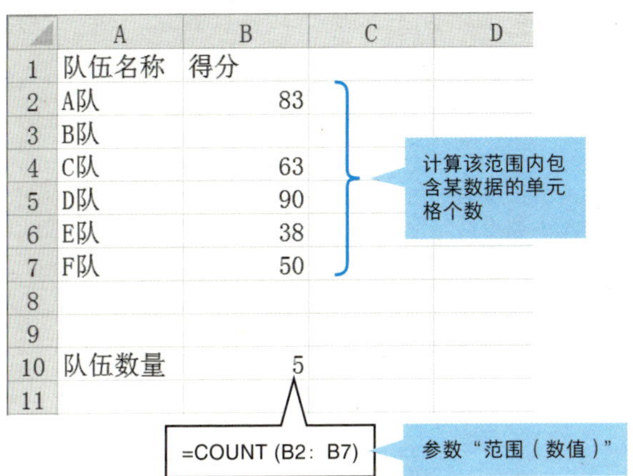

【使用方法】

COUNT 函数能够显示包含某数据的单元格个数。用 AVERAGE 函数计算平均值时，可以计算能够作为参数数据的个数。

因为这个函数不会计算文字等非数值的数据，所以此时应选用 COUNTA 函数来计算表格中非空单元格的个数。

Excel函数⑥：ROUND

【说明】

按指定位数对某数值进行四舍五入

【公式显示】

= ROUND（数值，位数）

	B	C	D	E
1	保留数位	位数	四舍五入结果	
2	百位	-3	12000.0000	
3	十位	-2	12300.0000	
4	个位	-1	12000.0000	
5	小数点后一位	0	12346.0000	
6	小数点后二位	1	12345.7000	
7	小数点后三位	2	12345.6800	
8	小数点后四位	3	12345.6790	
9				

=ROUND(数值：位数)

【使用方法】

ROUND 函数可将数值四舍五入，能够减少小数点后位数及将数字化为整数、整十数、整百数等。利用该函数，可以在预算书等金额计算中抹去零数，或简略标记小数点后多位数。

但是，使用该函数四舍五入尾数之后，原有的尾数就都消失了。如果想要保留小数点以后的尾数，可进行如下设置："设置单元格格式"—选择"数值"—指定"小数位数"，就可以显示保留尾数后得出的四舍五入的结果。

Excel函数⑦：IF

【说明】

判断是否满足某条件

【公式显示】

=IF（条件，真，假）

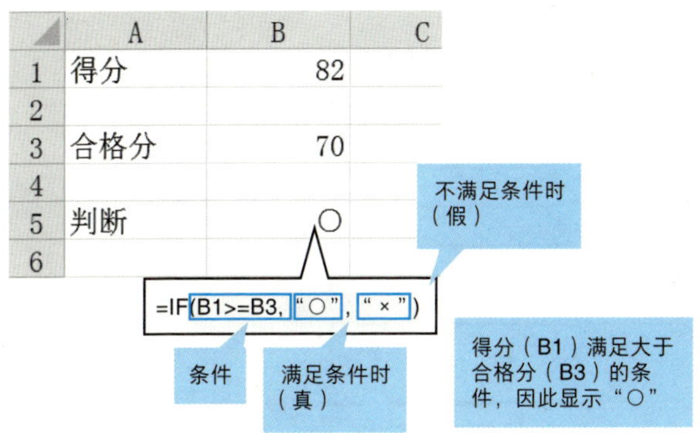

【使用方法】

COUNT 函数能够显示包含某数据的单元格个数。用 AVERAGE 函数计算平均值时，可以计算能够作为参数数据的个数。

因为这个函数不会计算文字等非数值的数据，所以此时应选用 COUNTA 函数来计算表格中非空单元格的个数。

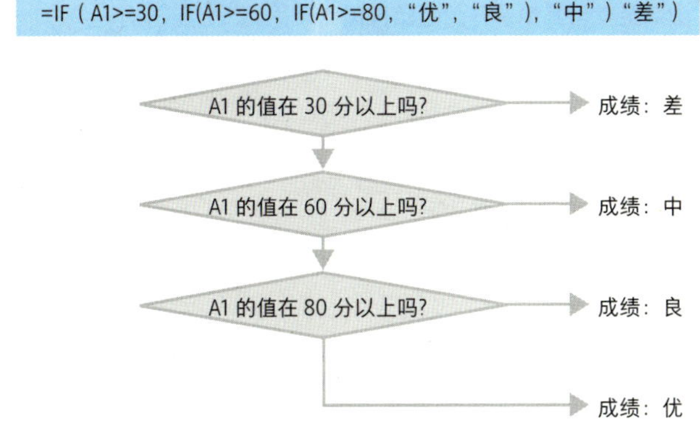

附录

Excel函数⑧：COUNTIF

【说明】

计算满足给定条件的单元格个数

【公式显示】

计算满足给定条件的单元格个数

	A	B	C
1	姓名	得分	
2	齐藤合子	100	
3	佐藤太郎	65	
4	铃木花子	78	
5	山田一郎	97	
6	吉田一雄	70	
7			
8	75分以上的考生	3	

计算该范围内满足检索条件的单元格个数

=COUNTIF(B2：B6,">=75")

检索范围　检索条件

【使用方法】

根据条件判断，只计算符合特定条件的单元格，不想对数据表本身进行加工时，使用 COUNT 函数即可计算区域中包含数字的单元格的个数。但是，使用 COUNTIF 函数指定条件，就只计算符合条件的单元格个数。这样的特点使得 COUNTIF 函数经常与其他条件判断函数同时使用。

假设我们使用 SUMIF 函数计算出了符合特定条件的数据的总和，并且需要计算这些数据的平均值。这时，要将 COUNTIF 的检索条件指定为与 SUMIF 函数相同，就可以显示符合条件的单元格个数。用 SUMIF 函数得出的总和除以个数可计算出所求平均值。

Excel函数⑨：SUMIF

【说明】

对满足给定条件的数值求和

【公式显示】

=SUMIF（检索范围，条件，合计范围）

检索范围　检索条件　合计范围

=SUMIF(B6:B11,B3,C6:C11)

	A	B	C	D
1				
2		商品名称	销售额	
3		苹果派	2800	
4				
5	日期	商品名称	销售额	
6	20××/10/18	苹果派	1600	
7	20××/10/18	芝士蛋糕	380	
8	20××/10/19	苹果派	400	
9	20××/10/20	奶油泡芙	200	
10	20××/10/20	芝士蛋糕	380	
11	20××/10/20	苹果派	800	
12	合计		3760	

【使用方法】

SUMIF 函数可以分类计算总和。可以直接把文字列作为检索条件，也可以参照特定的单元格。将同一公式复制粘贴到不同地方会因为条件改变从而得出不同的结果。

在要计算大量不同条件的大规模的预算表等表格时，使用 SUMIF 函数能够减轻计算负担。

Excel函数⑩：VLOOKUP

【说明】

显示满足某条件的单元格的值

【公式显示】

=VLOOKUP（检索的值，检索范围，待检索值所在列序号，检索类型）

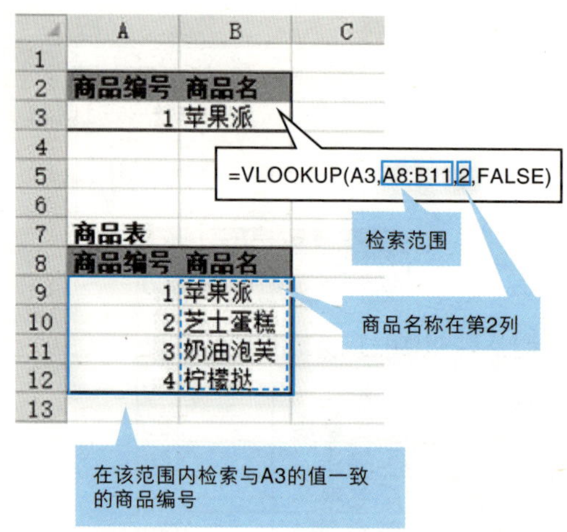

【使用方法】

VLOOKUP 函数作为从数据量大的表格中提取指定数据的检索途径而被广泛使用。

假设，我们要将一览表内的商品编号和商品名称等详细信息相对应。这时，要想显示某一商品编号所对应的商品信息，使用 VLOOKUP 函数就可一步到位，瞬间获取信息。

逐个检索时，可以使用 Excel 的筛选功能来指定商品编号所在行。但是如果表格有数千行之多时，筛选的过程会异常缓慢，迟钝的反应会对工作造成干扰。因此在处理这样庞大的表格时，使用 VLOOKUP 最为方便快捷。

Excel函数⑪：SUMPRODUCT【说明】

【说明】

对满足多个给定条件的数值求和

【公式显示】

=SUMPRODUCT(数组 1，[数组 2]，[数组 3]···)

	A	B	C	D	E
1	厂家名称	商品	价格	个数	
2	A公司	笔记本电脑	80000	5	
3	B公司	笔记本电脑	90000	3	
4	B公司	台式电脑	120000	1	
5	B公司	平板电脑	40000	5	
6	C公司	笔记本电脑	70000	3	
7	C公司	平板电脑	30000	2	
8					
9	B公司的平板电脑	200000			
10					

=SUMPRODUCT(($A$2：$A$7=" B公司 ")*($B$2：$B$7=" 平板电脑 "),$C$2：$C$7，$D$2：$D$7)

B9 中显示的计算结果，是符合（A 列）“B 公司”，（B 列）“平板电脑”条件的（C 列）价格与（D 列）台数的乘积。即 40000 × 5=200000。

【使用方法】

SUMPRODUCT 函数的处理对象是数组。数组中的各个条件可以用“（ ）”括起来，“（ ）”括起的值之间用“*”连接，表示同时满足该几项条件。

当有多个条件并列时可用“*”连接，但是只有数值的话，可以用“，”隔开，来作为一个数组来列举。

Excel函数⑫：ISERROR

【说明】

判断对象单元格的值是否错误

【公式显示】

ISERROR（对象数据）

※ 多数情况下与 IF 函数一同使用

	A	B	C	D	E
1	各分公司销售额				
2					
3	分公司	6月	7月	前月比	
4	东京	600	1080	180%	
5	横滨	400	未确定	---	
6	名古屋	520	500		
7	大阪	690	820		
8	合计	2210	2400		
9					

=IF(ISERROR(C5/B5),"---",C5/B5)

【使用方法】

ISERROR 函数在单元格的值出现错误时返回 TRUE。错误值指：

#N/A,#VALUE!,#REF!,#DIV/0!,#NUM!,#NAME,#NULL

比如，除数为 0 的除法计算时，单元格中会显示“#DIV/0！”的错误。如果上图的单元格被包含在 SUM 函数等求和函数计算对象中的话，由于含有数字以外的内容，因此会显示错误，无法得出计算结果。此时使用 ISERROR 函数将错误置换为 0，就可以正常处理。

出版后记

每当上司要求你制作PPT和Excel资料时是否感到毫无头绪？做好的企划书经常被“吐槽”看不懂、没重点？上司经常会要求你修改制作好的企划书，甚至重做？这些情况在我们制作商务文本的时候或多或少都会经历。那么如何才能在短期内掌握制作商务文本的秘诀，不再畏惧制作商务文本呢？

制作商务文本和学习外语一样，只要付出努力就一定会获得提高，但是即便每天制作大量的商务文本，也需要几年时间才能成为这方面高手，我们需要可以在实际制作商务文本的过程中迅速应用的技巧和方法。

本书作者吉泽准特曾在外资咨询公司任职，从商务到专业领域的咨询工作都有涉猎。他作为咨询师，无论是为了迅速开展工作和推动项目进程，还是为了获取客户的信任和理解，都需要制作大量的商务文本。并且面对不同的客户群体和目标，需要制作不同类型的商务文本。作为项目经理，从事过数百亿日元规模的系统运用改善，也从事过人才培养的工作。参与作者所在项目的新人咨询师们在半年内就掌握作者花费3年才掌握的制作技巧。这些都是因为作者总结了自己在制作商务文本的过程中所接到的上司和客户的指摘，并将其制作成注意事项的清单，提醒新人咨询师们在制作商务文本时要格外注意这些问题。

在本书中，作者总结了自己多年来制作商务文本的经验，并将自己在参与人才培训时制作的注意事项清单加以完善，主要针对Excel、Word、PowerPoint这三个工作中经常使用的软件，提出了70个有关制作商务文本的“速成法”。教你制作出含有让对方信赖的“思考力”，以及让对方迅速理解的“有魅力”的商务文本。同时，这本书中的70个速成法按照构思结构、草稿、草稿制作，以及成稿来划分，即可以从头开始循序渐进地学习，也可以有针对性地重点学习想要提高的部分。

相信读过这本书的各位，一定可以在短期内迅速成为制作商务文本的高手，给上司和客户提供一份满意的“方案”。

服务热线：133-6631-2326　188-1142-1266

服务信箱：reader@hinabook.com

后浪出版公司

2017 年 6 月

图书在版编目（CIP）数据

职场书面沟通完全指南 /（日）吉泽准特著；巩露霞译 . -- 南昌：江西人民出版社，2017.8

ISBN 978-7-210-09575-0

Ⅰ . ①职… Ⅱ . ①吉… ②巩… Ⅲ . ①企业管理—咨询—指南 Ⅳ . ①F270-62

中国版本图书馆 CIP 数据核字 (2017) 第 164721 号

SHIRYO SAKUSEI NO KIHON

版权登记号：14-2017-0353

职场书面沟通完全指南

作者：[日] 吉泽准特　译者：巩露霞
责任编辑：辛康南　特约编辑：李雪梅　筹划出版：银杏树下
出版统筹：吴兴元　营销推广：ONEBOOK　装帧制造：墨白空间
出版发行：江西人民出版社　印刷：北京中科印刷有限公司
889 毫米 ×1194 毫米　1/32　9 印张　字数 256 千
2017 年 8 月第 1 版　2017 年 8 月第 1 次印刷
ISBN 978-7-210-09575-0
定价：48.00 元

赣版权登字 -01-2017-553

后浪出版咨询(北京)有限责任公司常年法律顾问：北京大成律师事务所
周天晖 copyright@hinabook.com

《零秒思考》

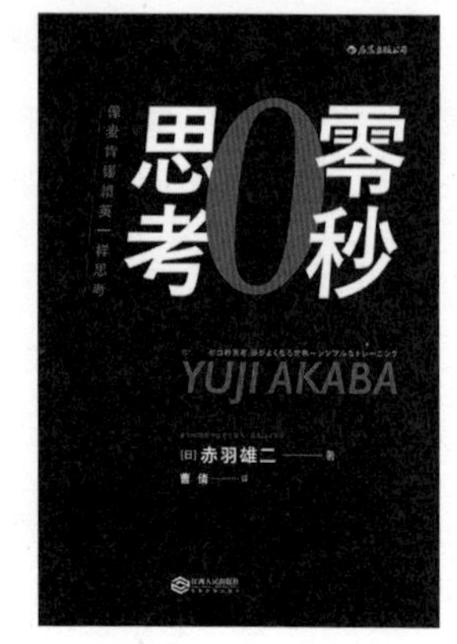

著　　者：（日）赤羽雄二

译　　者：曹倩

书　　号：978-7-210-09188-2

出版时间：2017.6

定　　价：32.00 元

面对工作困境，怎么能瞬间看出症结所在？
如何拥有零秒制胜的惊人决断力？
麦肯锡韩国分公司创始人、日本咨询大师倾力打造让思考语言化、可视化、技能化的终极武器。

内容简介

临近 deadline，还在迷迷糊糊兜圈子？工作不得要领，一番折腾后又回到原点？话在嘴边却怎么都说不出口？满脑子朦胧的想法却迟迟无法动笔写企划案？很多人都会面临这种工作困境，但至于怎么改变却总是找不到好办法。

这本书教你的就是把心中想法落实到语言和实践中的具体做法——零秒思考。

作者在麦肯锡公司的 14 年中，参与了企业的经营改革，深知员工的战斗力会很大程度上左右一个公司的未来，所以非常重视一个人的深入思考、制定解决方案，并能够彻底执行的能力。本书讲述的零秒思考就是他从多年实践中总结而来的。简单来说，就是运用 A4 纸整理思维碎片，集中 1 分钟时间进行“头脑体操”，从 3 个可行解决方案出发，高效收集目标信息。

相信这本书可以帮你告别盲目与拖延，让思考事半功倍，让工作难题迎刃而解！

《零秒工作》

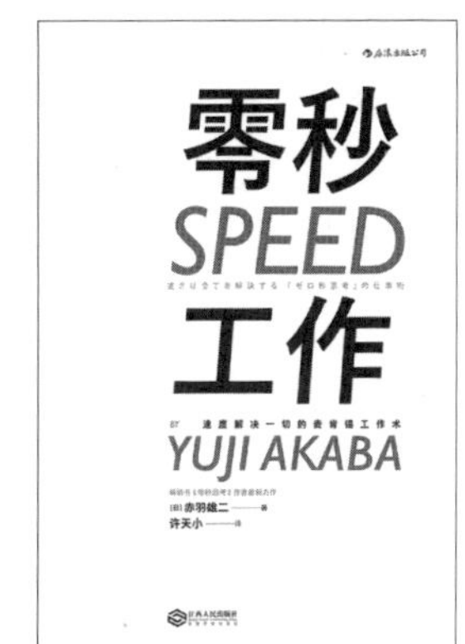

著　　者：（日）赤羽雄二

译　　者：许天小

书　　号：978-7-210-08832-5

出版时间：2016.12

定　　价：36.00 元

内容简介

该做什么工作？按照什么顺序推进工作？如何提高每一项的工作速度？我们即使知道工作的效率和速度很重要，却还是因为工作进度缓慢而痛苦不堪，找不到解决办法。

本书作者曾在麦肯锡工作 14 年，一个人同时负责 7–10 个项目。独立创业后，同时参与数家企业的经营改革，每年举办的演讲超过 50 次…… 作者能够完成如此庞大工作量，其关键在于其工作哲学就是：“思考的速度可以无限加快”和“工作的速度可以无限提升”。掌握了能够瞬间整理脑中思路的“零秒思考力”之后，你还需要能够快速、高效完成工作的“零秒工作术”。

本书中不仅有提升工作速度的基本观念，还有详细解说“零秒工作术”的具体做法，更有作者多年经验总结得出提升工作效率的诸多方法：凡事抢先一步做好准备，让工作进入良性循环；在电脑中登录 200–300 个常用词汇；利用白板提升会议效率，等等。有了这样的基础，再复杂的工作也能迎刃而解，让你在工作中充满自信。